세계
민담
전집

세계 민담 전집

03

몽골 편

유원수 엮음

세계 민담 전집을 펴내면서

민담이란 한 민족이 수천 년 삶의 지혜를 온축하여 가꾸어 온 이야기들입니다. 그 민족 특유의 자연관, 인생관, 우주관, 사회 의식이 속속들이 배어 있는 민담은 진정 그 민족이 발전시켜 외부와 교통해 온 문화를 이해하는 골간입니다. 세계화 시대를 맞아 국경의 의미가 나날이 퇴색되고 많은 사람들이 인류 공통의 문제를 피부로 느끼는 지금, 한편으로는 국가와 민족 인종 간의 몰이해로 인한 충돌이 더욱 빈번해져 가고 있습니다. 서로의 문화를 진정으로 이해해야 할 필요성이 더욱 커진 오늘, 한 민족의 문화에서 민담이 갖는 중요성을 생각할 때, 우리나라에 아직 믿고 읽을 만한 민담 전집을 갖지 못했다는 것은 여러 모로 불행한 일이 아닐 수 없습니다.

   지금까지 세계 여러 민족의 옛이야기들이 전혀 출판되지 않았던 것은 아니지만, 개별적으로 나와 망실되고 절판된 데다가 영어나 일본어 판에서 중역된 것이 대부분이었고, 그나마 아동용으로 축약 변형되어 온전한 모습으로 소개되지 못했습니다. 황금가지에서는 각 민족의 고유 문화를 이해하는 실마리가 될 민담을 올바르게 소개하고자 다음과 같은 원칙에 따라 편집을 진행하였습니다.

   첫째, 근대 이후에 형성된 국가의 구분에 얽매이지 않고 더 본질적인 민족의 분포와 문화권을 고려하여 분류하였습니다. 국가적 동질성과 문화적 동질성이 반드시 일치하지는 않기 때문입니다.

   둘째, 각 민족어 전공자가 직접 원어 텍스트를 읽은 후 이야기를 골라 번역했습니다. 영어 판이나 일본어 판을 거쳐 중역된 이야기는 영어권과 일본어권 독자들의 입맛에 맞도록 순화되는 과정에 해당 민족 고유의 사유를 손상시켰을 우려가 높습니다. 황금가지 판 『세계 민담 전집』은 해당 언어와 문화권을 잘 이해하고 있는 전공자들이 엮고 옮겨 각 민족에 가장 널리 사랑받는 이야기, 그들의 문화 유전자가 가장 생생하게 드러나는 이야기들을 가려 뽑도록 애썼습니다.

   셋째, 기존에 알려져 있던 각 민족의 대표 민담들뿐 아니라 그동안 접하기 힘들었던 새로운 이야기들을 여럿 소개합니다. 또한 이미 들은 적이 있는 이야기일지라도 축약이나 왜곡이 심했던 경우에는 원형에 가까운 형태로 재소개했습니다.

   황금가지 판 『세계 민담 전집』은 또한 작은 가방에도 들어가는 포켓판 형태로 제작되어 간편하게 들고 다니며 읽을 수 있게 하였습니다. 세계를 여행하면서 그 지역에 뿌리를 두고 자라난 이야기들을 읽고 확인하는 것도 이 전집을 읽는 또다른 즐거움이 될 것입니다.

세계 민담 전집 편집부

차례
••••••••

황금가지 세계 민담 전집 몽골 편

제1부 옛날이야기
　엄지 명궁 ●●● 11
　별자리 이야기 ●●● 14
　북두칠성 ●●● 16
　사람은 털이 없고 개는 털이 있는 까닭 ●●● 25
　소나무, 삼나무, 월귤나무는 왜 사철 푸른가 ●●● 27
　제비와 말벌 ●●● 28
　몽골 사람들 사이에 옛이야기와 전설이 생겨난 내력 ●●● 31
　낙타가 볼품없이 된 내력 ●●● 33
　낙타가 재에서 뒹굴게 된 까닭 ●●● 36
　소의 콩팥 ●●● 38
　세상의 삼대 걱정꾼 ●●● 39
　비둘기는 구슬피 울고 참새는 수다스럽게 지껄이게 된 사연 ●●● 40
　꾀 많은 여우 ●●● 42
　여우와 고슴도치와 늑대 ●●● 45
　어수룩한 늑대 ●●● 47
　호랑이 물리치기 ●●● 49
　일곱 개의 풀빛 알을 품은 절름발이 까치 ●●● 54
　여우의 은혜 갚기 ●●● 59
　장기꾼 젊은이와 망가스 임금 ●●● 70
　엄마 없는 흰 아기 낙타 ●●● 79

제2부 엄청난 거짓말쟁이 척척 셍게 이야기

척척 셍게의 희한한 거짓말 ●●● 91
척척 셍게의 재치 ●●● 94
할아버지의 낙타 ●●● 96
가죽 장화들의 싸움 ●●● 101
이것을 보았소? ●●● 104
엄청난 거짓말쟁이는 이 세상에 둘도 없는 정직한 사람 ●●● 106
복드 라마를 알현하다 ●●● 116
총독 빰치기 ●●● 121
고리대금 갚기 ●●● 126
채찍과 벼락 ●●● 131
개똥 맛을 본 영주 ●●● 134
서낭나무에 묶여 고질병을 고치다 ●●● 140
돌멩이 뇌물 ●●● 150
올리야스태 총독 ●●● 155
부처님의 영험 ●●● 162
호르마스트 하늘님의 암고라말 ●●● 169
은사 스님과 덕행을 쌓다 ●●● 174
안 보이는 검은 모자 1 ●●● 180
안 보이는 검은 모자 2 ●●● 187
새들의 사원 ●●● 192
딱 한 방에 영양이 일곱 마리, 여우가 한 마리 ●●● 200
항가이 산의 고라니 사냥 ●●● 203
로스의 잔치에서 보낸 하루 ●●● 205
머리 없이 군대를 지휘하다 ●●● 213
안 보이는 검은 모자 3 ●●● 217
날개 달린 말 ●●● 220
다르항 한의 잔치 ●●● 223
우리 영주님에게 머리가 있었나? ●●● 234
먕간 모트의 새 영주 ●●● 239
먕간 모트의 현명한 관리 ●●● 241
귀하신 마님 ●●● 244

젠뎅과 간당 ●●● 247
엄청난 거짓말쟁이의 판결 ●●● 251
살찐 수영양 ●●● 254
도리를 지키지 않은 잘못 ●●● 256
비구니의 실수 ●●● 258
지혜를 시험하다 ●●● 261
좋은 말이 흉악한 귀신이 되다 ●●● 263
가짜 셍게의 엄청난 거짓말쟁이 타령 1 ●●● 265
가짜 셍게의 엄청난 거짓말쟁이 타령 2 ●●● 270
가짜 셍게의 엄청난 거짓말쟁이 타령 3 ●●● 276
가짜 셍게의 엄청난 거짓말쟁이 타령 4 ●●● 280
가짜 셍게의 엄청난 거짓말쟁이 타령 5 ●●● 286
척척 셍게의 축원 ●●● 289

제3부 바다이 탁발자 이야기

바다이 탁발자 이야기 ●●● 303
호쇼의 영주를 속이다 ●●● 307
바다이의 여행길 ●●● 310
영주와 바다이 ●●● 314
지나친 축원 ●●● 319
바다이네 목영지 ●●● 322
옛날이야기 ●●● 327
고승 바다이 ●●● 330
멋쟁이 라마 ●●● 337
흥미로운 일 ●●● 341
바다이 장가들다 ●●● 345
바다이의 충고 ●●● 350
단단함과 부드러움 ●●● 352

해설 | 몽골 민담을 소개하며 ●●● 355

제 1 부

....

옛날이야기

....

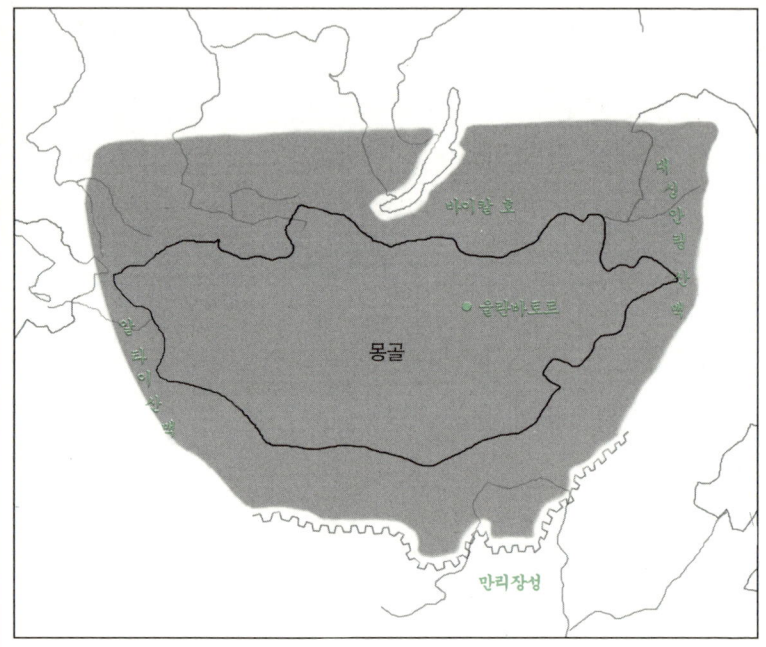

● ─── 오늘날의 몽골 땅은 몽골(수도 울란바토르), 부랴트 공화국(수도 울란우데), 내몽고 자치구(수도 후허하오터)의 셋으로 나뉘어 있지만, 원래는 동서로 대싱안링 산맥에서 알타이 산맥, 남북으로 만리장성에서 바이칼 호 사이에 펼쳐진 드넓은 고장을 통틀어 가리키는 말이었다. 이 책에는 이중 현재의 몽골에 보존되어 있는 이야기들을 주로 모았다.

● ─── 일러두기

몽골 민담에는 노래로 부르는 운문 부분과 말로 이야기하는 산문 부분이 번갈아 어우러져 있다. 본문에서 운문 부분은 산문과 구분되게 표시하였으며, 문장이나 대화가 운문과 산문을 넘나들며 이어지는 경우에도 행 머리의 한 글자 들여쓰기에 차이를 두지 않았다.

또한, '칭기즈 칸'은 본문 중 왕공을 나타내는 칭호 '한'과 통일성을 기하기 위하여 몽골어 발음을 살려 특별히 '칭기스 한'이라고 표기하였다. ─── 편집자

엄지 명궁

옛날 옛적 이 세상에 일곱이나 되는 해가 나타나는 바람에, 지독한 가뭄이 들어 땅이고 흙이고 벌겋게 달아오르고, 물이고 강이고 말라붙어 버리고, 풀이고 나무고 시들어 버리고, 중생이고 사람이고 더워 헐떡거리고, 말이고 가축이고 기근에 시달려 배겨 내고 살아날 재간이 없었다.

그런데 그 고장에는 엄지 명궁이라는, 보는 대로 쏘고 쏘는 대로 맞히는 뛰어난 궁수가 있었다. 그래서 많은 중생이 그를 찾아가 하늘에 나온 일곱이나 되는 해를 쏘아 맞혀 없애 달라고 부탁했다.

사나이 중의 사나이로 태어난 엄지 명궁은
엄지손가락에 힘이 있고 ^{활을 제대로 쏠 능력이 있고}
간에 쓸개즙이 있고 ^{배짱이 넘치고}
젊은 나이에 뜨거운 피를 가진 사람이었기 때문에
자신의 활 솜씨를 과신하고 입찬소리를 했다.

"일곱 개의 해를 내가 일곱 대의 화살로 하나씩 맞혀 없애지 못하면 엄지손가락을 자르고, 사나이 행세를 그만두고, 물을 마시지 않고, 시든 풀을 먹지 않는 동물이 되어 깜깜한 굴에서 살겠소!"
그러고는 동쪽에서 서쪽까지 하늘에 줄지어 늘어선 일곱 개의 해를 향해 활을 쏘기 시작했다. 여섯 대의 화살로 여섯 개의 해를 없애고, 일곱 번째 해를 쏘기 위해 겨냥을 하고 주문을 외웠다. 그런데 막 시위를 놓는 순간 제비가 날아들어 해를 가리는 바람에 화살은 제비 꼬리를 딱 맞혔다. 그 후로 제비 꼬리는 두 갈래가 되었다. 한편 마지막 해는 명궁이 두려워 서쪽 산 너머로 재빨리 숨어 버렸다.
엄지 명궁은 제비가 자기 일을 방해했다 해서 허리께가 얼룩덜룩한 말을 타고 달려가 제비를 죽이려고 했다. 그러자 말이 이렇게 맹세했다.
"내가 땅거미 질 때부터 어둑어둑한 새벽이 될 때까지 쫓아도 제비를 따라잡지 못하면 내 다리를 자르고 무인지경에 버려도 좋습니다. 그러면 나는,

안장 없은 말이기를 그만두고
울퉁불퉁 험한 곳에서 살아도 괜찮습니다."

그런데 제비를 쫓아 막 따라잡으려고 하면 제비는 요리조리 튀어 날아올라 잡힐 듯 잡힐 듯 잡히지 않았다. 그렇게 줄곧 도망 다니다 보니 어느새 동이 틀 때가 되었다. 엄지 명궁이 화가 나서 허리께가 얼룩덜룩한 제 말의 앞다리를 자르고 무인지경에 버렸더니 다하이[쥐]가 되었다. 다하이의 앞다리가 짧은 까닭은 그 때문이라고 한다.
또 제비가 어둑어둑할 무렵 말 탄 사람의 앞뒤를 빙빙 돌며 나는 것

은 "나를 따라 잡으려오? 따라 잡으려오?" 하고 놀리며 빠져나가는 것이라고 한다.

　엄지 명궁은 사나이 대장부의 맹세의 법도에 따라 스스로 엄지손가락을 잘라 버리고, 사나이이기를 포기하고, 물을 마시지 않고, 시든 풀을 먹지 않는 타르바가가 되어 깜깜한 굴에서 살게 되었다. 타르바가의 발톱이 네 개인 것은 이 때문이라고 한다. 또 타르바가가 아침저녁 해가 뜨고 질 무렵 굴에서 나오는 것은, 엄지 명궁이 자신이 타르바가가 되었다는 사실을 잊어버리고는 매복하고 있다가 해를 쏘겠다고 굴에서 나오는 것이라고 한다.

　또한 타르바가에 '사람 고기'라고 하여 먹으면 안 되는 살이 있는데 이는 엄지 명궁의 살이기 때문이라고 한다. 그리고 이 세상에 남은 하나뿐인 해가 엄지 명궁을 두려워하여 산 너머로 들어가면서부터 낮과 밤이 생기게 되었다고 한다.

별자리 이야기

옛날 아주 오랜 옛날 이루 헤아릴 수 없이 많은 사람들과 군대와 가축 떼가 서쪽으로 원정을 가다가 일부가 천상으로 올라가 버렸다. 그 사람들과 가축들이 지나간 길이 지금도 밤하늘에 또렷하게 보이는데, 그것이 바로 은하수라고 한다.

그 군대와 같이 간 후흐데이 메르겡 임금이 암사슴 세 마리를 쫓아,

뒤에 가는 놈을 납작하게 되도록 쏘고
앞서 가는 놈을 가루가 나도록 쏘고
가운데 가는 놈을 관통시켜 쏜

화살이 빨갛게 보이는 것이 고르왕 마랄^{세 마리 암사슴. 오리온자리를 가리킴}이라고 한다. 그래서 노인들은 세 마리 아기 사슴은 제 어미들을 따라 모둠발[1]로 달리고, 후흐데이 메르겡 임금과 아사르, 바사르라는 개

두 마리는 그 뒤를 쫓아가는 것이라며 후흐데이 메르겡 별, 세 마리 암사슴 별, 세 마리 아기 사슴 별, 아사르 별, 바사르 별 하고 부른다.

북극성은 후흐데이 메르겡 임금이 전쟁할 때 타는 두 마리 샤르가 말^{달빛이 흰 듯 노르스름한 말}을 매어 두던 말뚝이었다고 한다.^{북극성을 가리키는 몽골어 '알탕 가다스'의 문자 그대로의 뜻은 황금 말뚝} 그 두 마리 샤르가 말을 일곱 노인이 돌보며 지키는데, 밤에 말을 따라 황금 말뚝 주위를 빙빙 돈다.^{북두칠성을 가리키는 '돌롱 우브궁'의 뜻은 일곱 노인} 그 일곱 노인을 일곱 부처님^{'돌론 보르항'. 북두칠성의 다른 이름}이라고도 하는데, 아득하게 먼 옛날 하늘로 달려가 천상에 오른 노인들을 후세 사람들이 부처님이라고 부르지 못할 것도 없다. 그리고 보면 하늘로 올라간 분^{돌아가신 분}을 두고 '부처님이 되었다'고 하는 것은 다 이치에 맞는 말이다.

● — 주

1 말의 네 다리가 모두 땅에서 떨어져 한군데로 모이는 듯한 상태. 전속력으로 달릴 때 이런 자세가 나온다.

북두칠성

친동기간인 형과 아우가 사냥을 하고 다니는데, 산꼭대기에서 활과 살을 든 한 사람이 이리저리 둘러보고 있었다. 형제가 그 사람을 보고 다가가서 물었다.

"댁은 여기서 무엇을 하고 계십니까?"

"하늘의 이쪽으로, 창공의 저쪽으로 새 한 마리가 날고 있었습니다. 내가 화살 한 대를 쏘았는데 아직 내려오지 않았습니다. 그게 떨어지기를 기다리고 있습니다."

오정이 지나자 비로소 화살에 맞은 새 한 마리가 떨어졌다. 그것을 본 형제는 깜짝 놀랐다.

"사람들은 우리를 보고 명궁이라고들 한다. 그런데 이 사람은 우리보다 훨씬 솜씨가 뛰어난 사람이다. 우리가 이 사람에게 형제를 맺자고 하자!"

둘은 다가가 의견을 물었다.

"댁은 우리와 형제를 맺을 수 있겠는지요?"

"있습니다."

이리하여 그들은 삼형제가 되어 함께 사냥을 하며 다니게 되었다. 그러다 어느 산의 꼭대기에 오르니 몸의 반은 땅속에 묻고, 나머지 반은 땅 위로 드러낸 사람이 누워 있었다. 삼형제가 그 사람을 보고 물었다.

"댁은 여기서 무엇을 하고 계십니까?"

그 사람이 대답했다

"나는 하늘과 땅을 귀 기울여 듣는 사람입니다."

"하늘과 땅을 귀 기울여 들어 무엇을 아시나요?"

"나는 하늘과 사람과 땅, 이 세 세계의 중생이 무엇을 하고, 무슨 이야기를 하는지 아는 사람이랍니다."

삼형제가 물었다.

"댁은 우리와 형제를 맺을 수 있겠습니까?"

"나는 그대들과 형제가 되겠습니다."

이리하여 넷은 형제가 되어 함께 다녔다.

가다 보니 한 사람이 두 산 사이에 서서 오른쪽 산을 들어다 왼쪽 산 위에 놓고, 왼쪽 산을 들어다 오른쪽 벌판에 놓고 이리저리 둘러보고 있었다. 네 형제가 그를 보고 다가가서 물었다.

"댁은 여기서 무엇을 하고 계시나요?"

"나는 팔목 관절을 좀 풀고 있었습니다."

"아이고, 댁은 정말이지 힘이 센 사람입니다. 우리와 형제가 되지 않으시렵니까?"

"그리하지요!"

이리하여 모두 다섯이 되어 형제가 함께 다녔다. 가다 보니 한 사람이 영양 떼를 쫓아가 그 중 한 마리를 잡아다 놓고, 또다시 한 마리를 잡아다 놓고는 이리저리 둘러보고 있었다. 그것을 보고 다섯 사람이 다가가 물었다.

"댁은 여기서 무엇을 하고 계시나요?"
"나는 영양과 장난을 치며 사는 사람입니다."
다섯 형제가 물었다.
"댁은 참말이지 빠른 사람이군요. 우리와 형제가 될 수 있는지요?"
"되겠습니다!"

이리하여 여섯이 형제가 되어 함께 다녔다. 길을 가다가 여섯이 함께 의논했다.

"우리가 이제부터 무엇을 하고 살면 좋겠는가?"

귀 기울여 듣는 사람을 시켜 잘 들어 보게 했더니 그가 땅에 귀를 대고 한참 듣고 나서 말했다.

"이 북동쪽에 바깥 바다 저쪽에서 까치 임금이라는 임금이 반역을 도모하여 우리나라를 차지하려고 의논을 하고 있다."

그래서 여섯 사람이 이제 가서 그를 무찌르자고 의논을 정하고 그리로 향해 가다가 바깥 바다에 이르니 한 사람이 앉아 있었다. 다가가자 그가 여섯 사람에게 물었다

"댁들은 무슨 일로 다니는 사람들입니까?"
"우리는 이 바다의 저쪽, 까치 임금의 도성에 들어가서 그 임금의 용사들과 겨뤄 보려고 가는 중입니다. 우리가 이제 바다를 어떻게 건너야 하는지요?"
"내가 댁들을 건네 드리지요!"

그러더니 그 사람은 바다를 홀짝 들이마셔 물을 아예 말려 버렸다.

"자 이제 건너들 가시오!"

여섯이 말했다.

"댁은 우리와 형제가 되지 않으시렵니까?"

"내 그대들과 형제가 되리다!"

"자, 그러면 그대가 맏형이 되십시오! 우리는 그대의 아우가 되겠습니다!"

그는 매우 기뻐하며 형이 되었고, 일곱이 함께 바다 저편으로 건너가서는 바닷물을 다시 되돌려 놓고 계속 가던 길을 갔다.

가다가 형제들은 활과 화살을 멘 잘생긴 젊은이를 만나 물었다.

"까치 임금의 도성이 가까운가요, 먼가요?"

"당신들이 우리 도성은 물어 어쩌자는 거요?"

맏형이 대답했다.

"우리는 당신네 임금의 용사가 되어 그에게 힘을 바치려고 가는 길이오."

"자, 그러면 되었소. 나로 말하면 까치 임금의 아들이오. 자, 이제 같이 갑시다들."

한참을 가자 도성의 성문 근처에 아름답게 지은 궁전이 한 채 서 있었다. 그곳에 일곱 형제를 묵게 하면서 왕자가 말했다.

"내가 아버님께 가서 아뢰겠소. 당신들은 여기 묵고 있으시오. 내일 아침 날이 밝는 대로 당신들한테 기별하리다."

그런 다음 왕자는 돌아가서 제 아버지에게,

"제가 오늘 초원에서 사냥을 다니다가 일곱 명의 잘생긴 젊은이들을 만났습니다. 무슨 일로 다니는 사람들이냐고 물었더니 아버님의 존함을 입에 올리면서 아버님께 힘을 바치겠다고 했습니다. 그 말을 듣고 그들을 데려다 남문 밖 궁전에 묵게 하고 왔습니다. 이제 아버님께서는 어떻게 하시겠습니까?"

"나에게 힘을 바칠 그런 큰 능력이 있겠느냐, 그들에게? 아무튼 내일 그들과 시합을 해서 능력을 시험해 보고 나서 받아들이든지 말든지 하자!"

두 사람은 이렇게 의논을 정하고 잠자리에 들었다. 한편 우리의 일곱은 밤늦도록 의논을 거듭했다.

"형님, 지금 한번 잘 들어 보십시오! 이 임금이 우리를 어찌 하려고 합니까?"

땅을 귀 기울여 듣는 이가 한참 듣더니 말했다.

"내일 우리와 내기를 걸고 산을 쏜다고 의논하고 있다. 자, 너희들 가운데 누가 제일 활을 잘 쏘느냐? 그 사람이 쏘아라!"

그러자 다른 다섯 형제가 이구동성으로 말했다.

"하늘을 쏘는 우리 명궁이 쏘세요! 그리고 우리의 둘째 형님이 되세요!"

그렇게 의논을 정하고 기다리고 있자니 임금에게서 전령이 와서 소식을 전했다.

"자, 지금 임금님께서 납시었다. 너희들과 산을 쏘아 내기를 하시려 한다. 준비들 하고 있도록!"

이윽고 임금이 당도하자 일곱 형제는 임금에게 예를 올리고 안부를 물었다. 임금이 말했다.

"자! 집에 있던 우리가 먼저 쏘랴? 멀리서 온 너희들이 먼저 쏘랴?"

"임금님의 용사가 먼저 쏘도록 하십시오."

이리하여 임금이 1등 사수인 용사에게 "쏘아라!" 하고 명령을 내려 그 용사가 활을 쏘았더니 산 하나를 관통하고 두 번째 산에서 화살이 멈추었다. 그 다음에 둘째 형이 활을 쏘았더니 산 다섯 개를 관통하고 여섯 번째 산에서 화살이 멈추었다. 임금이 첫 번째 내기에서 진 것이다.

대궐로 돌아온 임금과 왕자는 내일은 그자들과 씨름을 하자고 의논을 정했다. 그러고는 자기편 씨름꾼을 내보낼 곳에는 나무를 살짝 묻어 놓고, 이쪽 씨름꾼은 생나무가 있는 곳에서 나오도록 준비해 놓고 잠자리에 들었다. 한편 우리의 땅을 귀 기울여 듣는 사람이 다시 잘 들어 보더니 말했다.

"내일 너희들과 씨름으로 겨루려고 의논하고 있다. 너희들 가운데 누가 씨름을 제일 잘하더냐?"

그러자 산을 들어 올린 사람이 나섰다.

"제가 씨름을 잘합니다."

준비를 하고 있으려니 임금에게서 전령이 와서 전갈을 전했다.

"우리 씨름장으로 가라!"

그래서 우리의 일곱 형제가 함께 가니 나무를 많이 심어 놓은 곳이었다. 임금은 그들에게 "너희들은 숲의 남쪽 끝에서 씨름꾼을 내보내라!" 하고 말하고는 자기는 북쪽 끝에서 씨름꾼을 내보냈다.

보고 있자니 그 씨름꾼이 그 많은 나무를 쑥쑥 뽑아 왼쪽 오른쪽으로 내동댕이치면서 오는 것이 아닌가! 그 광경을 보고 우리의 일곱도 씨름꾼을 내보냈다. 그 역시 생나무를 뽑아 왼쪽 오른쪽 산꼭대기로 던지면서 다가갔다. 그는 씨름을 시작하자마자 까치 임금의 씨름꾼을 한번에 눌러 땅바닥에다 쓰러뜨려 버리고는 뒤돌아 나무를 뽑으며 달려 원래 있던 곳으로 돌아왔다. 그것을 보고 화가 난 임금이 "또 내기에서 졌다."며 돌아갔다.

임금은 내일은 달리기 내기를 시키기로 정하고는 달리기 잘하는

'작은 흰 노파'라는 노파를 불러다 대령시켜 놓고 잠자리에 들었다. 그날 밤 땅을 귀 기울여 듣는 사람은 임금이 내일은 달리기 시합을 시키기로 의논을 정했다는 것을 알고 다른 사람들에게 알려 주었다.

"자, 그쪽에선 달리기 시합을 시키기로 의논을 하고 있다. 그대들 가운데 누가 잘 달리는가?"

그러자 영양을 데리고 놀던 사람이 나섰다.

"그건 일도 아닙니다. 제가 있잖습니까? 두려울 것 없습니다. 알아서 하겠습니다."

그래서 칠형제는 안심하고 잠자리에 들었다.

아침에 임금에게서 전령이 왔다.

"오늘은 우리 임금님께서 너희들과 달리기 시합을 하려고 하신다."

임금이 잘 달리는 노파를 데려와 곧 바로 두 사람을 달리게 했다. 두 사람이 함께 달리다가 노파가 먼저 숨이 차서 쓰러져 버렸다. 우리의 젊은이가 달려오자 임금이 물었다.

"우리의 달리기 노파는 어찌 되었느냐?"

"이 앞산 너머에서 헐떡거리다가 쓰러져 버렸지 뭡니까? 사람을 보내 데려오도록 하십시오."

임금은 몹시 화가 나서 나쁜 마음을 품고 돌아갔다.

그는 여러 대신을 불러서 한탄했다.

"이 남쪽 땅에서 온 일곱 사람을 어찌 하면 좋겠느냐?"

마침 그에게는 '달' 대신이라는 현명한 관리가 있어 이렇게 말했다.

"우리는 그들과 시합을 했지만 그들의 힘과 능력을 극복하지 못했습니다. 무슨 수든지 내서 그들을 없애 버리도록 합시다."

"그러면 그대들이 무슨 수를 내 봐라!"

"우리 임금님의 창고에 무쇠로 만든 게르몽골 유목민의 모전(毛氈)천막집. 중국인들은 '파오', 서양인들은 '유르트'라고 부른다가 하나 있지 않습니까? 그들을 불러 그 게르에 앉히고 잔치를 하자며 속이고 있다가 게르 바깥에 석탄과 마른풀을 쌓아 놓고 태우면 그들은 나오지 못하고 그 안에서 타 죽을 수밖에 없습니다."

임금과 관리들 모두 이구동성으로 찬성했다.

"자, 이것이면 된다. 이것이 가장 좋은 방법이다."

이리하여 그들은 숯을 날라다 게르 주변에 둥글게 쌓았다.

우리의 일곱 사람이 이제 의논하기를,

"이 임금은 우리와 세 번이나 내기를 해서 연거푸 졌다. 이제 우리를 어떻게 하자고 이야기들 하고 있는가?"

다시 땅에 귀 기울여 듣는 사람이 잘 듣더니 말하기를,

"내일 우리를 불러다 무쇠로 만든 게르에 자리를 차려 놓고 큰 잔치를 한다고 속여 태워 죽이려고 석탄을 날라다 준비하고 있다."

그러자 바다를 삼키는 맏형이 나섰다.

"그건 걱정 없다. 내가 있다. 너희들은 두려워하지 마라!"

그러고는 맏형이 가서 바다를 삼키고 오니, 대궐에서 두 대신이 정식으로 초대를 하러 왔다. 일곱이 함께 따라가 대궐에 들어가니 황금 문이 있는 무쇠 게르로 들여보냈다. 무쇠 게르로 들어가 앉은 그들은 이윽고 게르가 옆구리부터 벌겋게 달아올라 견딜 수 없이 되었다. 이때 맏형인 바다를 삼키는 사람이 바다를 뱉어 놓자 임금의 도성과 대궐이 모두 바닷물에 휩쓸려 사라져 버렸다.

그들은 게르에 있다가 앞일에 대해 의논하기 시작했다.

"자, 우리는 까치 임금을 진압해 없애 버렸다. 이제 우리가 어떻게 나갈 것인가?"

의논 끝에 바다를 삼키는 사람이 바닷물을 삼켜 말려 버렸다. 그 후 함께 남쪽 땅으로 돌아간 일곱 형제는 북두칠성이 되어 편안하고 행복하게 잘 살았다고 한다.

사람은 털이 없고 개는 털이 있는 까닭

옛날 아득한 옛날,

땅의 명치가 이제 막 자리를 잡고
불의 배꼽이 이제 막 발개지고
젖의 바다가 아직 웅덩이일 때
수미산이 아직 작은 둔덕일 때
해가 이제 막 솟아올랐을 때
나뭇잎이 이제 막 활짝 피었을 때
달이 이제 막 떠올랐을 때
창포가 이제 막 파래졌을 때

부처님이 사람을 지어내기 위해 진흙으로 남자와 여자의 모습을 만들고 나서 그들에게 생명을 집어넣기 위해 영생의 감로수를 가지러 가게 되었다. 부처님은 자기가 떠난 뒤 악령이 남자와 여자를 해

●──몽골 민담

칠지도 모른다고 여겨 개와 고양이를 시켜 진흙으로 만든 사람을 지키게 했다.

"너희들 이 두 사람을 잘 지키고 있어라! 내가 영생의 감로수를 가져올 때까지 중생이 접근하지 못하도록 해야 한다! 이 두 사람은 너희들의 주인이 되어 너희를 보호하게 될 것이니 잘 돌봐야 해. 알았지?"

부처님이 떠난 뒤 악령이 부처님의 창조물을 해치려고 와 보니 개와 고양이가 곁에도 못 오게 하는 것이었다. 악령은 고양이에게는 젖을, 개에게는 고기를 갖다 주었다. 그러고는 둘이 먹는 데 정신이 팔린 동안 두 진흙 사람 주위로 오줌을 누고 가 버렸다.

부처님이 영생의 감로수를 가져와 두 사람에게 생명을 불어넣으려다가 털이 더럽자 화를 내며 고양이에게 사람의 더러운 털을 핥아 내라고 했다. 고양이를 시켜 털을 핥아 내도록 했지만 머리털에는 악령의 오줌에 닿지 않았기 때문에 남겨 두도록 했고, 겨드랑이와 사타구니 같이 고양이의 혀가 닿지 않은 곳에도 더러 더러운 털이 남았다.

그리고 악령이 오줌을 싼 그 더러운 털을 개에게 씌워 처벌했다. 그리하여 사람은 털이 없고 개는 털을 갖게 되었다. 또한 이 때문에 사람들은 고양이의 혀가 더럽고 개의 털이 더럽다고 이야기하게 되었으며, 사람은 악령의 해코지로 더럽혀졌기 때문에 부처님이 사람의 입에 영생의 감로수를 떨어뜨렸지만 영원히 살지 못하고 요절하는 존재가 되었다.

소나무, 삼나무, 월귤나무는 왜 사철 푸른가

옛날 옛적에 마음씨 착한 제비 한 마리가 사람이 불사 영생을 누리며 언제나 젊도록 만들기 위해 영생의 감로수를 구해 몇 방울을 입에 머금고 날아가고 있었다. 그런데 마음씨 나쁜 말벌이 이것을 알고 제비가 날아가고 있을 때 '푹!' 소리가 나도록 쏘아 버렸다. 제비가 너무 아파 소리를 지르며 고통스러워하다가 입에 머금고 있던 영생의 물을 쏟아 버렸는데 그것이 소나무와 삼나무, 월귤나무 위로 떨어졌기 때문에 이 세 나무들은 늘푸른나무가 되었다.

한편 모든 일이 허사가 된 제비가 아프고 분한 마음에 말벌의 혀를 뽑아 버렸기 때문에 말벌은 곱고 아름다운 소리를 내지 못하고 그저 윙윙거리게만 되었다고 한다.

제비와 말벌

 옛날 옛적에 새들의 임금인 가루다가 세상에서 무슨 중생의 고기가 가장 맛있는가를 알아보려고 제비와 말벌을 불러 이렇게 분부했다.
 "너희들은 이 세상을 빙 돌아 날아다니면서 무슨 중생의 고기가 가장 맛있는지를 알아 오너라!"
 제비와 말벌은 어명을 받들고 날아갔다. 그날은 하늘도 맑고, 햇살도 기분 좋게 따사로웠다. 그래서 제비는 임금의 분부도 잊고 하늘로 솟구쳐 날아올라 아름답게 지저귀며 기분 좋은 햇볕을 맘껏 즐기고 다녔다.
 그러나 마음씨 고약한 말벌은 넓은 길에서 마주치는 모든 중생을 쏘아 뜨거운 피를 맛보며 돌아다녔다. 그러는 동안 날이 저물어 둘은 돌아오게 되었다. 약속한 곳에서 둘이 만나 임금 가루다에게 돌아가는 길에 제비가 말벌에게 물었다.
 "무슨 중생의 고기가 가장 맛있는지 알아냈니?"

●── 새들의 임금인 가루다의 그림. 가루다는 항상 뱀과 함께 있는 모습으로 묘사된다.

"사람 고기가 제일 맛있다는 것을 알았지. 존경하는 우리 임금님께서는 이제부터는 사람 고기로 만든 음식을 드시게 된다고."

이 말에 제비는 안타깝고 슬픈 생각을 금할 수 없었다.

"불쌍하기도 하지. 사람들을 재앙에서 어떻게 구해 내나?"

한참을 걱정하던 제비는 이렇게 물었다.

"산 사람의 피를 너는 어떻게 맛을 본 거니?"

"아, 그거야 뭐 대수로울 게 있나. 침으로 찌르고 혀로 맛을 보았지."

"그렇게 대단한 맛을 보는 네 혀는 어떤 것이니?"

"이거."

말벌이 입을 벌려 혀를 보여 주자 제비는 혀를 확 뽑아 버렸다. 그 뒤로 말벌은 전처럼 소리를 내지 못하고 그저 윙윙거리게만 되었다고 한다.

말벌은 새들의 임금에게 가서 임금의 앞뒤로 마구 돌아다니며 불만을 호소하고 송사를 요구하려고 있는 힘을 다해 떠들어 댔지만 이미 혀가 없어졌기 때문에 아무 말도 할 수 없었다.

"뭐라고 떠들어 대는 거냐? 무슨 소린지 한마디도 못 알아듣겠다."

새들의 임금은 버럭 화를 내고는 제비에게 물었다.

"제비야, 네가 말해라! 누구 고기가 더 맛이 있더냐?"

"가장 맛있는 것은 뱀 고기입니다."

새들의 임금은 제비의 말을 옳게 여겨 뱀을 잡아먹게 되었다. 오늘날 임금 가루다의 후예 중에 오직 솔개만 남았는데 여전히 뱀 고기 먹기를 좋아한다고 한다.

몽골 사람들 사이에 옛이야기와
전설이 생겨난 내력
••• 또는 장님이 앞일을 알게 된 내력

아주 오래전 몽골 사람들 사이에 무시무시한 흑사병이 퍼져 사람이 몇백 몇천씩 죽어 갔다. 건강한 사람들은 병든 사람들을 운명에 맡기고 자기 목숨이라도 건지기 위해 달아났다.

열다섯 살 난 소코르 타르와('소코르'는 장님이라는 뜻)라는 소년 역시 그렇게 혼자 버려져 의식을 잃었다. 이윽고 넋은 몸에서 빠져나가 지옥의 염라대왕에게 갔다. 염라대왕이 이 넋을 보더니 크게 놀라며 물었다.

"목숨이 빠져나가지 않은 몸을 버리고 왜 왔느냐?"

그 넋이 대답했다.

"제 몸을 이미 죽었다고 치고 버렸기 때문에 제가 완전히 죽기를 기다리지 않고 왔습니다."

넋이라도 그렇게 공손하고 참을성 있는 것을 대견하게 여긴 염라대왕이 말했다.

"아직 네가 올 시간이 아니다. 네 주인에게 돌아가 들어가도록 하라! 그러나 돌아가기 전에 나한테 바라는 것이 있으면 가져가거라."

그러면서 염라대왕은 소코르 타르와를 지옥으로 데리고 갔다. 그곳에는 부와 사치, 행운, 행복, 즐거움, 쾌락, 포만과 안락, 기쁨과 만족, 고통과 탐욕, 눈물, 위락(慰樂)과 환희, 웃음과 놀이, 노래와 음악, 옛이야기와 전설, 춤과 도약을 비롯해 인생에서 마주칠 수 있는 모든 것이 갖추어져 있었다. 소코르 타르와의 넋은 이 모든 것을 보고서 옛이야기와 전설을 골라잡았다. 염라대왕은 소년이 원하는 것을 주고 지상으로 돌려보냈다.

넋이 제 몸으로 돌아와서 보니 이미 까마귀가 눈을 파먹어 버린 뒤였다. 태어난 몸이 이렇게 된 것을 보니 대단히 유감스러웠지만 감히 염라대왕의 말을 어길 수는 없었다. 할 수 없이 소년은 제 몸으로 들어갔다.

소코르 타르와는 그 뒤로 오래도록 살았으며 모든 민족의 옛이야기와 모든 사람의 장래를 알게 되었다. 장님이지만 앞일을 미리 알았던 것이다. 그는 몽골 전역으로 떠돌아다니며 옛이야기를 해 주고, 민중에게 가르침을 주었다. 그 후로 몽골 사람들은 옛이야기를 하게 되었다고 한다.

낙타가 볼품없이 된 내력

옛날에는 낙타도 지금의 사슴처럼 열두 갈래 뿔이 있었다. 그리고 굵고 긴 멋진 꼬리도 있었다. 반면에 그 당시 사슴은 뿔도 없는 민머리에다 꼬리도 있는 둥 마는 둥 끄트머리만 있다시피 한 볼품없는 동물이었다.

낙타는 장하고 멋진 제 뿔을 스스로 대단하게 여기며 늘 감탄하고 즐거워했다. 반대로 사슴은 자신의 변변찮은 외모를 부끄러워했다.

하루는 낙타가 물을 마시러 호수에 왔다가 물에 비친 웅장하고 수려한 제 모습을 보고는 대단히 황홀해하며 서 있었다. 그런데 이때 숲에서 사슴이 나와 머리를 숙여 절하면서 슬픈 목소리로 간청했다.

"오늘 오후에 내가 숲의 동물들의 모임에 가게 되었다네. 그런데 이런 흉한 몰골로, 민머리로 어떻게 가겠나? 어떻게 한 시간만이라도 자네처럼 멋진 뿔을 가져 보았으면……. 낙타 자네가 자비를 베풀어 오늘 내게 뿔을 좀 빌려 주게! 내일 자네가 물을 마시러 여기

올 때 내가 자네 뿔을 돌려줌세."

낙타가 사슴을 보니 과연 볼품이라고는 눈을 씻고 봐도 없어 불쌍할 지경이었다. 그래서 낙타는 선뜻 뿔을 벗어 주고는 이렇게 당부했다.

"내가 물을 마시러 올 때 꼭 갖다 주어야 하네!"

사슴은 장하고 멋진 장식 뿔을 집어 들고 얼른 숲으로 들어가 버렸다. 길에서 말을 만나자 사슴은 누구한테서 뿔을 얻었는지를 자랑했다. 그래서 말은 자기도 아름답고 고운 것을 하나 얻어 가질 생각으로 낙타에게 가서 꼬리를 빌려 달라고 했다. 마음씨 착한 낙타는 이번에도 말이 부탁하는 대로 꼬리를 바꾸어 주었다.

그 뒤로 낮과 밤이 지나고 해가 바뀌었지만 가엾은 낙타는 뿔이고 꼬리고 돌려받을 수가 없었다. 빚진 놈들을 만나 뿔과 꼬리를 돌려주겠다고 약속한 것을 상기시켰지만 그놈들은 한껏 비웃을 뿐이었다. 사슴은 한마디 보태어 이렇게도 말했다.

"들염소의 뿔이 하늘에 닿도록
낙타의 꼬리가 땅에 닿도록

주고말고."

그래서 지금도 낙타는 물을 마실 때마다 수면에서 뿔 없는 민머리가 된 제 모습을 발견하고는 상심이 되어 머리를 흔든다고 한다. 물을 몇 번 삼키고 나서 이 산 저 산의 꼭대기를 바라보며 이따금씩 목을 뒤로 쑥 빼고 서 있는 것은 물 마시러 올 때 뿔을 가져온다고 맹세한 사슴의 약속을 기억하고 "사슴이 내 뿔을 갖고 오려나?" 하고 기대하며 보기 때문이라고 한다.

또한 사슴 뿔이 해마다 한 번씩 떨어져 나가는 것은 그 뿔이 원래부터 사슴에게 주어졌던 것이 아니고 낙타에게서 속여 빼앗은 것이기 때문이라고 한다.

낙타가 재에서 뒹굴게 된 까닭

옛날에 부처님이 몽골 달력의 열두 해에 짐승들의 이름을 붙이고 있을 때였다. 열한 짐승의 이름을 주저 없이 정하고 나서 열두 해의 첫 해에 어떤 짐승의 이름을 붙일까 고심하고 있는데, 낙타와 쥐가 자신의 이름이 열두 해에 들어가게 하려고 다투었다. 부처님은 어느 친구에게도 불만이 없도록 그들끼리 결정을 하라고 분부했다.

둘은 내일 아침에 뜨는 해의 햇살을 먼저 보는 자가 열두 해의 첫 짐승이 되기로 내기를 정했다. 그래서 낙타는 해가 뜨는 동쪽을 보고 해가 나오기를 기다리며 서 있었고, 쥐는 낙타의 등에 난 혹 위로 올라가 서쪽을 보며 계속해서 산꼭대기를 응시하고 있었다. 이윽고 해가 떠올라 첫 햇살이 서쪽 산꼭대기를 비추자 쥐가 햇빛을 먼저 보았다고 말했다. 내기에서 진 낙타가 화가 나서 쥐를 밟아 죽이려고 뛰어오르자 쥐는 잽싸게 쌓아 놓은 재 밑으로 달려 들어가 목숨을 건졌다.

그 후 낙타는 재를 부어 놓은 자리가 보일 때마다 원수 같은 쥐를 납작하게 깔아뭉개려고 재를 밟으면서 뒹굴게 되었다.

　이리하여 쥐는 열두 해에 들어가고 낙타는 제외되었다고 한다. 그리고 낙타는 열두 해에 들어가지 못하였기 때문에 열두 해에 들어간 모든 짐승의 특징을 전부 제 몸에 담게 되었다. 그 특징은,

　　첫째, 쥐 귀에
　　둘째, 소 배에
　　셋째, 호랑이 발톱에
　　넷째, 토끼 코에
　　다섯째, 용 몸뚱이에
　　여섯째, 뱀 눈에
　　일곱째, 말갈기에
　　여덟째, 양 솜털에
　　아홉째, 원숭이 혹에
　　열째, 닭 벼슬에
　　열한째, 개 허벅다리에
　　열두째, 돼지 꼬리

라고 한다.

소의 콩팥

옛날 옛적에 간 날 간 적에 부처님이 여러 짐승에게 콩팥을 나누어 주었다. 소는 걸음이 느려 "하나, 둘, 하나, 둘." 하면서 느릿느릿 걸어 맨 꽁무니로 도착했다. 그래서 소에게 차례가 왔을 때는 콩팥이 다 떨어져 버렸다. 남은 것이라곤 먼저 온 짐승들이 콩팥을 골라 가지면서 제 몸에 맞추느라고 가장자리를 떼어 낸 쪼가리들뿐이었다. 그래서 부처님은 소에게 말했다.

"네가 맨 마지막으로 왔으니 이 쪼가리들을 전부 가져라!"

그 후로 '소의 콩팥'이라는 말은 세상의 온갖 쪼가리를 합쳐 만든 큼직한 것을 가리키게 되었다.

세상의 삼대 걱정꾼

두루미가 살금살금 걸으며 으쓱으쓱대는 것은 자기가 힘차게 걸으면 땅이 꺼질지도 모르고, 땅이 꺼지면 수많은 중생이 그 꺼진 곳에 빠질지도 모르기 때문이다.

메뚜기가 조약돌 위로 올라가는 것은 큰 물난리가 나서 중생이 홍수에 휩쓸려 떠내려갈지도 모르기 때문에 높은 곳에서 감시하기 위함이다.

박쥐가 높은 데 거꾸로 매달리는 것은 하늘이 무너져 중생을 다치게 할지도 모르기 때문에 하늘을 올려다보며 지켜보려는 것이다.

비둘기는 구슬피 울고 참새는 수다스럽게 지껄이게 된 사연

옛날에 비둘기와 참새가 티베트 땅을 목표로 날았다. 티베트에 이르는 고개 위에 집이 있어 그 위에 앉았다. 잠시 쉬고 나서 계속 날아가려고 하는데, 집에서 한 여자가 목을 놓아 신음하며 우는 소리가 들렸다. 그래서 비둘기가 말했다.

"이 사람을 돌봐야겠다."

"그럴 틈이 어디 있어? 티베트의 라마들이 어떻게 생활하며 빌고 절하는지를 가서 보려면 서둘러야지."

그렇게 말하고 참새는 계속 날아가 버렸고, 비둘기는 병든 여인을 돌보느라고 남았다. 참새는 티베트 땅에 이르러 절 꼭대기에 둥지를 틀고 라마들이 어떻게 경을 읽고 예불을 드리는가를 보았다.

한 달 뒤 비둘기와 참새가 다시 만나 입을 열고 이야기하는데 서로 말을 알아듣지 못했다. 비둘기는 목 놓아 신음하는 것처럼 구구하는 소리를 내고, 참새는 중얼중얼 수다를 떨어 대는 통에 알아들을 수가 없었던 것이다. 왜냐하면 비둘기는 병든 여자의 고통에 겨운 신음 소리를 잊지 못해 구구 하고 울고, 참새는 아침부터 저녁때까지 이해하지도 못하는 말을 지껄이면서 수다스럽게 구는 라마들의 독경과 예불 소리를 잊지 못해 중얼중얼 하고 울었기 때문이다.

이런 사연으로 비둘기와 참새는 이날 이때까지도 서로를 이해하지 못한 채 지낸다고 한다.

꾀 많은 여우

　옛날에는 여우와 사자가 함께 사냥을 다녔다. 그러다 짐승을 잡으면 항상 사자가 짊어지고 다니곤 했다. 그러던 어느 날 둘은 사슴을 한 마리 잡게 되었다. 평소에 늘 혼자만 짐승을 짊어지는 데 불만을 느낀 사자가 말했다.
　"네가 져라!"
　"내가 질 때는 질게. 그런데 나는 큰소리로 울부짖는 게 정말 어렵더구나. 너는 할 수 있을 테지?"
　여우의 말에 사자는 왠지 자존심이 상했다.
　'내가 맹수의 임금인데 이 못된 여우 뒤에서 따라가면서 울부짖는다는 것은 수치스러운 일이다.'
　한참을 생각하던 사자는 결국 이렇게 말했다.
　"어이, 나는 울부짖는 건 못해. 지는 것은 내가 지고 가마! 네가 울부짖어라!"
　그래서 사자는 사슴을 제 등 위에 올려놓고 다리를 물고는 대단히 거만하게 걸음을 옮겼다. 여우는 뒤에서 울부짖으며 따라갔다. 그렇게 집까지 따라가서 고기는 또 실컷 먹었다.

・・・

또 이런 이야기도 있다.

어느 날 여우와 늑대가 길을 가다가 샤르 토스[버터] 한 덩이를 주웠다. 둘이 이 샤르 토스를 똑같이 나누어 먹으려고 하는데 여우가 말했다.

"이 샤르 토스를 여기서 먹는 것은 적절치 않네. 사람들이 다니지 않는가. 그러니 높은 산꼭대기에 올라가 먹세그려. 자네가 갖고 가게."

그리하여 둘이서 높은 산꼭대기로 올라갔다. 여우가 말했다.

"이 샤르 토스를 나누어 먹을 게 무언가? 혼자서 먹는 것이 낫네."

그러자 늑대가 펄쩍 뛰었다.

"우리 가운데 누가 먹는단 말인가?"

"우리 가운데 나이 많은 사람이 먹는 것이 옳네. 자네는 나이가 몇인가?"

늑대는 여우를 속이고 샤르 토스를 먹을 생각으로 이렇게 거짓말을 했다.

"내가 어렸을 적에 수미산이 작은 둔덕만 했네. 젖의 바다는 웅덩이만 했지."

그러자 여우가 별안간 울음을 터뜨렸다. 늑대가 속으로 '망할 자식, 잘도 속아 넘어가는구나. 이제 울든 말든 샤르 토스는 내 것이 되었다!' 하고 생각하고 물었다.

"자네 무엇 때문에 우나?"

"내게 새끼가 세 마리 있네. 제일 어린 놈이 자네와 동갑일세. 그래 마음이 약해져서……."

늑대는 그 말을 듣고 몹시 부끄러웠다. 그래서 늑대는 배고파 죽을 지경이 되어 제 굴로 돌아가고, 여우 혼자 그 샤르 토스를 배불리 먹었다.

여우와 고슴도치와 늑대

옛날 옛적에 늑대와 여우와 고슴도치가 살고 있었다. 어느 날 셋이 도란도란 이야기를 나누고 있는데 대추 한 알이 데굴데굴 굴러왔다. 그래서 셋은 누가 대추를 먹을 것인가를 놓고 의논하기 시작했다. 늑대가 먼저 의견을 제시했다.

"우리 가운데 누구든 술이 약한 친구가 먹자!"

이 의견에 모두 찬성했다. 늑대가 먼저 말했다.

"나는 술을 맛만 보아도 취한다."

여우가 지지 않겠다는 듯이 말했다.

"나는 술 냄새만 맡아도 취한다."

고슴도치가 지레 비틀거리며 말했다.

"나는 술 소리만 들어도 취한다."

이리하여 대추는 고슴도치의 차지가 되었다. 그런데 여우가 결과에 불만을 느끼고 다시 제안했다.

"달리기를 해서 우리 가운데 누구든 1등을 하는 친구가 먹자!"

나머지 둘도 동의하여 달리기 시합이 시작되었다. 꾀 많은 고슴도치는 여우 꼬리에 달라붙어서 갔다. 여우가 있는 힘을 다해 모둠발로 뛰어서 제가 1등을 했다고 여기고 돌아보니 고슴도치가 뒤에 서서 태연하게 묻는 것이 아닌가.
"너 이제야 겨우 들어온 거냐?"
이리하여 고슴도치가 1등을 한 것이 되어 대추를 먹었다.

어수룩한 늑대

옛날 옛적에 늑대가 길을 가다가 길 위에 양 순대가 가로놓여 있는 것을 보았다. 늑대가 얼른 달려들어 먹으려고 하니 순대가 애절한 목소리로 애원했다.

"늑대님, 저를 먹지 마세요. 이 앞 수렁에 말 한 마리가 빠져 엎어져 있는데 그놈을 잡숫지 그래요?"

늑대가 순대의 말을 듣고 그곳으로 가 보니 과연 말 한 마리가 수렁에 빠져 엎어져 있었다. 그래, 그놈을 먹으려는데 말이 말했다.

"늑대님, 저를 먹으려거든 저를 수렁에서 꺼내 놓고 나서 먹지 그러세요."

그래, 수렁에서 말을 질질 꺼내서 입맛을 다시며 먹으려는데 다시 말이 말했다.

"저를 진흙 묻은 채로 먹지 말고 깨끗이 닦아서 먹지 그래요?"

다시 그 말대로 진흙을 혀로 핥아 내고 먹으려는데 말이 또 말하는 것이었다.

"내 뒷다리 발굽에 글이 있는데 그걸 보고서 먹지 그래요?"

그래, 늑대가 말발굽에 있는 글을 보려고 다가가자 말은 늑대를 머리뼈가 깨지도록 되게 걷어차고는 일어나 모둠발로 뛰어갔다. 다 죽게 된 늑대는 누워서 이렇게 말했다.

"길로 돌아다니기만 하는 크기만 한 대가리
순대에도 속아 넘어가는 어리석은 대가리
수렁에서 꺼내 주는 것은 무슨 어리석은 수작?
진흙을 혀로 핥아 내는 것은 무슨 바보 같은 수작?
발굽에 있는 글을 보려고 들다니, 글은 무슨 놈의 글을 안다고?"

호랑이 물리치기

　옛날 옛적에 할아버지와 할머니가 양 몇 마리, 소 몇 마리를 기르며 살고 있었다. 그런데 이 몇 마리 안 되는 양과 소를 늑대 한 마리가 날마다 와서 한 마리씩 잡아먹었다.
　그러던 어느 날 할아버지는 숲에서 나무를 하고 있다가 호랑이와 맞닥뜨리게 되었다. 호랑이가 말했다.
　"할아버지, 둘이서 힘을 겨뤄 봅시다!"
　몹시 겁이 난 할아버지는 이제는 호랑이 먹이가 되는 모양이구나 하면서 간신히 대답했다.
　"그러세!"
　"어디서 겨룰까요?"
　"내일 이 숲에서 겨루세!"
　그날 저녁 할아버지는 집에 돌아와 할머니에게 고민을 털어놓았다.
　"이제 이 일을 어쩐다?"

할머니가 대수롭지 않다는 듯이 말했다.

"지금 가서 나무 몇 그루를 톱질해 놓으슈! 그랬다가 내일 가서 그 나무를 밀어 버리시구려."

그래서 이튿날 아침 할아버지와 호랑이는 나무를 밀어 힘을 겨루게 되었다. 할아버지가 미는 나무는 아주 고르고 반듯하게 쓰러졌지만 호랑이가 밀어붙이는 나무는 도대체 반반하게 쓰러지지를 않았다. 그래서 할아버지는 대단히 힘이 센 사람처럼 되었다.

호랑이가 도저히 믿어지지 않는다는 듯 말했다.

"내일은 돌을 눌러서 그 뇌가 터져 나오도록 하는 것으로 힘을 겨룹시다."

할아버지가 다시 돌아와 할머니에게 말했다. 할머니는 할아버지에게 진 요구르트를 새로 만들어 주고는 이렇게 일러 주었다.

"큰 돌 가운데다 이것을 넣어 두슈. 그리고 표를 해 놓고 내일 가서 누를 때 '돌의 뇌가 터져 나오는 모양이군!' 하고 말씀하슈."

이튿날 할아버지는 가서 그 돌을 눌러 뇌를 터뜨렸다. 반면에 호랑이는 아무리 눌러도 뇌가 터져 나오지 않았다. 호랑이는 할아버지를 잡아먹기가 두려워졌다.

'이자는 힘이 어마어마하군!'

그래서 호랑이는 할아버지를 집으로 초대했다.

"우리 집에 좀 들렀다 가시지요!"

할아버지는 호랑이가 무서웠지만 거절할 핑계가 없어 호랑이네 집으로 가게 되었다. 호랑이는 할아버지를 데려다 음식과 차를 만들어 주었다. 날이 저물어 잘 때가 되니 할아버지는 너무 무서웠지만 잠자리에 들 수밖에 없었다. 그런데 호랑이가 칼을 숫돌에 갈더니 밖으로 나가는 것이 아닌가. 그 사이 할아버지는 호랑이네 집에 있던 절구를 가져다 머리에 쓰고 누웠다. 잠시 후 호랑이가 밖에서 들어와 할아버지 머리를 내리찍었다. 한 번 내리찍고 두 번 내리찍으니 칼이 부러졌다. 죽도록 겁이 난 호랑이는 몰래 제 침대로 가서 잤다. 호랑이가 잠든 뒤 할아버지는 일어나 절구를 제자리에 갖다 놓았다.

할아버지가 아침에 일어나 능청스레 자기 머리를 긁으며 말했다.
"내 머리에 뭔가 '딱!' 하고 부딪힌 것 같았는데. 어떻게 된 것일까?"

그러자 호랑이가 할아버지 앞에 무릎을 꿇으며 말했다.
"내가 어제 댁을 잡아먹으려고 했으나 그리 하지를 못했지요. 댁은 참으로 힘이 센 사람이오."

호랑이가 차를 끓이려고 할아버지에게 물을 길어 오게 했다. 할아버지는 호랑이네 집 밖에 있던 물동이를 겨우겨우 우물까지는 가져갔다. 하지만 물을 길어서 돌아갈 생각을 하니 암담하기만 했다.

'빈 물동이를 겨우겨우 가져왔으니 물을 담은 물동이는 도저히 감당 못할 것이다. 무슨 수를 내야 하나?'

궁리 끝에 할아버지는 우물 주위를 빙 둘러가며 파기 시작했다. 이것을 본 호랑이가 물었다.
"지금 뭐하고 있는 거요?"
"어쩌긴. 아주 파내서 가져가려고."
"이걸 파 버리면 나는 말라 죽게요!"
호랑이는 깜짝 놀라 얼른 물동이를 들어 옮겼다.

호랑이가 제 집에 온 손님에게 선물로 어마어마하게 큰 금덩이를 안아다 할아버지 앞에 내려놓았다. 할아버지로선 그 금덩이를 감당할 방법이 없어서 생각 끝에 이렇게 말했다.

"네 손님이니 바래다 주어야지!"

그래서 호랑이가 할아버지를 바래다 주었다. 호랑이가 할아버지네 집에 들르자, 할머니가 호랑이에게 차를 끓여 주고 음식을 해 주게 되었다. 할머니가 할아버지에게 물었다.

"손님한테 무슨 음식을 해 주지요?"

"우선 호랑이 목울대를 삶아 내고 나중에 호랑이 곤자소니^{창자 끝에 달린 기름기가 많은 부분}를 삶아 내지 그러우?"

이 말에 호랑이는 정신을 못 차리게 겁이 나 냅다 줄행랑을 쳐 버렸다.

"이것들이 나를 잡아먹으려고 드는군!"

겁에 질린 호랑이는 점점 더 걸음을 빨리 했다. 그때 마침 늑대 한 마리가 앞에서 종종걸음으로 가고 있다가 호랑이를 보고 물었다.

"호랑이, 자네 무슨 일로 이리도 당황해서 다니는 거야?"

"아이고, 여기 무시무시한 할머니와 할아버지가 있네. 나를 거의 잡아먹을 뻔했지. 그래서 내가 이렇게 달아나고 있는 걸세."

"나는 매일 그 두 사람네 가축을 잡아먹고 있는데, 겁낼 것 하나도 없다고. 둘이 같이 가 보세!"

"어이구, 싫어! 나는 안 가! 겁나 죽겠는걸."

"자네가 그렇게 겁이 나면 나와 목을 한데 묶고서 가지!"

이렇게 해서 둘이 함께 할아버지네로 갔다. 할아버지는 그들을 보더니 이렇게 말했다.

"늑대 너, 나한테 호랑이 한 마리 빚진 게 있더니 그걸 가져온 거냐?"

이 말에 호랑이는 늑대를 끌고 내뺐다. 그러다 문득 뒤돌아보니 늑대는 목이 졸려 죽어 가느라 이를 드러내고 있었다. 호랑이는 늑대가 저를 비웃는 줄 알고 이렇게 말했다.

"너한테는 웃음이 내게는 기침이다."

그러고는 더 한층 속력을 내서 달렸다. 계속 달아나다가 다시 한 번 돌아보니 늑대는 가죽이 벗겨진 채로 질질 끌려오고 있었다.

"가다 가다 참으로 변변치 못한 놈도 다 있군."

그렇게 계속 끌고 달리다 결국 호랑이는 늑대를 죽여 버리게 되었다. 이리하여 할머니와 할아버지는 두 놈의 적을 한번에 물리치고 무서울 것 없이 편안히 잘 살았다고 한다.

일곱 개의 풀빛 알을 품은 절름발이 까치

옛날 옛적 한 옛날에 절름발이 까치에게 알이 일곱 개가 있었다. 그런데 하루는 여우가 와서 까치를 위협했다.
"일곱 알 가운데 하나를 내놔라! 내 하나 먹으련다!"
"알을 못 준다!"
"네가 안 내놓으면 내가,

네가 둥지를 튼 금사시나무를 들이받아 부러뜨려 버릴라! 먼 데서부터 먼지 바람을 일으켜 네 둥지를 날려 버릴라!"

까치는 겁이 나서 알 하나를 주었다. 그렇게 여우가 날마다 와서 하나씩 알을 먹어 대는 통에 알은 겨우 하나만 남게 되었다. 그래서 너무 슬픈 까치는 훌쩍훌쩍 울고 있었다. 그때 들쥐가 나와서 물었다.
"댁은 왜 이렇게 울고 계셔요?"

"나는 원래 알이 일곱 개였어요. 그런데 여우가 와서 알을 달라고 하는데 내가 아무리 안 주겠다고 해도, '네가 주지 않으면 내가,

네가 둥지를 튼 금사시나무를 들이받아 부러뜨려 버릴라!
먼 데서부터 먼지 바람을 일으켜 네 둥지를 날려 버릴라!'

하면서 악착같이 가져가는 통에 이제는 알이 딱 한 개밖에 안 남았어요."
잠자코 듣고 있던 들쥐가 까치에게 이렇게 일러 주었다.
"자, 이제 알을 주지 않겠다고 하세요. 그러면 여우는 당신한테 앞서 하던 대로,

'네가 둥지를 튼 금사시나무를 들이받아 부러뜨려 버릴라!
먼 데서부터 먼지 바람을 일으켜 네 둥지를 날려 버릴라!'

하고 나오겠지요. 그러면 당신은,

'내가 둥지를 튼 금사시나무를 들이받아 부러뜨릴 네 뿔은 어느 것인데?
먼 데서부터 먼지 바람을 일으켜 내 둥지를 날려 버릴 네 발굽은 어느 것인데?'

하고 물으라고요. 그러면 네게 이 말을 누가 가르쳐 주었냐고 나올 거예요. 그러면 '나 혼자,

생각하고 생각한 끝에 생각이 났다.
자고 또 자다 정신이 들었다.
궁리하고 궁리하다 궁리가 떠올랐다.'

하고 말해요!"

다음 날 여우가 또다시 까치를 찾아와서 말했다.
"하나 남은 네 알을 마저 내놔라!"
"못 준다!"
그러자 여우는 평소 하던 대로 까치를 위협했다.
"그러면,

네가 둥지를 튼 금사시나무를 들이받아 부러뜨려 버릴라!
먼 데서부터 먼지 바람을 일으켜 네 둥지를 날려 버릴라!"

그래서 까치는 들쥐가 가르쳐 준 대로 물었다.

"내가 둥지를 튼 금사시나무를 들이받아 부러뜨릴 네 뿔은 어느 것인데?
먼 데서부터 먼지 바람을 일으켜 내 둥지를 날려 버릴 네 발굽은 어느 것인데?"

여우는 속으로 뜨끔하면서도 계속 을러댔다.
"너 이 말을 누구한테서 들었어? 말 못해?"
"내 스스로,

생각하고 생각한 끝에 생각이 났다.
자고 또 자다 정신이 들었다.
궁리하고 궁리하다 궁리가 생겼다."

"누가 가르쳐 주었는지 말하지 않으면 내 여우의 열세 가지 기술을 써서 너를 잡아먹고야 말겠다!"
겁에 질린 까치는 결국 순순히 털어놓았다.
"저 굴에 있는 들쥐가 가르쳐 주었어."
여우가 굴 입구에 가서 들쥐를 불렀다. 하지만 들쥐는 핑계를 대며 좀처럼 나오지 않았다.
"지금 내가 집안 청소를 하고 있거든."
여우가 한참을 기다리다가 다시 불렀다. 들쥐는 또 핑계를 대며 여우를 기다리게 만들었다.
"내가 지금 거울을 닦고 있거든."
여우가 또 한참을 기다리다가 다시 불렀다. 그제야 들쥐는 머리만 쏙 내밀었다. 그러자 여우가 말했다.
"머리가 이렇게 예쁘니 가슴은 얼마나 예쁠까?"
들쥐가 가슴을 내밀자 여우가 또 말했다.
"가슴이 참으로 예쁘네. 엉덩이는 더 예쁠 거 아냐?"
들쥐가 엉덩이를 내밀자 여우가 또 말했다.
"엉덩이가 이렇게 예쁘니 꼬리는 얼마나 예쁘겠어!"
들쥐가 꼬리를 드러내자 여우가 또 말했다.
"이렇게 예쁜 몸을 가진 이가 바위 위로 팔짝팔짝 뛰어다니는 것은 또 얼마나 근사할까?"
들쥐가 팔짝팔짝 뛰려 하자 여우가 기다렸다는 듯이 날름 들쥐를 입으로 물었다. 들쥐가 말했다.
 "난 오물오물 씹어 먹으면 냄새가 난단다. 하지만 입을 쩍 벌리고 먹으면 맛이 좋지!"
 그 말을 듣고 여우가 입을 쩍 벌리는 순간 들쥐는 냉큼 입에서 나와 도망쳐 버렸다고 한다.

여우의 은혜 갚기

옛날 옛적 한 옛날에 한 가난한 젊은이가 덫이나 그물을 놓아 들쥐, 다람쥐 따위를 잡아서 살아가고 있었다. 그래서 그날도 들쥐와 다람쥐 사냥을 하다가 잠깐 앉아 쉬고 있으려니 갑자기 불여우 한 마리가 죽을 둥 살 둥 달려와 그의 옷자락 밑으로 기어 들어왔다.

"나를 쫓는 사람들이 말을 타고 몰려와서 여우가 어디로 갔느냐고 물으면 벌써 저 산을 넘어갔다고 해 주세요!"

여우는 젊은이의 옷자락 속으로 더 깊이 파고들었다.

다음 순간 여우를 쫓는 사람들이 총과 활을 둘러메고 말을 타고 급히 몰려들 와서는 젊은이에게 물었다.

"커다란 불여우 한 마리가 어디로 갔느냐? 그놈을 보았느냐?"

젊은이는 여우가 부탁한 대로 말했다.

"여우는 벌써 저 산을 넘어가 버렸는데요. 지금 당장 가면 잡을 수도 있겠네요."

사람들은 말고삐를 당길 틈도 없이 서둘러 여우를 쫓아 달려갔다. 젊은이가 일어나서 가려고 할 때 여우가 옷자락에서 나와 이렇게 말했다.

 "자, 댁은 제 목숨을 구해 주었습니다. 반드시 그 은혜를 갚겠습니다. 그나저나 사는 형편은 어떻습니까?"

 "나는 들쥐, 다람쥐 따위를 덫이나 그물로 잡아 겨우 연명하는 사람이랍니다."

 "요즘 세상에 들쥐나 다람쥐가 무슨 벌이가 되나요? 하지만 늑대 가죽은 값이 많이 나가지요. 그러니 늑대를 죽여 그 가죽을 차, 담배, 온갖 물건들과 바꾸도록 하세요."

 "그것 참 좋은 생각이군요. 그렇지만 보잘것없는 내 덫에 걸려들어 내 손에 죽어 줄 그런 늑대가 어디 있겠어요?"

 "여기 당신 허리띠에 있는 그 방울을 내 목에 달아 주시겠어요?"

 여우의 부탁대로 젊은이는 허리띠에 있는 방울을 여우의 목에 달아 주었다. 여우는 그 즉시 달려 나가 온갖 맹수들 사이로 지나가다가 늑대와 마주쳤다. 늑대가 여우를 보고 물었다.

 "얘, 여우야. 이 근사한 게 어디서 났니? 여기 이걸로 뭘 어떻게 하는 거냐?"

 "아, 이거요. 이걸 달고 다니면 음식이 남아돌도록 생기지요."

 "그러면 이걸 어디서 구할 수 있는데?"

 "이걸 얻기는 그다지 힘들지 않아요. 꽝꽝 얼은 샘 위에 책상다리를 하고 하루 낮 하루 밤 앉아 있으려니까 어떤 할아버지가 와서 목에 매달아 줍디다."

 "나도 책상다리를 하고 앉아 있으면 달아 줄까?"

 "내게 준 것을 댁한테라고 안 줄 리가 있나요?"

 늑대는 목에 방울을 얻어 달려고 꼬치꼬치 물었다.

"그 샘은 도대체 어디 있는데?"

여우는 늑대에게 이렇게저렇게 이야기한 다음 젊은이를 찾아가서 넌지시 일렀다.

"자! 내일 아침 이 근처 꽝꽝 얼은 샘 위에 늑대 한 마리가 불기짝이 들러붙어 있을 거예요. 가서 그놈을 때려잡고 가죽을 가져다 차, 담배, 음식하고 바꾸세요."

다음 날 아침 젊은이가 행여나 하는 마음으로 샘가에 몽둥이를 들고 가 보니 과연 얼어붙은 샘 위에 늑대 한 마리가 책상다리를 하고 앉아 있었다. 성큼성큼 다가가니 늑대는 '내 목에 방울을 달아 줄 사람이 오고 있나 보군.' 하고 기다리고 있었다. 젊은이가 갑자기 몽둥이를 휘두르는 것을 보고 늑대가 달아나려 했을 때는 이미 불기짝이 얼음에 들러붙어 있었다. 젊은이는 그 늑대를 때려잡아 가죽을 주고 차, 담배 따위를 샀다.

젊은이가 사는 고장에는 사자, 호랑이를 비롯한 온갖 맹수들이 드글드글했다. 하루는 산으로 사냥을 하러 갔다가 하마터면 호랑이한테 잡아먹힐 뻔한 것을 겨우 빠져나온 적도 있었다. 그러던 어느 날 젊은이는 들쥐, 다람쥐를 잡으러 다니다가 사자와 맞닥뜨리고 말았다. 사자가 말했다.

"너를 잡아먹겠다!"

젊은이는 깜짝 놀랐지만 태연한 척 이렇게 말했다.

"자, 둘이 사나이의 세 가지 놀이_{원래는 씨름, 말달리기, 활쏘기를 가리킴}로 겨루어 이긴 쪽이 진 쪽을 잡아먹기로 하자!"

사자가 찬성하는 바람에 겨우 그 자리에서 벗어난 젊은이는 집으로 돌아오다가 불여우를 만났다. 그는 불여우를 붙잡고 하소연했다.

"나는 사자한테든 호랑이한테든 잡아먹히게 되었어요. 이제 다

틀렸어요. 어디로 가야 하나요? 오늘은 글쎄, 사자와 맞닥뜨렸다가 이리저리 말을 해서 겨우 목숨만 건졌어요."

"그건 잘했어요. 내일은 가서 그와 무엇무엇으로 어찌어찌 놀 것인지를 정하자고 이야기하세요. 만일 그렇게 하자고 하면 '흰 돌을 쥐어짜서 국물이 흘러나오게 하자! 맨땅에서 뛰어 물이 솟아 나오도록 하자! 서 있는 나무를 뿌리째 뽑아 쓰러뜨리자!' 고 하세요. 만일에 이것을 받아들이면 내가 방법을 가르쳐 드릴게요."

그래서 이튿날은 여우가 일러 준 대로 사자에게 가서 둘이 세 가지 종류로 이렇게저렇게 힘을 겨뤄 보자고 하니 사자가 그러자고 했다. 젊은이가 불여우에게 와서 물었다.

"우리가 이야기한 그대로 하기로 약속했어요. 이제 어떻게 하지요?"

"자, 이제 작은 둔덕 하나를 골라 땅을 알맞게 우묵하게 파내고, 밑에다는 물주머니에 물을 채워 깔아 놓고 다시 흙으로 표시 안 나게 덮어 두세요. 그리고 나무 한 그루를 뿌리까지 파서 뽑아냈다가 표시 안 나게 도로 살짝 묻어 두세요. 그런 다음 새알을 하나 구해서 그 둔덕 근처에 놓아두세요."

젊은이는 불여우가 일러 준 대로 둔덕을 하나 골라 흙을 파내고는 물을 담은 물주머니를 깔고 흙으로 잘 묻어 두었다. 그런 다음 나무 한 그루를 뿌리까지 파서 뽑아냈다가 다시 전처럼 살짝 묻어 놓고, 새알 하나를 구해 둔덕 옆에 놓아두었다. 얼마 후 약속한 날짜가 되어 사자와 젊은이가 만났다.

젊은이가 물었다.

"누가 먼저 힘을 보이겠소?"

"댁이 먼저 보이시오!"

사자가 대답했다.

젊은이가 물주머니를 묻어 둔 둔덕 위로 올라가 뛰니 둔덕이 무너지고 밑에서는 물이 솟구쳤다. 새알을 쥐고 으스러뜨리니 거기서도 국물이 나왔다. 나무를 손바닥으로 치니 뿌리째 뽑혀 나갔다.

그러나 사자는 하루 종일 땅 위에서 뛰었지만 땅이 파일 뿐 아무리 해도 물은 나오지 않았다. 또 흰 돌마다 집어 들고 으스러지도록 쥐어짰지만 국물은 나오지 않았다. 나무를 붙들고 잡아당겨도 부러지기만 할 뿐 뿌리째 뽑히지는 않았다. 사자는 젊은이의 힘에 깊이 탄복했다.

"아, 이자는 정말이지 힘이 센 짐승이구나. 내가 이 사람보다 힘이 약한 것은 분명하다."

기가 잔뜩 죽은 사자는 고향으로 돌아가 호랑이에게 말했다.

"힘이 엄청난 사람이 하나 있네. 그 사람에게는 나도 당해 낼 수가 없네. 자네가 어떻게 한번 해 보지 않겠나?"

"그래, 그렇게 해 보지."

그러고 있는데 늑대가 호랑이를 찾아와 말했다.

"그 사람은 내 동무가 얼음 위에 앉아 있을 때 몽둥이로 때려 죽였어요. 그 형편없는 사람에게 그런 큰 힘이 있을 턱이 없어요. 같이 갑시다."

"에이, 모르겠다. 그 녀석은 사자와 사나이의 세 가지 놀이를 해서 이겼다지 않느냐? 나도 안 믿어지지만."

"당신이 내 말을 못 믿겠으면 둘이서 목을 묶고 갑시다."

늑대가 말했다. 그래서 늑대는 호랑이를 데리고 젊은이한테 가기로 했다. 그러나 꾀 많은 불여우가 이를 알고 젊은이를 찾아가 말했다.

●──몽골 민담

"자, 여기 늑대와 호랑이가 서로 목을 묶고 오는군. 당신은 북쪽 산으로 올라가 뒷짐을 지고 아주 태연한 모습으로, '이런! 이 빚꾸러기 늑대가 형편없는 호랑이를 달랑 한 마리 끌고 오는 모양이구먼. 늑대한테 앞산에서 죽인 호랑이의 넓적다리 살, 뒷산에서 죽인 사자의 앞가슴살을 삶아 주어라. 끌려오는 이 호랑이는 다리에 족쇄를 채워 묶어 두어라!' 하고 다른 사람하고 이야기하듯이 외치세요."

그래서 이 늑대와 호랑이가 서로 묶고 오는 것이 눈에 들어오자 젊은이는 제 집 쪽으로 몸을 돌려 다른 사람과 이야기하고 있는 척하며 말했다.

"그 몹쓸 빚쟁이 늑대 녀석이 볼품없는 호랑이 한 마리를 끌고 오는 것 같군. 그 녀석한테 앞산에서 죽인 호랑이의 넓적다리 살, 뒷산에서 죽인 사자의 앞가슴 살을 삶아 주게. 하지만 끌고 온 저 호랑이는 굴레와 족쇄를 채워 빨리 묶어 두게!"

호랑이는 이 말을 듣자마자 외마디 비명을 질렀다.

"어이구머니!"

호랑이가 뒤로 돌아 있는 힘을 다해 뛰니 늑대는 그 속도를 따르지 못해 목이 졸려 이를 드러내고 겨우겨우 끌려갔다. 호랑이가 뒤돌아보고, "내가 무섭고 놀라서 달아나는 것을 네 놈이 비웃고 놀리다니!" 하고는 화가 나서 더 빨리 뛰어가니 늑대는 목이 졸려 죽었다.

"사자와 호랑이를 겁을 주어 쫓아 보낸 뒤로 이제는 두려워할 것이 없네요. 당신에게 아내를 얻어 줄게요."

꾀 많은 불여우가 말했다. 그러고 나서 여우는 호르마스트 임금님[1]께 가서 말했다.

"저희 아래 세상에는 비할 데 없는 부자에 잘생기기까지 한 젊은 이가 있지만, 저희 세상에서는 그 젊은이에게 어울리는 곱고 아름 다운 처녀를 구할 수가 없기 때문에 그대의 따님을 얻어 주려고 제 가 왔습니다."

이 말을 듣고 호르마스트 임금님이 말했다.

"네 말대로 정말 그렇게 부자에다가 잘생긴 젊은이라면 세상에 서 가장 힘센 네 가지 짐승을 약혼 예물로 바치고 데려가거라!"

"그러면 이곳에서는 세상에서 가장 힘센 네 가지 짐승으로 무엇 무엇을 칩니까?"

"호랑이, 사자, 눈표범, 늑대, 이 네 가지다. 이것들을 가져다 주 면 그 젊은이에게 아무 조건 없이 딸을 주마."

"아, 그러면 그 가장 힘센 네 가지 짐승을 드리고 그대의 따님을 데려가겠습니다."

그리고 꾀 많은 불여우는 지상으로 돌아왔다. 돌아와서 그 젊은 이에게,

"내가 당신께 호르마스트 임금님의 따님을 데려다 줄게요. 그러 나 세상에서 가장 힘센 네 가지 짐승을 약혼 예물로 보내야 해요. 그것은 우리에게 대단히 어려운 일이지만 방법이 있을 거예요."

이튿날 아침 꾀 많은 불여우는 일어나자마자 호랑이가 있는 산속 으로 달려가다가 호랑이와 마주치게 되었다. 호랑이가 여우를 보고 물었다.

"여우야, 너 왜 이렇게 허둥대느냐?"

"아, 나는 호르마스트 임금님으로부터 재물을 받으려고 서둘러 가는 길입니다. 그곳에서는 누구든 오늘 오기만 하면 재물을 나누 어 주지요."

이 말에 속아 넘어간 호랑이는 여우의 뒤를 따라갔다. 호랑이를 데리고 눈표범이 있는 산으로 달려가던 불여우는 이번에는 눈표범과 마주치게 되었다.

"호랑이하고 여우, 댁들은 어디들 가는 길이오?"

눈표범이 뒤에서 따라오면서 물어 오기에 꾀 많은 불여우가 대답했다.

"호르마스트 임금님네서 오늘 재물을 나누어 준다고 해서 그곳에 꼭 가려고 서두르고 있네요. 그래서 댁과 길게 이야기할 수가 없어요."

"나도 가도 될까?"

"우리에게는 주겠다는 것을 댁이라고 안 줄 리가 있나요."

이렇게 해서 꾀 많은 불여우는 호랑이와 눈표범을 속인 것과 같은 방법으로 사자와 늑대도 속여 젊은이네로 데리고 왔다. 여우는 호랑이, 눈표범, 사자, 늑대를 데리고 젊은이와 함께 호르마스트 임금님에게 갔다. 호르마스트 임금님네 코앞까지 갔을 때 여우가 일행을 향해 말했다.

"여러분은 여기서 기다리고 있어요. 내가 호르마스트 임금님에게 가서 알아보고 올게요. 만일에 재물 나누어 주기가 끝나지 않았으면 우리에게도 꼭 줄 거예요."

그런 다음 꾀 많은 불여우는 호르마스트 임금님에게 가서,

"약혼 예물로 세상에서 가장 힘센 네 가지 짐승을 데려왔습니다. 이제 어떻게 할까요?"

"여기다 가두고 빗장을 질러라."

임금님은 쇠로 만든 한 건물을 가리켰다. 동물들에게 돌아온 여우는 이렇게 말했다.

"호르마스트 임금님이 우리에게 재산을 주겠다고 하시네요. 쇠로 만든 건물에 있는 금은보화를 보고 가장 마음에 드는 것을 골라 가지라고 하셨어요. 그러니 여러분은 그 중 제일 좋은 것을 고르세요."

이렇게 호랑이, 사자, 눈표범, 늑대를 쇠로 만든 건물로 데려가 안으로 들여보내고는 밖에서 빗장을 질렀다. 그리고 나서 꾀 많은 불여우가 호르마스트 임금님을 뵙고 따님을 데리고 돌아오게 되었다. 그런데 얼마 안 가다가 꾀 많은 불여우가 말했다.

"자, 저는 먼저 가서 잔치에 필요한 물건을 준비하고 있을게요. 여러분들은 제 뒤에서 서둘러 오세요."

그러고는 앞서서 머리가 열두 개인 난쟁이 검은 망가스네로 급히 달려갔다.

"이 못된 꾀 많은 불여우 놈아, 너 나를 어떻게 속여 넘길까 하고 궁리를 하고 다니느냐?"

머리가 열두 개인 난쟁이 검은 망가스가 말했다.

"당신을 속이기는커녕 당신께 호르마스트 임금님의 따님을 데려다 주려고 정신없이 바쁘게 돌아다니는 나를 그렇게 막 말하는 법이 어디 있습니까?"

불여우는 부러 화가 난 척했다.

"네가 얘기하는 그 선녀가 어디 있는데?"

"만일에 나를 정 믿지 못하겠으면 망원경으로 한번 보세요!"

머리가 열두 개인 난쟁이 검은 망가스가 망원경을 집어 들고 보니 아닌 게 아니라 호르마스트 임금님의 따님이 여러 수행원들과 함께 오고 있었다. 그것을 보고 망가스는 완전히 불여우를 믿어 버렸다.

"이제 어떻게 해야 하나? 내가 무엇을 해야 하지?"

"내가 저 호르마스트 임금님의 따님을 모시고 오는 사람들에게 당신이 이렇게 머리가 여러 개이고, 이렇게 못생겼다는 말을 차마 못했어요. 오히려 머리 하나에 아주 잘생긴 사람이라고 말하고 데리고 왔기 때문에 당신의 머리를 보고 저 사람들이 무서워서 돌아가 버릴지도 모릅니다. 그러니 머리를 감추기 위해서라도 암말들을 젖을 짤 때 매어 두는 말뚝 옆에 깊게 구멍을 파고 이 사람들이 돌아갈 때까지 그 안에서 사흘 동안만 기다리고 있도록 하세요. 사람들이 돌아간 뒤에야 처녀 혼자 어쩔 수 없겠지요."

망가스는 그 말이 틀림없는 말이라고 생각해서 몇 사람을 불러 암말들을 젖을 짤 때 매어 두는 오른쪽 말뚝 옆에 세 길 깊이로 구멍을 파고 그 안으로 들어갔다. 불여우가 그 자리를 흙으로 덮은 뒤 큼지막한 검은 돌을 열 개나 얹어 놓고 집 안을 치우고 준비하고 있으려니 사람들이 왔다. 꾀 많은 불여우가 말했다.

"자, 여기가 우리 젊은이의 집입니다."

이리하여 불여우는 호르마스트 임금님의 따님을 망가스의 집에 들이고 큰 잔치를 벌였다. 그러다가 꾀 많은 불여우가 잔치를 하다 말고 급히 나가는 것이었다.

"내가 한 가지 잊어버린 것이 있습니다. 지금 당장 호르마스트 임금님을 뵙고 오겠습니다."

그리고 호르마스트 임금님께로 가서 말하길,

"그대의 사위님 댁에 가면 암말들을 젖을 짤 때 매어 두는 오른쪽 말뚝 옆에 큼지막한 검은 돌이 있는데, 그 밑에서 사흘 뒤에 머리가 열두 개 달린 난쟁이 검은 망가스가 나올 참이랍니다. 그놈을 없애기 위해 벼락을 내려 주시겠습니까? 저는 지금 당장 가서 그

벼락을 피해 옮겨 있도록 하겠습니다."

그 뒤 꾀 많은 불여우는 사람들에게 돌아와서는,

"호르마스트 임금님께서 우리더러 오늘 밤 안으로 지금 있는 이 자리에서 빨리 옮겨 멀리 가 있으라고 하십니다."

그리하여 일행은 망가스의 집을 원래 있던 곳에서 멀리 떨어진 곳에 옮겨 세웠다. 이튿날 아침 검은 구름이 뭉게뭉게 피어나 비가 쏟아지나 싶더니 갑자기 천둥 번개가 쳐 검은 돌 열 개를 낱알만 해지도록 부수어 버렸다. 이렇게 호르마스트 임금님을 시켜 망가스를 없앤 뒤 꾀 많은 불여우는 말했다.

"자, 나는 당신의 은혜를 다 갚은 것 같네요. 그러니 당신은 그놈 대신에 이 망가스 나라의 임금님이 되어 백성을 다스리면서 호르마스트 임금님의 따님과 영원토록 행복하게 사세요!"

그러고는 자기가 사는 산으로 돌아갔다고 한다.

●── 주

1 하늘나라 임금. 우리나라 전통 신앙의 제석천(帝釋天), 옥황상제 등과 비슷한 존재. 고대 페르시아의 선신(善神) 아후라 마즈다에서 차용된 명칭으로 몽골에서는 천상의 지배자로 인간을 돕고 보호하는 존재로 인식됨.
2 몽골 옛이야기에 나오는 괴수. 흔히 사람 머리에 괴물 몸뚱이를 하고 있다. 굉장히 힘이 세고, 사람을 해치기 일쑤이지만 용감하고 영리한 사람에게는 곧잘 속아 넘어가는 어수룩한 면도 있다.

장기꾼 젊은이와 망가스 임금

옛날에 삼대에 걸쳐 번창하고 부유했던 어떤 할머니와 할아버지가 살았다. 그들에게 자식이라고는 아들 하나뿐이었다. 할아버지에게는 말이 300마리가 있었다. 그 300마리를 아들에게 유산으로 물려주면서 말했다.

"이 말 떼는 지난 삼대 동안 300마리 이하로 줄어든 적이 없다. 이제는 이것을 늘리든 줄이든 네가 하기에 달렸다!"

그러던 어느 날 아버지와 친한 어떤 사람이 아들에게 와서 말했다.

"네 아버지가 네게 준 말 300마리가 삼대 동안 줄어든 적이 없다는 것은 사실이다. 그러나 네게는 그것보다는 재주가 더 필요하단다."

아들은 그 말을 듣고 아버지를 찾아가 물었다.

"300마리 말을 세 가지 재주와 바꿀까요?"

"무엇을 하든 네가 알아서 하려무나."

그래서 젊은이는 세 가지 재주를 배우려고 말 300마리를 몰고 집을 떠나 길을 가다가 한 도시에 이르렀다. 도시 안으로 들어가니 광장에서 여러 사람이 모여 있고, 그 가운데 한 사람이 대나무 피리를 불고 있었다. 젊은이는 흥미롭게 피리 소리를 듣고 있다가 물었다.

"이게 무슨 의미가 있는 것입니까?"

"잘 배우면 사나이의 재주가 되고, 못 배우면 한낱 피리일 뿐이라네."

"그렇다면 이것을 내게 잘 가르쳐 주시면 말 100마리를 드리지요."

"자네가 배울 수 있으면 나는 가르쳐 줄 수 있네."

이리하여 1년이라는 세월이 흘렀다. 1년 동안 피리를 배워 훌륭하게 익힌 젊은이는 약속대로 말 100마리를 선생에게 주었다.

"더 이상 자네에게 가르칠 것이 없네. 자네는 이제는 정말로 훌륭한 피리 연주자가 되었네."

피리 선생은 젊은이에게 대나무 피리를 선물했다. 젊은이가 피리를 받고 말 200마리를 몰고 계속 가다 보니 집 몇 채가 있었다. 어떤 큰 집으로 들어가 보니 상석에 앉은 한 사람이 양손에 붓 한 자루씩 들고 발가락 사이에도 한 자루를 끼고, 모두 세 자루로 동시에 글을 쓰고 있었다. 여러 사람이 그 사람을 둘러싸고 앉아 글을 쓰게 하고는 사례로 뭔가를 주는 모양이었다. 젊은이가 그 모습에 흥미를 느끼고 물었다.

"댁은 무엇 하는 분인가요?"

"나는 남들이 부탁하는 대로 글을 써 주고 그 삯으로 사는 사람일세."

"댁의 이 글은 오직 벌이를 하는 데만 소용되는 것입니까, 아니면 다른 일에도 도움이 되는 것입니까?"

젊은이가 자세히 묻자 그 사람이 대답하기를,

"글을 잘 배우면 진정한 재주가 될 뿐 아니라 나라의 일을 처리하고 집행할 덕과 능력이 길러진다네."

"그렇다면 말 100마리를 당신께 드리겠습니다. 제게 글을 가르쳐 주시겠습니까?"

젊은이의 부탁에 그는 선선히 승낙했다.

"만일에 자네가 잘 배울 수 있다면 나도 가르쳐 줄 수가 있네."

젊은이가 1년 동안 글을 잘 배우고 나자 선생은 붓과 벼루를 선물로 주며 말했다.

"더 이상 자네에게 가르칠 것이 없네. 자네는 정말로 잘 배웠네."

젊은이는 약속한 대로 말 100마리를 선생에게 주고 남은 100마리를 몰고 계속 길을 떠났다.

가다 보니 집이 한 채 보였다. 그리로 가서 들어가 보니 두 사람이 무슨 놀이인지를 하고 있는데 다른 일에는 전혀 관심이 없어 보였다. 그래서 젊은이가 두 사람에게 물었다.

"저는 나그네입니다만 그대들은 무슨 일에 이렇게 정신없이 빠져 있습니까?"

"우리는 장기를 두고 있다네."

"이것은 무엇에 소용이 되나요?"

"만일 장기를 잘 배우면 두 나라의 임금들이 권력과 지위를 다투어 누가 이기는가 하는 큰 일을 결정할 수 있다네. 그러나 잘못 배우면 한낱 심심풀이 놀이가 되지."

"두 분 어르신, 그대들은 어느 정도나 장기를 두십니까?"

"우리는 이 나라의 국수들일세."

"그렇다면 제게 장기를 가르쳐 주십시오. 제가 말 100마리를 드리겠습니다."

"자네가 장기를 배울 수 있다면 우리는 가르칠 수가 있네."

이리하여 젊은이는 한 사람에게는 훈수를 받고, 다른 사람과는 장기를 두는 식으로 장기를 배웠다. 장기를 배운 지 1년이 되자 그 두 사람은 청년에게 장기 알과 판을 주면서 말했다.

"더 이상은 자네에게 가르칠 것이 없네. 이제 자네는 진정 훌륭한 기사가 되었네."

젊은이는 세 가지 재주를 배우기는 했지만 이렇게 재산을 다 없애는 바람에 살길이 막막하게 된 것이 괴로웠다. 부모님을 어떻게 봉양하나 궁리하던 끝에 그는 낙타 다섯 마리 값에 해당하는 밀가루와 곡식을 받고 만주 상인을 위해 일하기로 했다.

이럭저럭 열흘 남짓이 흘렀다. 만주 사람들이 느닷없이 우르르 떼를 지어 몰려와서는 젊은이를 붙들어다가 사지를 꽁꽁 묶어 천막 문 앞에다 내동댕이치는 것이었다. 관리는 편지를 한 장 써서 젊은이의 땋은 머리 밑에 넣어 단단히 묶고는 하인 두 사람에게 낙타 몇 마리를 주며 명령을 내렸다.

"이놈을 즉시 임금님께 데려가거라!"

꽤 여러 날이 지나 일행은 어느 마을 근처에서 묵게 되었다. 젊은이는 잡혀가는 길 내내 묶여 있었기 때문에 몹시 고통스러웠다. 그 마을에서 만주 하인들은 술을 사다 마시고 기분이 대단히 좋아 보였다. 그래서 젊은이가 이렇게 말했다.

"사람의 몸뚱이야 무엇이 다르겠습니까? 나는 이렇게 꽁꽁 묶여 있어서 정말이지 힘이 듭니다. 내게 술을 좀 주면 내가 당신들에게 신기한 것을 보여 드리겠습니다."

사람들은 젊은이에게 술을 한잔 주었다.

"대단히 고맙습니다. 그러나 내 두 손이 묶여 있습니다. 만일에 풀어 주시면 그 은혜에 보답하겠습니다."

두 사람은 지기들끼리 뭐라고 수군거리더니 뭘 보여 주려는 것일까 하는 생각에 묶은 것을 풀어 주었다. 젊은이가 대나무 피리를 꺼내 온갖 아름다운 곡조를 연주하니 마을 사람들이 모여들었다. 삽시간에 잔치 분위기가 만들어지면서 두 만주 하인도 얼큰하니 취하게 되었다.

밤이 깊어 마을 사람들이 돌아가자 젊은이는 두 사람을 편히 잘 재우고 자기 손으로 직접 음식을 만들어 먹고는 땋은 머리 밑에 있는 편지를 꺼내 보았다. 거기에는 이렇게 적혀 있었다.

스물두 살, 건강하고 힘센 구릿빛 젊은이 하나를 낙타 다섯 마리 값을 주고 사서 임금님께 보냅니다. 망가스 임금과 장기 두실 때 내기로 거시기 바랍니다.

젊은이는 붓과 벼루를 꺼내 편지를 다음과 같이 고쳐 쓰고는 먼저대로 땋은 머리 밑에 넣어 단단히 묶고 잤다.

스물두 살, 건강하고 힘센 구릿빛 젊은이 하나를 낙타 다섯 마리 값을 주고 사서 임금님께 보냅니다. 공주님과 혼인시키시기 바랍니다.

이튿날 아침 몹시 취했던 두 만주 사람이 일어나 말했다.
"자네는 정말로 믿을 수 있는 좋은 사람일세. 자네가 힘이 대단히 세서 우리가 걱정이 되어 정말이지 단단히 묶었던 것일세. 간밤에 우리를 보살펴 주어서 대단히 고맙네. 오늘도 술 마시고, 피리도 불고, 잘 쉬었다가 내일 일찍 떠나세."

완전히 젊은이를 신뢰한 두 만주인은 그의 손도 묶지 않고 갔다. 그리 오래지 않아 만주 임금 앞에 나갈 때가 되었다. 젊은이는 데리고 가는 두 사람에게 말했다.

"이제 나를 이렇게 묶지 않고 데리고 가서는 안 됩니다. 그러면 당신들은 임금님에게 벌을 받게 됩니다. 그러니 나를 묶으세요."

그렇게 만주 임금의 대궐 문 앞에 당도하자 만주인들은 젊은이의 많은 머리 밑에 있던 편지를 꺼내 임금에게 바쳤다. 임금은 편지를 받고 의구심을 감출 수 없었다.

"아무리 내가 신임하는 훌륭한 관리라지만 이런 젊은이를 낙타 다섯 마리 값으로 사서 내 딸과 살게 하라고 보내다니!"

편지가 잘못된 것이 아닐까 해서 확인해 봤지만 정말로 옳게 쓴 것이 틀림없었다.

그래서 임금은 이에 대해 황후와 의논했고, 황후는 자기 딸과 의논했다. 신임하는 관리가 이렇게 한 데는 무슨 이유가 있을 것이라고 생각한 어머니와 딸은 일단 젊은이를 들어오게 하는 것이 옳다고 여겼다. 결국 임금은 그들의 의견을 받아들였다.

"당장 젊은이를 풀어 주고 우단으로 만든 신을 신기고 큰 둥근 무늬가 있는 비단 옷을 입혀 빨리 들게 하라!"

젊은이는 건장하고 잘생긴 사나이였기 때문에 공주는 마음이 크게 움직여 그를 좋아하게 되었다. 그녀는 아버지에게 청년이 만주 말을 제대로 알아들을 때까지 같이 있겠다고 청해 허락을 받았다. 두 사람은 결혼해서 사이좋게 잘 지냈다.

젊은이는 매일 아침 북동쪽에 있는 산에 올라가곤 했다. 어느 날 아침 공주가 그 모습을 보고는 젊은이에게 말했다.

"이 산에는 오르지 말아요. 이 산 너머에 사람의 고기를 먹는 식인 망가스 임금이 있어요. 우리 아버지께서 그와 계속 사람 내기 장기를 두어서 이제는 백성이 거의 남아나지 않게 된 것도 그 때문이에요."

그제야 젊은이는 앞서 편지에서 읽은 "망가스 임금과 내기에 거십시오!"라는 말의 뜻을 깨닫고 공주에게 말했다.

"임금님의 은총을 받아 부마가 되기에 이르렀지만 내가 말씀드리기는 어렵구려. 당신은 친딸이니 임금님께 내가 장기 한번 두시자 한다고 말씀드려 주구려."

"내가 말은 해 볼 수 있어요. 그러나 아버님은 망가스 임금과 장기를 두는 분이에요. 대단히 무서운 분이랍니다."

그러나 젊은이가 여러 번 거듭 부탁하자 공주는 할 수 없이 임금님을 찾아가 말을 전했다. 딸의 말을 듣고 임금은 어마어마하게 화를 냈다.

"이런 버르장머리 없는 놈이 있나? 당장 그놈 목을 베어라!"

그러자 황후가 반대했다.

"그 젊은이의 목을 베기야 쉽지요. 그러나 이미 망가스 임금과 장기를 두어 지는 바람에 엄청나게 많은 사람을 잃은 터에 그 젊은이와 장기를 두지 못할 것은 또 뭐요?"

임금이 이 말을 듣고 곰곰이 생각해 보니 그 또한 옳은 소리였다.

"장기를 둘 줄 알면 오라고 해라!"

그래서 장기를 두었는데 임금은 젊은이에게 판마다 졌다. 그러자 임금은 젊은이에게 마침내 나라 안 실정을 털어놓았다.

"우리나라에서는 내가, 망가스의 나라에서는 망가스 임금이 국수라 하여 3년 동안 계속 장기를 두었네. 망가스 임금이 이기면 이

긴 만큼 내게서 사람을 받고, 내가 이기면 두 나라를 합치기로 하고 내기 장기를 두었지만 도통 이기지 못하고 오히려 백성을 잃고 또 잃고 하다 보니 이제 백성이 거의 남아나지 않게 되었지. 자네는 내가 보기에 정말로 훌륭한 고수일세. 가서 망가스 임금과 장기를 두지 않겠나?"

그러자 젊은이가 늠름하게 대답했다.

"임금님의 칙명을 받들어 모시겠습니다. 임금님께서 지켜보고 계시면 장기를 두겠습니다. 그러나 임금님께서 안 계시면 둘 수가 없습니다."

"그러면 좋은 말 두 마리를 빨리 준비해라!"

임금의 명령이 떨어졌다. 둘은 북쪽 대문의 경비병들을 끌어내리고 그리로 밤중에 몰래 대궐을 빠져나가 자정 무렵 출입이 금지된 산 너머에 있는 망가스 임금의 집에 도착했다.

망가스 임금이 부랴부랴 일어나 그들을 맞았다.

"만주 임금님께서 저와 장기를 두려고 오셨습니까?"

"내 외아들을 임금님께 뵈려고 왔소이다. 내 아들과 장기 한판 두지 않으시겠습니까?"

"임금님께는 외동딸뿐이라고 하시지 않았습니까? 그야 어찌 되었든 아드님이 장기를 둘 줄 알면 한번 둘 수 있지요."

"우리 아들은 겨우 길이나 압니다."

망가스 임금은 '할할' 웃으며 젊은이를 쳐다보았다.

"만주 임금님의 아드님이여, 자네는 몇 사람이나 걸겠는가?"

"사람을 걸고는 내기하지 않겠습니다. 임금님과 머리를 걸고 내기했으면 합니다."

이 말에 노발대발한 망가스 임금은 검은 칼을 뽑아 만주 임금에게 들리고 갈색 칼을 뽑아 옆에 있는 호위 무사에게 들려 주었다.

"내가 지면 만주 임금님이 내 목을 베시구려. 만주 임금님의 아드님이 지면 호위 무사는 그의 목을 베도록 하라!"

이렇게 해서 둘은 칼 든 두 사람을 양쪽에 세워 놓고 장기를 두었다. 오래 걸리지도 않아, 단 몇 수 만에 망가스 임금이 졌다. 이에 검은 칼을 들고 있던 만주 임금이 망가스 임금의 머리를 자르려고 하자 망가스 임금이 애걸복걸하기 시작했다.

"제발 보잘것없는 내 목숨을 살려 주시오! 한 판만 다시 두면 안 되겠소?"

만주 임금은 그의 머리를 빨리 자르려고 했으나 젊은이가 다시 둘 것을 허락했다. 그러나 다음 판에서도 망가스 임금이 또 졌기 때문에, 여러 말 할 것 없이 즉시 머리를 베어 수많은 사람들을 삼키는 황소같이 큰 검은 망가스를 없앴다.

이튿날 아침 만주 임금은 젊은이에게 임금 자리를 양보했다. 그 후 젊은이는 망가스 임금과 만주 임금의 나라를 합쳐 다스리면서 공주와 함께 편안하고 행복하게 잘 살았다.

●──주

1   청 지배 시기 몽골 남자들의 머리 모양. 뒤로 모아 한 줄로 땋음.

엄마 없는 흰 아기 낙타

옛날 옛적에 한 부자가 하늘나라 임금님께 3년에 한 번씩 흰 낙타 백 마리씩을 선물로 바쳤다. 그런데 한번은 흰 낙타 백 마리를 선물하려고 보니까 딱 한 마리가 모자라는 것이었다. 그래서 부자는 자신의 집에서 더부살이하는 처녀가 기르는 수다스러운 흰 엄마 낙타를 참을성 없는 흰 아기 낙타한테서 떼어 내 하늘로 보냈다. 그렇게 수다스러운 흰 엄마 낙타가 아흔아홉 마리 흰 낙타들의 맨 꽁무니에서 먼 길을 갈 때,

오르막길을 갈 때도 성큼성큼 달리고
내리막길을 갈 때도 성큼성큼 달리고
참을성 없는 흰 아기 낙타를 그리며
큼직큼직한 눈물을 뚝뚝 떨어뜨리며
울며불며 갔다고 한다.

그러나 먼 길을 가는 대상들 가운데 누구도 그 가엾은 엄마 낙타의 괴로움에는 관심이 없었다. 그 동안 어미와 떨어진 참을성 없는 아기 낙타는 저를 매어 둔 말뚝 둘레를 뱅뱅 돌면서 아무것도 먹지 않고 울고불고하면서 지냈다. 그런데 부자는 어미를 잃은 불쌍한 아기 낙타를 가엾어하기는커녕 오히려 이렇게 말했다.

"이 못난 새끼 낙타를 풀어 주어서는 절대로 안 된다. 만약에 이 놈을 풀어 주면,

쓸데없이 뛰어다니다가
들개의 밥이 되어
골짜기 개울이나 더럽힐
재수 없는 못난 짐승이다."

이리하여 가엾어해 주고 사랑해 줄 이 없는 불쌍한 아기 낙타는 더 한층 서글픈 신세가 되었다. 설상가상으로 부자의 낙타치기 노인이 이 말을 듣고는 끈과 굴레를 끊고 달아날지도 모른다며 참을성 없는 흰 아기 낙타를 쇠줄로 묶고, 다리에 쇠족쇄를 씌워 놓았다.

하루는 주인이 아침에 일어나 더부살이 처녀에게 화를 내며 명령했다.

"이 못난 새끼 낙타가 아침이고 저녁이고 가리지 않고 칭얼대는 바람에 통 잠을 잘 수가 없구나. 어서 이 녀석을 멀리멀리 끌고 가서 늑대가 잡아먹든 말든 풀어 놓아라!"

여인이 "묶여 있는 어린 짐승아, 풀이나 실컷 먹어라." 하고 흰 아기 낙타를 풀어 주니까,

수다스러운 흰 엄마 낙타가 간 쪽으로
먼 길을 향하여 성큼성큼 달려
큼직큼직한 눈물을 쏟으며
울며불며 가다가

낙타치기 노인과 마주쳤다. 낙타치기 노인은 다짜고짜 가난한 더부살이 처녀를 꾸짖었다.
"저 못난 새끼 낙타를 누가 그렇게 마음대로 풀어 놓으라고 했느냐?"
그러고는 쇠채찍을 들고 냅다 쫓아가 참을성 없는 흰 아기 낙타의 불쌍한 넓적다리를 살이 떨어져 나가도록 아프게 채찍질했다. 그는 아기 낙타를 몰고 돌아와 쇠족쇄를 채워 놓고는 더부살이 처녀를 꾸짖었다.
"만에 하나라도 이 못난 새끼 낙타를 다시 풀어 놓았다가는 너희 둘 다 쇠채찍 맛을 보게 될 줄 알아라!"
그 뒤로 작고 불쌍한 아기 낙타는 저를 묶어 놓은 말뚝 둘레를 뱅뱅 돌며 낑낑거리는데,

큼직큼직한 눈물은 흐르고
뒤꿈치 종아리는 족쇄에 쓸려 물집이 생기고
부드러운 몸뚱이는 안 아픈 데 없이 아팠다.

그래서 더부살이 처녀는 매일 아침 일찍 일어나 참을성 없는 흰 아기 낙타에게 우유 한 국자씩을 주었다. 참을성 없는 흰 아기 낙타는 그 여인을 볼 때마다 수다스러운 흰 엄마 낙타를 본 것처럼 생각

하게 되었다. 그러다 한번은 낙타치기 노인이 수색을 나가게 되어 더부살이 처녀가 참을성 없는 흰 아기 낙타를 풀어 주니까 제 어머니가 간 쪽으로,

　　오르막길을 갈 때도 성큼성큼 달리고
　　내리막길을 갈 때도 성큼성큼 달리고
　　큼직큼직한 눈물을 뚝뚝 떨어뜨리며
　　울며불며 가는데

워낙 먼 길을 가다 보니 발바닥은 긁히고 다리는 병이 나서 정말로 더는 가기가 어렵게 되었다.
한편 낙타치기 노인이 돌아와 더부살이 처녀에게 물었다.
"참을성 없는 흰 새끼 낙타는 어찌 된 것이냐?"
더부살이 처녀는 모른다고 대답했다. 그래서 노인이 주인에게 가서 이에 대하여 이야기하자,

　　"밤낮없이 울어 대는
　　아무짝에도 쓸모없는 못난 새끼 낙타가
　　승냥이 늑대한테나 걸려들어서
　　다행히도 사라져 준다면
　　얼마나 좋은 일이겠는가?"

부자는 이렇게 깔깔대고 웃으며 오른쪽 무릎을 주물렀다. 그러나 며칠 뒤 낙타치기 노인이 주인에게 다시 고자질을 했다.
"참을성 없는 흰 아기 낙타를 이 못된 더부살이 처녀가 일부러

놓아 보낸 것입니다."

이 말에 부자는 가차 없이 더부살이 처녀를 쫓아냈다.

한편 참을성 없는 흰 아기 낙타는 계속 엄마가 있는 곳으로 가려고 했지만 정말이지 너무나 피곤했기 때문에 덤불을 의지해서 바닥에 엎드려 잠을 잤다. 그런데 아침에 일어나 보니 양쪽에서 굶주린 늑대 두 마리가 아기 낙타를 잡아먹으려고 엎드려 기다리고 있었다. 그중 수늑대가 말했다.

"너를 잡아먹겠다."

참을성 없는 아기 낙타는 사실대로 이야기하고 동정과 용서를 구했다.

"나는 수다스러운 흰 엄마 낙타의 참을성 없는 흰 아기 낙타예요. 우리의 부자 주인이 하늘나라의 임금님께 흰 낙타 백 마리를 선물하려고 하는데 한 마리가 모자라자 내 어머니까지 주어 버렸어요. 그래서 사랑하는 내 어머니를 만나 어머니의 젖을 먹으려고 찾아가다가 너무나 지치고 힘들어서 덤불에 의지해 엎드려 있었습니다."

암늑대는 마음이 흔들렸다.

"이 지라만 한 불쌍한 아기 낙타를 잡아먹는다고 당신과 내가 배가 부를 것도 아니고. 사실 당신과 나의 불쌍한 아이들은 어느 곳에서 어떤 모습을 하고 다닐지……. 자, 이만 해 둡시다."

이렇게 해서 참을성 없는 흰 낙타는,

오르막길을 갈 때도 성큼성큼 달리고
내리막길을 갈 때도 성큼성큼 달리고
큼직큼직한 눈물을 뚝뚝 떨어뜨리며 계속 가다 보니까

용솟음치는 빨간 바다가 앞을 가로막았다.

위로 사흘 밤 사흘 낮을 올라가 보고
아래로 사흘 밤 사흘 낮을 내려가 보았으나

건너갈 방법을 찾지 못해 엎드려 있다가 거북이 한 마리를 만났다. 사정 이야기를 하니까 그 거북이가 바닷물을 갈라 길을 내 주었다. 그래서 앞으로 계속 나아가는데 이번에는 또 어마어마하게 큰 시뻘건 바위가 길을 가로막았다. 그래서 마찬가지로,

위로 사흘 밤 사흘 낮을 올라가 보고
아래로 사흘 밤 사흘 낮을 내려가 보았으나.

빠져나갈 수가 없어 엎드려 있다가 뱀 한 마리를 만났다. 사정 이야기를 하니까 그 뱀이 시뻘건 바위를 넘어가게 해 주었다. 그래서 참을성 없는 흰 아기 낙타는 앞으로 꽤 나아간 끝에 이제는 네 발굽이 다 닳아 더 나아갈 수가 없어 우묵한 곳에 엎드려 있었다.
한편 하늘나라에서는 불쌍한 흰 엄마 낙타가 틈만 나면 달아나려고 들었다. 그래서 하늘나라의 낙타치기 노인이 그 엄마 낙타를 붙들어다가 쇠족쇄를 채워 두었더니, 이번에는 족쇄를 매단 채로 달아나는 것이었다. 그래서 낙타치기는 쇠족쇄를 채우고 긴 쇠줄로도 묶어 놓았다. 수다스러운 흰 엄마 낙타가 긴 쇠줄에 상처를 입고 신음하고 있는데 어느 날 참을성 없는 흰 아기 낙타의 소리가 들리는 것 같았다. 그래서 묶여 있는 말뚝 주위를 뱅뱅 돌며,

큼직큼직한 눈물을 뚝뚝 떨어뜨리며
울고불고하니까

하늘나라의 더부살이 할머니가 가서 묶은 것을 풀어 주었다.
"이 불쌍한 엄마 낙타의 젖을 좀 줄이게 해 주어야겠다."
그래, 수다스러운 흰 엄마 낙타는 참을성 없는 흰 아기 낙타 소리가 나는 쪽으로 이틀 밤 이틀 낮을 울며불며 가는데, 참을성 없는 흰 아기 낙타는 제 어미의 목소리를 듣고 일어나려고 했으나 일어날 수가 없었다.

수다스러운 흰 엄마 낙타는 사흘을 가서 참을성 없는 아기 낙타가 있는 우묵한 곳에 와서 젖을 먹였다. 하늘나라의 낙타치기 노인이 쇠채찍을 들고 와서 철썩철썩 다리를 때려도 수다스러운 흰 엄마 낙타는 일어나지 않았다. 그러자 낙타치기 노인은 그 자리에서 엄마 낙타를 죽여 머리와 젖가슴만 남기고 나머지는 다 가져가 버렸다. 참을성 없는 흰 아기 낙타는 엄마 젖을 빨다 엄마 머리를 베개 삼아 엎드려 있었다. 그런데 어디선가 거인 대머리 독수리 두 마리가 날아오더니 그 중 수놈이 물었다.

"이런 근사하고 부드러운 먹이가 다 있었다니. 그런데 너는 왜 아무도 살지 않는 곳에서 돌아다니는 거냐?"

"우리 주인이 하늘나라의 임금님께 흰 낙타 백 마리를 선물하려다가 한 마리가 모자라자 내 어머니인 수다스러운 흰 엄마 낙타를 주었어요. 그래서 방금 전에 겨우 우리 엄마를 만나 젖을 먹고 있는데 하늘나라의 낙타치기가 와서 우리 엄마를 죽여서 가져갔어요."

그러자 독수리 암놈이 말했다.

"이 모자만 한 불쌍한 아기 낙타를 먹는다고 한들 우리가 배가 부르겠소? 우리의 불쌍한 아기들은 어디서 어떤 모습으로 돌아다니고 있는지. 그러지 말고 우리 이 아기 낙타를 제 고향에 데려다 줍시다."

그래서 한 마리는 아기 낙타를, 다른 한 마리는 수다스러운 흰 엄마 낙타의 머리와 젖가슴을 들고 구름 위로 날아 고향으로 데려다 주었다.

한편 부자 주인에게서 쫓겨난 가난한 더부살이 처녀는 타르바가나 다람쥐를 잡아 연명하고 있었다. 그날도 타르바가나 다람쥐를 잡으러 아침 일찍 집에서 나오다가,

뒷산 위에 있는
두 개의 어렴풋하고 거무스름한 것 위로
두 마리 거인 대머리 독수리가 날아가는 것을

보았다. 그래서 가 보니 참을성 없는 흰 아기 낙타였다. 처녀가 그 가엾고 불쌍한 아기 낙타를 누추한 오두막으로 데려다 좋은 풀만 골라 검은 차를 부어 말아 먹이니까 금방 회복되어 쑥쑥 자랐다. 1년이 지난 뒤 부자 주인은 그 더부살이 처녀가 참을성 없는 흰 아기 낙타를 데리고 있다는 이야기를 들었지만 '올해야 뭐 이러고저러고 할 게 있겠는가? 내년에 가서 끌고 오면 되지.' 하고 내버려 두었다.

이듬해에 참을성 없는 흰 아기 낙타는 정말이지 크고 흰 씨낙타가 되어 그 앞으로 사람이 얼씬거리지 못할 위험한 짐승이 되었다.

어느 날 그 부자가 하인을 보냈다.

"그 씨낙타를 잡아오너라!"

그랬더니 하인이 돌아와 말하기를,

"잡아먹을 듯이 덤벼드는 바람에 목숨만 겨우 건져 도망쳐 왔습니다요."

그러자 주인은 이렇게 명령했다.

"그러면 낙타를 몰고 가서 그놈을 함께 몰고 오너라!"

다시 가니 이번에는 흰 씨낙타가 잡아먹을 듯이 덤벼들어 몰고 간 낙타까지 빼앗아 버렸다. 그래서 그 부자가 자기의 낙타를 뒤쫓아 와서는 더부살이였던 처녀에게 말했다.

"그 낙타를 이리로 보내라!"

그 처녀가 듣고 맞이하여 나가서는 대꾸했다.

"제가 여러 해 더부살이한 삯을 전부 주시지요."

"이런 못된 헐개빠진 중생이 다 있나? 여러 소리 집어치우고 그 낙타나 이리로 썩 몰아 보내지 못할까!"

"이것 보셔요, 어르신! 어르신네 낙타를 제가 몰아온 것이 아니지 않습니까? 오히려 일한 삯으로 딱 한 마리 받은 수다스러운 흰 엄마 낙타를 참을성 없는 흰 아기 낙타에게서 떼어 내다가 하늘나라의 임금님께 준 것이 아니던가요?"

말을 마친 처녀는 자기 오두막으로 들어가 버렸다. 그리고 그 부자는 흰 씨낙타가 저를 잡으려고 덤벼들자 놀라 달아나 버렸다. 그 후 더부살이 처녀와 엄마를 잃은 흰 아기 낙타는 작은 옛날이야기가 되었다고 한다.

제 2 부

엄청난 거짓말쟁이 척척 셍게 이야기

척척 생게의 희한한 거짓말

옛날 옛적에 제가 길을 가다가 어느 집에서 하룻밤을 묵게 되었습니다. 그래서 밤에 말을 매어 두고 집에 들어가 막 잠이 들락 말락할 무렵에 코를 풀려는데 제 코가 없는 겁니다. 깜짝 놀라 머리를 더듬어 보니까 머리도 없는 것이었습니다. 정말이지 소스라치게 놀라서 그 즉시 없어진 머리를 찾아 나섰지요. 두리번두리번하면서 말을 매어 둔 곳까지 가니, 글쎄 거기서 제 머리가 얼굴은 저를 보고 흥흥대고 웃고, 뒤통수는 저를 보고 찡그리지 뭡니까?

• • •

또 하루는 길을 가고 있는데 무언가가,

고개 너머에서 탁탁
언덕 너머에서 퍽퍽

하는 소리를 내고 있었습니다. 저는 이 산 너머에 웬 부잣집이 다 있어서 모전(몽골 어 에스기. 짐승털로 만든 천)을 만들려고 양털을 두드려 다지고 있나 보다 했지요. 그랬더니 웬걸, 타르바가가 개를 두들겨 패고 있더라고요.'

· · ·

서쪽 산 너머에서 퍽퍽 탁탁 하고 막대기질 하는 소리가 꽤나 나더군요. 사정없이 두들겨 패고 짓찧고 있는 것 같더라고요. 그래, 가서 보니까 파리가 양털로 모전을 만들고 있지 않겠습니까. 제가 파리의 모전 만드는 일을 거들고 있는데 웬 암말이 나타나 그 파리를 죽여 반으로 갈라 오른쪽 반 짝을 저에게 주지 뭡니까? 먹어도 먹어도 다 없어지지를 않아 결국은 다 못 먹고 남기고 왔지요.

· · ·

우리 아버지가 아직 태어나기 전이니까, 제가 우리 할아버지의 낙타를 돌보고 있을 때군요. 암낙타 한 마리가 새끼를 낳았습니다. 어미를 타고 새끼를 앞에 앉히고 가려니 어미가 영 배기질 못하는 거예요. 그래서 새끼를 타고 어미를 앞에 앉히니까 새끼는,

나뭇잎 같은 머리를 흔들지도 않고
풀잎 같은 머리를 나풀대지도 않고

아기똥아기똥 잘만 가더군요.

● ● ●

 메닝깅 고비의 메네르셍 초원에서 무슨 큰 검은 물체가 어렴풋하게 보이더군요. 공골 간자말²을 달려 가까이 가서 보니까 타르바가 일곱 마리가 꼬리에 꼬리를 물고 물을 건너가고 있었습니다. 그래, 부드러운 암사슴 가죽 덧신을 신고 살금살금 다가가서는 딴딴한 가죽 장화발로 산산 조각이 나도록 걷어차서 죽였지요. 말에 싣고 가는데 말이 무게를 이기지 못할 지경이었습니다.

● ● ●

 "전에 제가 어렸을 적인데, 어느 여름날 우리 집 근처에서 뻐꾸기가 웁디다. 나가서 보니까 아주 가까이 앉아 있더라고요. 그래서 제가 언 가축 똥을 집어 던졌더니 맞아서 죽어 버리더라고요."
 엄청난 거짓말쟁이가 이야기하자 듣고 있던 사람이 물었다.
 "여름에도 언 가축 똥이 있던가요?"
 그러자 그는 얼른 말을 바꾸었다.
 "물론 없지요! 그러니까 겨울이었지요."
 "그러면 겨울에도 뻐꾸기가 울던가요?"
 그 사람이 비꼬아 물었다.
 "그야 이야기는 이야기한 대로이고, 일어난 일은 일어난 대로이지요. 껄껄껄!"

●── 주

1　타르바가는 원래 개 앞에서는 도망도 가지 못할 정도로 개를 무서워한다.
2　몸은 옅은 황갈색이고 이마는 흰 털로 덮인 말. 몽골어 '훙고르 할장 모리'.

척척 셍게의 재치

　엄청난 거짓말쟁이 척척 셍게가 하루는 잘 아는 사람네 집에 가려고 걸음을 옮기는데, 앞에서 자기 나이 또래의 아는 아낙네가 이웃에서 큰 무쇠솥을 빌려 가던 길에 엄청난 거짓말쟁이를 보고는 골려 줄 생각을 하고 솥을 머리에 뒤집어쓴 채로 붙들고 가까이 오는 것이었다. 그 속을 벌써 알아차린 엄청난 거짓말쟁이가 두 손바닥으로 귀를 막고 머리를 숙이고 성큼성큼 서둘러 걸어 지나쳐 가려 하자 아낙네가 말했다.
　"여기 보세요, 엄청난 거짓말쟁이 어른! 당신이 그렇게 어마어마한 거짓말을 하는 게 사실이라면 내가 믿을 수 있게끔 거짓말을 좀 해 보시구려!"
　엄청난 거짓말쟁이는 대단히 당황한 척하며 대꾸했다.
　"댁한테 거짓말할 정신이 어디 있소! 저기 하늘에 큰불이 나서 목숨이 이쪽이고 지옥이 저쪽이다 하고 돌아다니는 판인데. 지금 댁의 머리 위로 불이 떨어지고 있으니 이를 어쩐다!"

"뭐라고! 정말이에요?"

아낙네는 허둥지둥 고개를 들어 목을 뽑고 쳐다보려다가 솥을 떨어뜨려 깨뜨리고 말았다.

엄청난 거짓말쟁이가 "자, 이제 되었소?" 하고 물으니, 아낙네는 그저 탄식할 뿐이었다.

"아이고 아까운 솥!"

• • •

한번은 척척 셍게가 한 인색한 부자에게 큰 솥을 빌려다 양고기를 삶는데, 고기가 채 다 익기도 전에 그 부자가 하인을 보내 솥을 가져오게 했다. 척척 셍게는 솥과 함께 자기 냄비를 하나 주어 보냈다.

"댁의 양 삶는 솥이 우리 집에 와서 냄비를 낳았소."

욕심 사납고 인색한 부자는 군소리 없이 냄비까지 받아 챙겼다.

다음에 다시 척척 셍게가 인색한 부자에게서 큰 솥을 빌리고는 돌려주지 않고 이사를 갔다. 그러자 인색한 부자가 뒤쫓아와서 솥을 돌려달라고 요구했다. 척척 셍게가 말했다.

"댁의 솥이 우리 집에 와서 죽었소."

그러자 인색한 부자는 화를 내며 따졌다.

"솥이 죽다니 그게 무슨 터무니없는 수작이냐?"

"태어난 솥이니 죽을 수도 있지요."

이 말에는 부자도 대꾸할 말이 없었다.

할아버지의 낙타

우리 아버지가 아직 요람에 계실 때니까, 제가 할아버지의 낙타를 돌보고 다닐 때였습니다. 하루는 새끼 밴 암낙타 한 마리를 잃어버리고 서로는 바드가르, 샤르 무릉, 북으로는 다 후레^{큰 수도원} 담바다르자, 동으로는 옹공, 타왕 볼락, 오를로이 고르왕 제르드, 오니트 고르왕 소와르가, 남으로는 징칭 차강 오타이, 징깅 차강 소와르가까지 찾아 헤매다가 복딘 후레^{복드의 사원}의 '자뼈^{尺骨, 말라깽이라는 뜻} 초이질'이라는 사람에게서 총이말^{파르스름한 잿빛 말. 몽골어 '보르 모르'} 한 마리를 취하고, 아르야 장라브 판디타 영지의 '갈색 눈 잠발' 이라는 사람한테서 같은 빛깔 워라말^{털빛이 얼룩덜룩한 말. 몽골어 '알락 모리'}을 취해 탔습니다.[1]

이렇게 말 두 마리를 갖고 계속 암낙타를 찾아다니는데 옆에서 무언지 검은 것이 너덜거리더라고요. 가 보니까 당당하던 쌍봉은 가죽만 남고, 가죽 발바닥은 무두질한 가죽처럼 되고, 두 눈은 까마귀가 파먹은 것이 다 죽게 된 우리 낙타였습니다.

거기서 암낙타를 끌고 하릴없이 떠돌다가 당도한 곳이 옛날에 알고 지내던 데지드마라는 여자네 집이었지요. 그곳에서 묵게 되어 두 마리 말을 매어 두고 아침에 일어났더니, 어라! 제 말을,

스무 마리 고니르[2] 까마귀와
두 마리 촘봉[3] 늑대가
함께 자시고 계시지 않겠습니까![4]

거기서 말 대신 작대기 두 개를 주워 잡고 암낙타를 끌고 가다 보니 작은 법회를 하고 있는 곳에 이르게 되었습니다. 절더러,

"달음박질을 잘하니 도니르[5]가 되겠느냐,
밥통이 크니 냐라브[6]를 맡겠느냐?"

고 묻기에 제가,

"뜀박질을 잘 하니 온자드[7]가 되겠소!"

하고는 오른쪽 자리 맨 앞에서 굵직한 소리 나는 자바라를 턱 잡고 소리를 내지르고 있으려니 보름달은 휘영청 미륵불을 모실 때가 되고[티베트 몽골 불교의 가면 무용극 '참'의 절정부를 가리킴], 부녀자들이 많이도 모였더군요.

썩 괜찮은 여자에게는
델[8] 지을 비단과 담배 쌈지,
웬만한 여자에게는
대단 수건과 둥근 달떡,

●── 가면 무용극인 '참'에서는 티베트 몽골 불교의 교리와 두 민족의 원시 기복 신앙 요소들이 통합된 모습을 볼 수 있다.

그저 그런 여자에게는
무명 한 필과 사탕 한 줌씩,

나누어 주다가 들키는 바람에 그 자리에서 쫓겨났지요. 거기서 암낙타를 끌고 뛰어가는데 언덕 위에서 무언가가 우쭐우쭐하는 것이 있었습니다. 가 보니 도마뱀 씨 댁에서 재수 발원을 올리는데,

원앙새가 라마 노릇을 하고,
수리부엉이가 사미 노릇을 하고,
종달새가 공양 밥을 올리고,
공작새가 점잖게 경전을 나르고,
고니는 동이로, 통으로 공양 차를 나르고,

느시는 숙수 노릇을 하고,
쇠기러기는 음식을 나누어 주고,
청둥오리는 제수 공양을 만들고,
다리 굵은 독수리는 나팔을 불고,
매는 간당뼈 피리을 불고 있겠지요.

저에게도 지난 3년 동안 새끼를 낳지 않은 검정 대머리 파리의 주걱뼈와 긴 갈비 네 쌍을 주는데 고기가 워낙 많이 붙어 있다 보니 다 먹어 치우지를 못한 채 그 자리를 떴습니다. 계속 나아가다가 두레박 없는 우물을 만나 할 수 없이 제 머리를 떼어 내 물을 길어 암낙타에게 물을 먹이고 한참 가다 보니, 아뿔싸! 머리를 우물에 두고 왔지 뭡니까. 돌아가 보니 제 머리가 저를 보고 얼굴은 홍홍거리고 웃고, 뒤통수는 저를 보고 찡그리더군요.

  머리를 집어 들고 다시 나아가는 도중에 우리 암낙타가 새끼를 낳았지요. 어미를 타고 새끼를 제 앞에 앉히고 가려니 어미가 영 배기질 못하는 거예요. 그래서 새끼를 타고 어미를 제 앞에 앉히니까 새끼는 아기똥아기똥 잘만 가더군요.

바위를 밟으면
바위가 견디지 못해 금이 가고,
덤불을 밟으면
덤불이 뽑혀 나갑디다.
그런데 억새풀밭을 지날 때
억새풀은 오히려 너무나 잘 견딥디다.

거기서 계속 간 끝에 어느덧 집에 돌아오니 제 말 두 마리가 도둑질한 말이라 해서 다 후레에서 온 포교가 저를 잡아갔습니다.[9]

"그래, 네가 이 말 두 마리를 언제 누구한테서 어느 증인들 앞에서 샀느냐?" 하고 문초를 하기에 제가, "복딘 후레의 '자뼈 초이질', 아르야 장라브 판디타 영지의 속민 '갈색 눈 잠발' 이라는 자한테서, 열두 증인 앞에서 취했습니다." 하고 아뢰었지요. 그랬더니, "증인이 누구누구인지 대라!"고 하기에, "딴지 뎀베렐, 활개걸음 샤라브, 르하깅 하탕, 마라빙 몰롬, 체 머리 오이도브, 절름발 하이다브, 검둥이 오이도브, 코주부 발당, 망가스 마나이항, 사이브, 레그데브, 소이농 하탕이 열두 증인입니다." 하고 풀려 나왔지요.[10]

●── 주

1   다 후레, 복딘 후레는 현재 몽골의 수도인 울란바토르의 옛 이름들. 초이질, 잠발은 당시의 유명한 말 도둑들이다.
2   각종 의식 법요에서 함바(주지)와 초르지(대략 수좌) 라마를 보좌하고, 발링(의식에 소용되는 제물)을 준비하며, 평소에는 대문 열쇠와 금전, 물품을 간수하는 소임의 라마.
3   각종 의식 법요의 집행을 담당하는 라마.
4   라마들을 까마귀나 늑대에 빗대어 조롱하고 있다.
5   높은 라마를 수행하는 소임의 라마. 회계 장부를 검토하고 대중의 규율 이행에 대한 감찰도 겸함.
6   사원의 재산을 관리하고 재정을 운용하는 소임의 라마.
7   온자드 또는 음자드. 각종 의식 법요에서 굵은 목소리로 선창(先唱)하는 소임의 라마.
8   몽골 전통 의상. 무릎 아래까지 내려오는 긴 소매 걸옷.
9   이야기 앞부분과 일치하지 않는 대목. 앞서 이 두 마리 말은 늑대밥이 되었다고 했음.
10   모두 19세기 말에서 20세기 초 활약했던 할하 몽골의 말 도둑들.

가죽 장화들의 싸움

하루는 길을 가다가 열두 해의 하나인 3년 묵은 암말 파리[1]가 죽은 것을 발견하고 말에 실었더니 말이 무게를 견디지 못합디다. 하는 수 없이 부싯깃 쌈지를 열고 그 안에 넣었더니 들어가더군요. 그렇게 계속 가다가 어느 집에 이르러 3년 묵은 파리의 반을 삶아 그 집 식구들과 함께 나누어 먹었지요. 그래도 어깨의 주걱뼈와 긴 갈비 네 쌍에 붙은 고기는 다 먹지를 못하고 남겼고요.

고기를 먹고 나서 손에 묻은 기름을 가죽 장화에 발랐지요. 그런데 한 짝에는 기름을 바르고, 다른 한 짝은 기름 바르는 것을 깜빡 잊었습니다. 그리고 자고 있는데 한밤중에 별안간 두 짝 가죽 장화가 서로 치고 받고 하면서 "너는 상을 받았지! 꽝! 뻥!", "나는 상을 못 받았어! 쿵! 탁!" 하고 싸우는 바람에 잠이 홀딱 다 달아났지요. 그래, 상을 받은 놈은 따귀를 두 대를 갈기고, 상을 받지 못한 놈은 한 대를 갈긴다는 것이 실수로 상을 못 받은 놈을 두 대를 갈겨 버렸어요. 상 받은 놈은 한 대를 갈기고요. 따귀 두 대 맞은 놈이 화가 나서 도망을 치더군요.

아침에 일어나서 그 가죽 장화 한 짝을 뒤쫓았지요. 열심히 뒤쫓아 가다가 어느 집에 들렀더니 그 집에서는 잔치를 하고 있습디다. 가죽 장화 한 짝은 잔치에서 일꾼이 되어 접시를 안고 뛰어다니고 있고요.

그래서 가죽 장화 짝을 찾아 신고 계속 나아가는데 얄망[다하이의 새끼]과 도마뱀이 모래 가시풀콩을 털고 있습디다. 도마뱀은 제 꼬리로, 얄망은 제 귀로 콩을 까불리더군요. 그런데 일껏 콩을 다 털어 쌓아 놓고는 둘이 의좋게 나누지를 못하고 다투더라고요. 이것을 보고 내가 물었지요.

"당신들 왜 소란을 피우고 있는 거요?"

"우리는 콩을 공평하게 나누지 못해 다투고 있습니다."

그래, 내가 말했지요.

"그러면 내가 그대들에게 나누어 주리다."

그러고는 재수 발원 굿을 할 때 쓰는 큰 동이로 일흔 동이씩 나누어 주었지요. 그래도 남은 것을 다시 재수 발원 굿 할 때 쓰는 잔으로 일곱 잔씩 나누어 주었고요. 그래도 조금 남기에 물었죠.

"이것은 어떻게 하겠소?"

얄망과 도마뱀이 말하더군요.

"콩을 공평하게 잘 나누어 주셨으니 사례로 당신에게 드리겠습니다."

내가 그 조금 남은 콩을 받아 갖고 가는데 모래 언덕 북쪽에서 참새가 자기의 대롱뼈 전부에다 말 젖을 붓고 저어 아이락[2]을 담그고 있더라고요. 그것을 보고 "지화자!" 하면서 내 잔을 들고 팔을 내미니까 참새가 제 대롱뼈에다 담그고 있던 아이락을 퍼 주데요. 내가 그것을 받아 모래 가시풀콩 껍질을 까고, 가루로 빻아 잘 반죽을 해서 먹고 왔습죠.

●──주

1   '열두 해의 하나인 3년 묵은 암말 파리'는 단순한 말장난이다. 몽골에서도 십이지의 동물은 우리나라와 같다.
2   가축의 젖으로 빚은 약한 술. 목초가 넉넉한 여름철에 주로 만들어 마심.

이것을 보았소?

척척 셍게가 하루는 길을 가다가 한 아낙네와 마주쳤다. 그 아낙네가 척척 셍게에게 부탁했다.

"요 위 우물에다가 내가 머리쓰개를 떨어뜨렸소. 거기가 그걸 좀 꺼내 주구려."

척척 셍게는 아낙을 따라 우물로 갔다. 척척 셍게가 우물을 들여다보려고 몸을 굽힐 때 아낙은 머리쓰개를 들어 우물물에 비치게 하고는 말했다.

"거기도 보았소? 내 머리쓰개가 물 속에 있는 게 보이네!"

척척 셍게가 보니 정말로 물속에 머리쓰개가 있었다. 옷을 벗어 우물 둔덕에다 놓아두고 우물로 들어가면서 셍게가 아낙의 이름을 물었다.

"거기는 이름이 뭐요?"

"내 이름은 '이것' 이오."

아낙이 대답했다.

척척 솅게가 우물에 들어가 쓰개를 찾는 사이 아낙은 그의 옷을 갖고 가 버렸다. 척척 솅게가 머리쓰개 찾기를 단념하고 우물에서 나오니 아낙은 온데간데없었다. 그래, 근처를 찾다 찾다 못 찾고 벌거벗은 채로 가다가 사람을 만나면 물었다.

"이것을 보았습니까?"

"네 놈의 그것을 보았으면 어떻고, 못 보았다면 또 어쩔 테냐?"

　사람마다 화를 내면서 척척 솅게를 두들겨 팼다. 그래서 척척 솅게는 사람들에게 가까이 가서 물어보지도 못하고, 그 아낙을 찾지도 못하고 제 집으로 돌아갔다.

엄청난 거짓말쟁이는 이 세상에 둘도 없는 정직한 사람

그해 낙타 해의 봄 염소의 달 양의 날[1]
청명일을 맞아 장모님께 문안드리러
다 후레로 올라온 거지요, 내가.
겨울은 넉넉하고,
봄은 편안하고,
송아지는 힘살이 붙고,
망아지는 어깨에 살이 오른 좋은 해라고
시골 사람들은 기쁨에 넘치고
도시 사람들은 잔치를 할 판인데
재앙은 땅 밑에서 솟고
멧돼지는 숲에서 튀어나온다고
복드 라마[2]가 눈이 아프고,

총독[3]이 귀가 부어올라

●──척척 셍게 이야기에 나오는 마지막 복드 라마 아그왕 로브상 쵸이지냠 텐진왕축(1870-1924)과 그의 아내 예흐 다긴 돈독돌람의 모습.

공덕을 쌓으면 낫는다,
부처님께 재를 올리면 쾌차한다고
점쟁이들은 법어를 하시고
협잡꾼이 예언을 하시니
지각 있는 사람은 기가 찰 지경이었겠지요.
있는 수를 다 써 보아도 소용이 없자
염불을 하고,
다 후레의 강원講院마다 선원禪院마다
등을 밝히고 향을 사르고

●──몽골 민담 | 107

선남선녀들은 억센 마빡에 구멍이 나도록
차가운 돌에다 대고 고두(叩頭)를 하다 지치고
기도바퀴는 돌다 지쳐 깨지는 소리를 내고
후레의 라마들은 재를 올리느라 몸살이 나고
갈색 징스짜리들은 세금에 치여 혼이 빠지고
사창(寺倉)의 냐라브들은 공물 장만에 짓눌리고
천생만민 시주님네들 시주 등쌀에 시달려
슬픔과 고통은 거리 거리를 덮고
눈물 많은 사람들의 눈은 눈물이 가리니
도대체 어찌 할 바를 모르게 된 것이었지요.

그래, 엄청난 거짓말쟁이가 온다는 말을 듣고는 왁자하게 웃어 볼 때가 되었다며,

후레의 사내들은
기도바퀴 돌리는 것도 잊고,
젊고 늙고 여자들도
기도도 탑돌이도 접어 두고.

"엄청난 거짓말쟁이! 엄청난 거짓말쟁이! 우리 집으로 가세! 우리 집으로 갑시다!" 하면서,

집집마다 부르고,
중생마다 청하고,
입을 연 사람은 웃으며 인사하고,

인사한 사람은 머리를 조아리더라고요.

그래서 내가 이야기를 해서 중생을 웃겨 주려고 간단 사[6]로, 훌링 모드칭[7]으로, 셀렙강으로, 일비의 시장으로, 스무 밤 이틀 낮을 잠도 안 자고 돌아다니다가 겨우겨우 집에 오니,

총독 각하, 복드 라마 성하聖下를 웃겨 드리면 이 병이 낫는다,
드러났던 재앙이 사라진다고 점괘가 나왔다고.
샤비[8] 아문衙門에 고관들이 모여,
노란 모자 함바 라마들이 회의를 열어
어전 대신, 영주, 라마 영주 할 것 없이 입을 모아
"엄청난 거짓말쟁이를 데려다
그럴듯하고 근사한 거짓말을 하게 해서
옆구리가 터지도록 웃겨 드립시다!" 하고
다 후레의 대작들이 이구동성으로 결정했다고 하더라고요.
이튿날 아침 꼭두새벽,
성질 괴팍한 소가 제 몸에 칠을 해 댈 때,
꼬부랑 할머니가 차찰을 하고[9] 있을 무렵,
우리 집에 아홉 마리 흰 짐승흰 낙타 한 마리와 흰 말 여덟 필을 맨
문수보살 부처님의 수레가 당도해
나를 복드의 대궐로 모시데요.
복드 라마가 성지聖旨를 내리고 분부를 내려
총독과 영주, 관리와 백성이 모두 모이고
세속의 네 아이막, 샤비의 다섯 호쇼[10]의
고관대작, 귀부인들이 모두 오고

●──몽골 민담

친왕[11]을 필두로, 촘봉 라마가 다음으로
밝은 용무늬 비단 옷자락이 펄럭펄럭
큰 둥근 무늬 비단 옷자락이 하늘하늘
지위 높은 사람, 벼슬 높은 사람은 거들먹거들먹
다람쥐 가죽, 담비 가죽짜리가 우쭐우쭐
샤르 토스 반죽한 보리 가루, 익혀 낸 쌀,
대추 술에 채소 절임까지 차려 놓고[12]
큰 잔치가 시작될 때 내가 떡하니 들어갔겠지요.

즐거움에 넘치는 사람들은 내게
"상석으로 오르시오, 상석으로!" 하고
기분 좋은 사람들은 날더러
"이리 오시오, 이리!" 하며 청하데요.
"자, 엄청난 거짓말쟁이 자네가
자자한 명성만큼이나 엄청난 거짓말쟁이라면
노소가 같이 웃을 수 있도록
아름답고 어진 거짓말을 해 주게!" 하고
상석에 앉은 이들 중에서
항아리 입을 한 다 라마[13]가,
중간에 앉은 이들 중에서
도잉카르 사창의 냐라브 라마가,
말석에 앉은 사람들 중에서
총독의 판관이
입을 모아 이야기하데요.

"오 부처님! 오 나무삼보!
이 세상을 용서하시고 사랑하소서!
고귀하신 고관대작들이시여!
무사히 살아남기가 어렵게 되었습니다.
저만치서 흉한 때가 오고 있고
무량의 겁劫도 다했습니다.
무슨 일이 일어났는지를 아뢰자면
수산양의 뿔이 하늘을 푹 찌르고,
낙타 꼬리가 땅을 마구 쑤셔
불과 물이, 하늘과 땅이 들러붙으니
겁劫은 다하고 나고 들 곳은 없어
슬픔과 탄식에 빠진 판에
도대체 무슨 거짓말을 하라고 난리들이십니까?

내 말이 거짓말 같으면 내 옷에 들러붙은
연기, 검댕을 보세요들!
그래도 아니면 천창[14]을 올려다보세요들!"
그랬더니 바보들은 하늘을,
천치들은 땅바닥을,
멍청이들은 나를 바라보더군요.

"네 놈의 이 말은 새빨간 거짓말이다!" 하고
샤비 아문의 벌거숭이 갈당이라는 자가 꾸짖데요.
"아무도 믿지 않을 말을 했다!"며
게걸쟁이 함바 담딩이 노려보데요.

"저라는 사람은 고관대작들은커녕
저 같은 사람, 저만 못한 사람에게도 거짓말을 해 보지 않았고,
속이고 협잡질을 해 본 적이 없기에
사실을 말하고,
본 것을 이야기하겠습니다.
존귀하신 대관들께서는 허락하시겠는지요?

복드 주군 폐하께서는 당신이
용의 아들, 로스[15]의 임금이라고
칙명으로 밝히셨습니다.
그러니 낙타 꼬리로 만든 파리채로
신통력 있고 밝으신 당신 눈을 탁 치는 바람에
옥체가 미령(靡寧)하시고
고통이 쌓이게 된 것은
낙타 꼬리가 땅을 푹 찌른 것에
비할 일이 아니겠습니까?

총독 각하께서는 당신이
아수라의 아들, 하늘의 주인이라고
선포하셨습니다.
그러니 수산양의 뿔로 만든
코담배 숟갈로
밝고 좋은 귀를 후비시다가
고막을 찌르신 것은
수산양의 뿔이 하늘을 찌른 것에

비할 일이 아니겠습니까?

그로 인하여 가난한 자, 미천한 자는 흐느껴 울고
권력자, 특권층은 한탄을 하고
재앙과 고통이 일어난 것은
천지가 노하여 겁이 다한 것에
비할 일이지 않습니까?" 하고

이치를 풀고 근본을 드러내 말을 하자
모두들 놀라 툭 튀어나온 눈들을 굴리더군요.
전부 다 놀라 새끼손가락들을 일으켜 세우더군요.[16]
복드 라마는 생각도 안 해 보고 옳다며
짧은 손가락을 일으켜 세우고,
총독은 절대적으로 옳다며
작은 손가락을 내밀더라고요.
모두 함께 웃었지요.
끝에 가서는 복드가 웃데요.
맨 나중에는 총독도 웃데요.
대궐 가득 기분 좋아들 했지요.
자리한 사람은 모두 웃었지요.
평안하고 아름답게 되었다고
잔을 가득 채우며 잔치를 즐겼지요.

이렇게 나를
이 세상에 둘도 없는 정직한 사람이라고

앞에서 뒤에서 증인을 서며

총독과 복드 라마를 웃겼다고 떠받들어

내가 스무 잔 호르즈^{아이락을 세 번 증류하여 만드는 독주}

칠십 배 과실주로 대접받고

위대한 왕공과 어깨를 나란히 하고

다 라마에게 꿀리지 않고

즐기고 놀았다는 것을

알 만한 사람은 다 알고말고요.

● ─ 주

1 몽골에도 물론 낙타 해나 염소 달 같은 것은 없다.
2 거룩한 라마, 복드 자브잔담바 호탁트. 복드 게겐(거룩한 활불), 복드(거룩한 이), 게겐(활불), 데드(지존), 복드 한(거룩한 황제) 등의 호칭으로도 불림. 티베트 몽골 불교에서는 보살이 전세(轉世)를 거듭하면서 활불(活佛)로서 중생을 교화 구제한다고 믿으며, 외몽골 민중을 교화 구제하고자 온 금강지보살(金剛持菩薩)의 화신을 복드 라마라고 한다. 외몽골 불교의 수장이자 정치 방면에도 영향력이 막강했던 초대(1635-1723)부터 제8대(1870-1924)까지 이어졌다. 이야기 속의 복드는 제8대인 아그왕 로브상 초이지남 텐진왕축. 티베트 태생으로 청에 의해 복드로 결정되어 1874년 외몽골에 모셔졌으며 그 후 1911년 12월 29일 독립을 선언한 몽골의 국가 원수로 추대됨. 젊어서 시력을 잃었는데 몽골 인민 혁명당 시대에는 그것이 문란한 성생활의 후유증이라는 주장이 있었음. 그의 사후 몽골 정부가 복드를 비롯한 활불들의 전생(轉生)을 찾아내는 일을 금지함으로써 제9대 복드는 옹립되지 않았다.
3 중국어 명칭은 고륜판사대신(庫倫辦事大臣). 청의 황제가 임명한 대신으로 후레에 주재하면서 총독의 역할을 했다. 만주인 한 사람, 몽골인 한 사람씩을 두었음. 고륜(庫倫)은 울란바토르의 옛 이름 가운데 하나인 '후레'의 한자 음차이다.
4 기도바퀴는 우리나라 불교의 윤장대(輪藏臺)에 해당하며 손으로 돌릴 수 있는 통 속의 굴대에 티베트 몽골 불교의 중요한 진언(眞言) 즉 1억 마니가 인쇄된 종이를 말아 놓았다. 통이 한번 돌 때마다 거기 적힌 횟수만큼 진언을 외운 것이 되고, 그만큼 옳은 말을 많이 하고 나아가 선행을 한 것으로 본다. 티베트 몽골 불교의 대중화 사례 가운데 하나.

5 '징스'는 청조와 복드 한 정권 시절 귀족의 모자에 달아 신분을 표시하던 돌·산호·유리 따위로 된 작은 구슬 매듭. '징스짜리'는 징스를 단 사람, 곧 귀족을 말한다.
6 간단테그친링 사원. 울란바토르 시내에 있는 몽골 제1의 사찰.
7 당시 몽골 수도의 동쪽 교외. 역참이 있었다.
8 '샤비'는 제자 또는 사문을 뜻하는 말로 활불 라마의 속민들을 지칭한다. 청이 지배하던 시절과 복드 한 정권 시절 알바트, 함즐라가와 함께 몽골의 아르드(인민)계급을 이루었다. 군역과 역참 부역 등이 면제되는 점은 함즐라가와 같으나 섬기는 영주가 세속의 왕공이 아니라 활불 라마라는 점이 다르다. 샤비 야문은 샤비에 관한 업무를 관장하던 부서다.
9 천지신명에게 공양을 올리는 행위. 이른 아침이면 신심이 깊은 나이 든 여자들이 자기 집 주위에 차찰이라는 도구를 써서 차나 젖을 뿌린다.
10 여든여섯 호쇼가 모인 할하의 네 아이막(동쪽에서 서쪽으로 체첸 한 아이막, 투시예트 한 아이막, 사인 노용 한 아이막, 자삭트 한 아이막)과 복드 게겐의 영지를 아울러 이르는 말. 옛 외몽골 전역 또는 오늘날의 몽골 영토의 대부분. 우리나라의 '조선팔도'와 비슷한 표현.
11 청조 및 복드 한 정권 시절 몽골 왕공들의 작위는 친왕, 왕, 베일, 베이스, 궁의 순으로 이해하면 무난하다.
12 당시 몽골 사람들은 채소, 곡식, 과일은 구경도 하기 힘든 유목민들이었다. 산해 진미가 갖추어진 제대로 된 잔치를 이르는 말.
13 후레 샤비 야문의 제2인자.
14 天窓, 환기와 채광을 위해 게르 맨 꼭대기 한가운데에 내는 창. 둥근 돔형 나무 창틀인 '토노'와 모전으로 만든 네모 덮개 '우르흐'로 이루어져 있어서, 우르흐에 긴 끈을 달아 게르 밖에서 당겨서 덮고 벗긴다.
15 로스는 흔히 사람 머리에 뱀 몸을 가지고 강이나 샘에 살면서, 그 지역의 주인으로서 비를 내리고 재물을 지키는 존재로 그려진다. 보통 어마어마한 부를 소유했으며, 성이 나면 사람과 가축을 해치기도 한다.
16 새끼 손가락을 내미는 것은 찬성이나 동의를 의미한다.

복드 라마를 알현하다

옛날 옛적에 우리 고향에

이름 나고 소문 난

돼지 해의 눈난리가 일어나

말 한 마리뿐이던 사람들은

빈손이 되고

집 밖에 양 마리나 있던 사람들도

간지개에 매달 것이 없고

차 한 동이 끓일 젖도 없고¹

솥 긁는 소리 낼 호삼솥바닥에 눌어붙은 죽 찌꺼기도 없고

젖 짜는 암소에 젖도 넉넉지 않고

새끼 양의 꼬리에도 살이 안 붙도록

메마른 봄바람은 불어 대고

모든 사람은 굶주리고

어려움에 빠져 처참하게 되었을 때

임금님께 자비를 호소하기 위해
사랑과 도움을 바라고 비는 진정서를 만들어
에르덴 달라이 왕의 호쇼^{옛 몽골의 통치 단위}에서
사자로 나를 보내게 되었지요.
엄청난 거짓말쟁이가 박차를 가하며 성큼성큼 달려,
망아지 딸린 암말을 데리고 종종걸음을 쳐서,
다 후레에 닿았다.
일흔일곱 가지 온갖 죽는소리를 늘어놓으러
엄청난 거짓말쟁이가 왔다고
복드 라마가 듣고
궁리에 궁리를 거듭하다가
관리들을 모아 놓고
계책을 짜자고
입을 맞춰 이야기하고
손뼉을 쳐서 찬성했다고 하더군요.

"엄청난 거짓말쟁이가 알현하러 오면
모두 눈을 싸매 소경인 척하고
얼굴에 화장을 해 아낙네들처럼 하고 있자!
엄청난 거짓말쟁이가 와서
복드 라마가 누구인지
궁리하여 찾아내기도 어렵고,
짐작해 알아낼 수도 없어,
알아보지 못하고 쩔쩔맬 때,
'복드 라마를 알아보지 못했다!',

'엉뚱한 사람을 알현했다!'고 해서
돌려보내자!" 하고 입을 맞추고
"자리 가득 사팔뜨기 소경
전당 가득 깜깜 소경이 되어 앉아들 있자!"고 했다는 겁니다.

엄청난 거짓말쟁이가 그 정도 수에야 속아 넘어가나요?

복드의 대궐에 들어가자
눈을 싸맨 소경이 한 무더기 있더라고요.
되다가 만 소경도 하나 있더라고요.
제가 좋아 소경이 된 놈도 하나 있더라고요.
복드를 흉내 낸 생각 없는 소경도 있더라고요.

'십여 명 소경 가운데 어느 소경이 그 소경일까?' 하다가
'소경은 만물의 말단이므로
소경들 사이에서는
배냇소경이 말석에 앉아야 맞다.'고 생각하고
"말석의 소경은 강녕하십니까?" 하고
하닥²을 꺼내 진정서를 바쳤지요.

청맹과니 소경들 가운데
때려 맞힌 소경이 복드 바로 그 사람이더라고요.
싸맨 소경들은 일어나 나가고
복드 소경은 남았지요.
그래서 내가 이렇게 했지요.

"내 덕과 운이 부족하여
우리 호쇼 고향이 헐벗게 되었는데
우리의 호탁트³ 라마조차
눈이 멀었으니
이제 어쩌나!" 하고
통곡을 하기 시작한 겁니다.

그러자 복드 라마가 부끄러워하더니
동정과 연민으로 칙명을 내려
이 호쇼를 아홉 해 연속
조세와 부역에서
면해 준다는 문서를 만들어 주고
나를 축복하며⁴ 배웅해 주더라고요.
이리하여 나는 고향 호쇼로
기쁘고 당당하게 돌아와
복드 라마의 싸맨 눈을 이용하여
조세와 부역에서 면제된 이야기를 하니
"되었네, 우리 엄청난 거짓말쟁이!
복드를 이 이상 어떻게 더 골려 먹겠나?"
하면서 모두들 기뻐했지요.

● 주

1 몽골 사람들이 집에서 마시는 차는 대개 끼니 대신 마시는 젖 차 아니면 곡식 차다. 젖이나 곡식을 넣지 않은 검은 차는 인가 없는 곳에서 묵고 가는 나그네나 극빈자가 마시는 것으로 보아도 무방할 정도. 이야기 속의 탁발자들이 남의 집에 들어가 차를 얻어 마시는 것도 젖 차나 곡식 차이다.
2 몽골이나 티베트 사람들이 상서로움, 극진한 정성을 표할 때 사용하는 좁고 얇고 긴 비단 천. 중요한 물건을 바칠 때는 하닥으로 받쳐 하닥과 함께 두 손으로 들어 바침. 대개 밝은 푸른빛이나 흰빛. 아요시〔無量壽〕를 비롯해, 바란자드, 아비드, 소놈, 완당, 호도드, 세르시, 다시, 사이르, 삼바이 등 여러 종류가 있음. 사회주의 정권 수립 전까지 화폐 구실도 했음. 티베트어 '카닥'에서 온 말.
3 지복자(至福者)라는 뜻. 여기서는 제8대 복드 자브잔담바 호탁트를 가리킴.
4 성자의 몸이나 불경, 불탑 같은 성물에 앞머리를 대는 티베트와 몽골의 의식. 대개 성자는 신도의 머리에 손을 얹는 모습이 되고 신도는 고개 숙여 절을 하는 모습이 됨.

총독 빰치기

옛날 일이지요.
쥐해 가을의 첫 달
초사흗날이
호탁트 라마가 보위에 오른
복이 있는 길일이라고[1],
쌓은 공덕의 진수라고,
쌓인 라마의 축복이라고[2],
후레의 총독에게 보고를 하고
아홉 가지 흰 선물을 전하려고
다이칭 베이스의 호쇼에서
일흔 마리 낙타에 짐을 싣고
다 후레의 총독에게
엄청난 거짓말쟁이인 내가 오게 되었지요.
짐을 풀고 수레를 풀어

총독에게 축복을 전하고
말과 낙타
입이 흰 양, 금과 은
산해진미, 흰 술과 과실주
모든 아홉 가지 흰 선물을 바치고
조세를 감면하고 역참 부역을 줄여 달라고 빌고 나서
손님의 예를 취하고 있었지요.
총독이 나도 사람으로 쳐 주어서,
공적인 손님으로 인정받아,
흰 술, 과실주, 맛있는 음식으로 대접받고
편안히 닷새를 묵었지요.
우리가 떠날 때가 되자
총독이 안면을 바꾼 듯했어요.
"선물에 대한 답을 다음에 주마!
문서를 네 호쇼의 영주께 보내마!" 하고
우리를 빈손으로 내보는 것이었어요.

기껏 선물만 전하고 빈손으로 돌아갈 나쁜 조짐이라고
우리 동무들이 불만이 높았지요.
"자, 그러면 아홉 가지 흰 선물의 대가로
총독의 귀싸대기나 한 대 갈기면 어떨까?" 하고 내가 그들에게 묻자,
만일에 총독의 따귀를 때리면
네 머리통은 총독 관저의
대문에 걸린다고 동무들이 장담하데요.

"자, 그러면 엄청난 거짓말쟁이가 이기는지,
다 후레의 총독이 이기는지,
보자!"고 나도 장담을 했네요.

이튿날 아침 아주 일찍부터
총독 관저의 문을 지키고 있으려니 총독이 나오데요.
내가 따귀를 철썩 때려 붙였지요.
총독이 기절해 쓰러지데요.
부하들의 눈이 빙빙 돌기 시작하데요.

"어럽쇼! 어떻게 된 거야! 맙소사! 어이쿠!"

총독이 겨우 몸을 일으키고는,

"예끼 이놈, 무슨 짓이냐?" 하고 호통을 치더라고요. 그래 내가 이렇게 말했지요.

"용서하십시오, 하늘님!
저라는 사람은 고질병으로
10년을 앓으면서
약이고 굿이고
의원이고 간병이고
온갖 것을 최고로
모든 수를 다 냈지만 낫지를 않아
용한 점쟁이들에게 물었더니

하늘의 따귀를 때리면 네 이 병이
'낫는다!' 는 것이었습니다.
그러나 저같이 박복한,
뿔 없는 대가리에,
물 있는 눈,
피 도는 염통을 가진 자가
하늘을 어디서 구하겠습니까?
하는 수 없이, 그대가 만주의 황제인
천자의 아들, 하늘다운,
근본이 있는 큰 하늘이라고들 하기에
그대의 따귀를 때리는 수밖에 다른 도리가 없었습니다.
용서해 주십시오!" 라고 하자
만주 총독이 이렇게 말하더군요.

"네 놈에게 내가 하늘은 하늘이렷다.
네 병이 어서 낫기 바란다.
네게 원념은 두지 않겠다.
괜찮으니 가거라!" 하고 말이지요.

"하늘님께서 이렇게 저를
기쁘게 하셨습니다. 이제 그대와 저는
줄 것도 받을 것도, 원한도 앙심도 없이
되었으니 그대도 가 보십시오.
저도 가겠습니다." 하고 나와 버렸지요.

그리고 내가 후레의 총독에게 전한
아홉 가지 흰 선물의 대가로
총독의 따귀를 갈겼다는 말을 듣고
우리 고장 사람들이,
"네 손바닥이 아홉 가지 흰 선물보다 비싸구나!" 하고 값을 매기데요.

나는 이렇게 총독의 따귀를 때리고
돌아다닌 골통입니다. 하! 하! 하!

●──주

1   제8대가 실제 즉위한 날은 1911년 12월 29일.
2   판본에 따라 '쌓은 부의 최고급이라고, 쌓인 라마의 은총이라고' 또는 '쌓은 공덕의 진수라고, 거둬들인 가축의 축복이라고'.

고리대금 갚기

우리 호쇼의 영주는
바보 천치 같은 중생이었어요.
가축이 있는 고장의 영주랍시고 빚을 내고
만주 임금의 부마랍시고 빚을 쓰고
호쇼 군대의 지휘관이랍시고 빚을 내고
연대 병력의 장군이랍시고 빚을 쓰고
회맹[1]의 장의 명령이라며 빚을 내고
중요한 시기의 의무라며 빚을 쓰고
국가의 명령이라며 빚을 내고
만세 임금[제8대 복드의 칭호]의 칙명이라며 빚을 써서
중국 고리대금 회사에 빚이 만 냥이 넘어 버렸네요.
빚을 갚겠답시고
쇠로 만든 말 등자가 깎여 나가도록
둥근 관인이 닳아빠지도록

문서를 보내고

사령을 모둠발로 뛰게 하여도 안 되자,

호쇼의 오톡옛 몽골의 통치 단위. 오톡 몇 개가 모여 호쇼를 이룸마다 할당을 주어도 안 되자,

사유 재산까지 손을 대도 안 되자,

가구마다 강제로 떠맡겨도 안 되자,

시주들에게 구걸을 해도 안 되자,

결국에는 계산을 하려고

열 오톡에서 나를 대표로 뽑아 보냈지요.

중국인 회사의 빚을 계산하러

엄청난 거짓말쟁이인 내가 또 가게 된 거지요.

중국 고리대금 회사에서 빚 셈을 해서

만 냥 돈이 비는 것을 물고 늘어져,

장부 위의 숫자를 보고,

도장을 누른 곳에는 점을 찍고,

적어 놓은 것을 다투어도 보고,

먹물로 쓴 종이를 적셔도 보고,

지배인을 웃겨도 보고,

회계 담당을 헷갈리게도 만들어 보고,

계산할 때마다 시비를 하고,

"된다!"고 하는 대신 "안 된다!"며 트집을 잡고,

스무 날, 이틀 밤을 안 자고 버티며,

말을 하면 안 맞는다고 시비를 걸고,

아무리 그래 봐야 갚지 않겠다고 싸움을 벌였지요.

"혹시 혼란스러우면
초원에 나가 시원한 곳에서 차근차근 계산하자 해!" 하고 지배인이
말하데요.

이튿날 지배인은
회계 담당을 데리고
허허벌판 초원으로
다시 잘 계산하러 나갔지요.

그리고 나는 집에 가서 양의 큰창자에 피를 가득 채워 품에 넣고 그들에게 갔고요. 지배인 나리께서 내내 장부를 계산하고 계시다가 마지막에 가서는 소리를 지르더라고요.
"만 냥이 맞다 해!"
"그렇군! 정확하게 만 냥이군! 자, 지배인! 자네한테 진 빚을 세상에서 가장 값지고 귀한 보물로 갚겠네! 받겠나?"
"뭐라도 상관 않고 받는다 해!"
"자, 그렇다면 세상에서 사람보다 더 값진 보배는 없으니까 만 냥 값에 둥글둥글하고 푸르뎅뎅한 내 머리를 넘겨주겠네!"
그러고는 칼을 쑥 뽑아 들고 가슴을 두드린 뒤 양의 큰창자를 찔러 피를 흘리면서 기절해 쓰러져 버렸지요.
"이걸 어쩐다 해! 만 냥이고 뭐고 다 필요 없다 해!"
지배인 나리가 장부고 뭐고 다 내팽개치고 정신없이 달아나더라고요.
그 뒤로 어떻게 되었냐고요? 슬그머니 일어나 빚 장부를 태워 버리고 그 자리를 떴지요. 며칠 뒤 중국 고리대금 회사에 찾아가니 지

배인이.

"만 냥 빚 때문에
둥글둥글하고 푸르뎅뎅한
제 머리를 넘겨 준,
엄청난 거짓말쟁이라는 사람과 당신은
어찌 이리도 닮았다 해?" 하고 말하더군요.

"오, 가엾어라. 불쌍한 엄청난 거짓말쟁이가 남의 잘못으로 죽었다는 말이군요. 나무관세음보살! 옴 마니 반 메 훔! 왕생극락하소서! 그래 어찌 되었는데요, 지배인 나리?"
내가 이리 태연스레 물으니, 그는,

"그 뒤로는 내가
만 냥 소리만 들어도 머리가 아프고,
둥글둥글하고 푸르뎅뎅한 대가리라는 소리만 들어도 속이 메스꺼워진다 해!
그 얘기는 그만 좀 해라 해!" 하고 윽박지르더라고요.
우리 호쇼는 빚에서 영원히 벗어나
이마가 째지도록 기뻐 웃게 되고
엄청난 거짓말쟁이는
일흔 번을 죽어도
멀쩡하게 다시 살아난다는 말을 증명한 것이었지요.

● ── 주

1   會盟. 청 지배 시기에 형성된 몽골 왕공들의 지역 연맹. 몽골어 '촐강'. 각각 여든여섯 호쇼로 이루어진 할하 지역의 아이막 네 개와, 각각 마흔아홉 호쇼로 이루어진 내몽골 지역의 아이막 여섯 개로 이루어져 있었음.

채찍과 벼락

내가 전에 젊었을 적에,
후이 만달 역참과 후레의 시발 역 사이에서
역참 부역[1]을 하고 있을 때는,
아침, 저녁, 위, 아래 없이 모둠발로 뛰어다닐 때는,
못 쪼가리만 한 두 살배기 망아지를 타고,
기러기 발만 한 세 살배기 망아지를 안장 없이 타고,
달음질치기 위해 배에 채찍질을 하며,
뛰어넘기 위해 갈비께를 두 다리로 두드리며,
급사急使를 따라 길마를 얹고,
사자使者를 따라 안장을 놓고,
온갖 구경을 하며 돌아다녔지요.
하루는 우리 역참에
독이 오른 모습은 뱀 같고
씩씩대기는 황소 같고

●――몽골 민담

거칠기는 줄[麤] 같고

을러대기는 폭풍 같은

무시무시한 왕공 한 사람이 와서는,

"자, 나는 하늘에 뿌리를 둔 왕공이라서

자뼈[尺骨]에 붙은 고기²가 아니면 먹지를 않는다.

잰걸음 말³이 아니면 타지를 않는 사람이다." 하고

호령, 호령하더라고요.

자, 그래서 엄청난 거짓말쟁이 내가

할 수 없이 단 한 마리뿐인 내 잰걸음 말에

그를 태우게 되었지요.

나 역시 역마를 따라나섰지요.

내 잰걸음 총이말을 타더니만 왕공은

고삐 당길 새도 없이 달음질을 놓더구먼요.

나도 곧바로 속력을 내기 시작했지요.

그러다 우리 왕공 어르신께서

갑자기 나를 가로질러 막고 서더니,

"하늘에 뿌리를 둔 출자가 고결한 사람과

어리석은 바보 하인 녀석이 나란히 가는 법도 있더란 말이냐? 어허!

뒤에서 따라와라!" 하고 내뱉고는

나를 철썩 채찍으로 때리데요.

어떻게 이런 사박스러운 자가 다 있을까요?

'엄청난 거짓말쟁이 네가 복수를 하지 않으면 무슨 사내 대장부냐!' 하고 속으로 다짐하면서 뒤에서 따라가는데 별안간 하늘이 캄캄해지더니 천둥번개가 치고 난리가 시작되는 거예요. 나는 마음속으로 계속 벼르면서 왕공의 뒤에서 따라가고 있었지요. 그런데 하늘에서 '꽝!' 하는 소리가 나면서 가까운 데로 벼락이 떨어지데요. 그때 왕공의 뒤통수 정가운데를 채찍으로 철썩 내리쳤지요. 왕공이 나가떨어지데요. 나도 거기서 말에서 내렸지요. 한참 후 하늘이 파래지면서 비가 말끔히 가시고 왕공도 정신이 들자 한다는 말이,

"하늘에 뿌리를 둔 사람이다 보니 내가 운 좋게 벼락은 맞지 않았구나. 어리석은 바보 평민은 죽었느냐?"

"왕공이시여! 그대의 이 하늘님은 윗사람 아랫사람을 안 가리는 것 같습니다! '꽝!' 할 때 그대의 머리 정가운데로 불이 번쩍하는 것 같았거든요!"

"물론이지! 부처님 맙소사!"

"채찍이 벼락만 할 수도 있을까요, 왕공이시여?"

"채찍이야 벼락에 비하면 아무것도 아니지!"

이렇게 채찍으로 벼락을 내리고, 말을 쉬게 하면서 숨을 돌리고 난 뒤부터는 오만한 왕공의 건방도 수그러들고 솟았던 땀도 한결 들어가데요.

●——주

1   청조 및 복드 한 시절 몽골 평민의 대부분인 알바트들의 대표적인 의무 가운데 하나.
2   일부 판본에는 코끼리 고기.
3   한번은 왼쪽 두 다리를 동시에, 한번은 오른쪽 두 다리를 동시에 움직여 뛰는 말. 나귀 노새 중에도 이런 걸음새를 타고나는 것들이 있지만, 말의 경우는 일부러 가르치기도 함. 느리고 오래 달리지는 못하나 타는 사람이 편하고 안전한 데다가 뛰는 모습이 특이하여 사람들의 귀여움을 받음. 측대보마(側對步馬).

개똥 맛을 본 영주

　내가 전에 스무 패로 이루어진 수레 1000대 크기의 상단商團을 이끌고 자야 반디드¹의 성스러운 재고財庫를 대표해 티베트의 수도 라사에 드나들 적에,

　　귀중한 물화, 최상품 곡식에
　　남경南京 대추에, 천도 복숭아에
　　박사 비단에, 누빈 양탄자에
　　상아에, 백단白檀 나무에
　　검은 무명에, 검은 차까지 싣고 고향으로 돌아오는 길이었지요.
　　가을도 다 지나 된서리는 내리고
　　억새풀 끝에는 상고대나무나 풀에 눈같이 내린 서리가 앉던 계절이었어요.
　　마른 눈 내린 오후의 찬바람이 몰아치고,
　　저물 녘의 땅거미가 깔려 어두컴컴할 때,
　　활불 영주²의 사원에 당도하여

잠은 쏟아지고
몸뚱이는 땀으로 범벅이었지만
낙타를 무릎꿇려 밧줄을 벗기고
천막을 세우고 화톳불을 피워
밤 안개를 퍼내고
기름떡을 썰고 있을 때
세관의 관리가 나와,
"활불 영주를 알현하고
관세를 물기 전에는
그 누구도 사원에서 묵을 수 없는데,
누구에게 허락을 받고 여기서 야영을 하느냐!"고 꾸짖더라고요.
이리로 다니는 대상들은
영주의 재고에 최상품을 안 바치고,
불법의 수호자에게 시주를 바치지 않으면
머나먼 여행길에 마가 끼고
젊은 나이에 재앙을 당한다나 뭐라나.

"셍게 자네가 가서 알현을 하는 것이 낫겠다."
우리 동무들이 내게 졸라 댔지요.
"자, 그러면 내일 아침 그 게걸스러운 영주에게,

개똥 맛을 보이고,
개처럼 짖게 해 주마!"

내가 장담을 했지요. 그랬더니,

"만일에 네가 그럴 수만 있다면 너에게 우리가 아흐레 밤의 잠을 걸겠다!"
 동무들이 약속을 했어요. 이튿날 아침 내가,

 용 무늬 비단, 약 보따리
 깨 바른 사탕, 삼씨 기름
 기름떡, 향내 나는 먹
 술 한 단지, 코담배
 말린 대추에 이르기까지 선물을 갖추고,

 코담배 병 하나에 해묵은 개똥을 빻아 넣고, 다른 한 병에는 노란 코담배를 채워 활불 영주를 알현하러 갔지요.

 활불 영주께서 기침하실 때,
 빛나는 태양이 솟아오를 때,
 반디드 라마의 큰 물주
 부자 셍게가 알현하러 온 것을
 측근들이 아뢰고
 동무들까지 함께
 활불 영주께 인사를 올렸지요.
 선물을 바치고
 무병 장수를 빌고 나서
 내가 모시는 반디드 라마의 재고가
 얼마나 부유하고 풍부한지 은근히 자랑해 보았지요.
 라사의 물화가 진귀함에 놀랐다는 말도 슬쩍 해 보았지요.

수완가 셍게가 얼마나 수지를 맞추었는지도 뽐내 보았지요.
활불 영주께서 질투심이 발동하기 시작한 듯하더군요.
반디드 라마보다 더 부자라고 하더라, 우리를.
라사에 없는 것이 우리 재고에는 있다고들 하더라.
수완가 셍게라니 뭐가 대단하다고, 이런 발칙한 놈!
반첸 라마를 따라잡는 것도 아니고, 이런 가소로운 놈!
활불 라마는 머리를 흔들고
냐라브 라마는 진절머리를 치고
소이봉 라마는 으스대기 시작하데요.

"오냐, 그러면 반디드 라마의 큰 상단의 물주, 부자 셍게 너는 라사에서 진귀한 물건, 신기한 물건들을 가져왔으렷다!"
활불 영주가 내게 묻더라고요.
"신기한 것이 별로 없습니다, 활불 영주시여!

반디드 라마의 재고에는
라사의 진기한 벌레가 없습니다. 그래서
라사에서 구해 보려고 했는데 아무리 찾아도 구하지 못하다가,
운이 닿느라고
알샤 지방에서 가져온
열 돈어치 진기한 벌레를
겨우 한 상점에서 찾아
금 스무 돈,
납처럼 흰 환약,
양털 빛깔처럼 흰 알약까지 주고 산 것입니다.

어느 정도나 가는 진기한 벌레인지를 저는 모릅니다. 영주 각하께옵서 일 삼아 한번 봐 주시겠습니까?"

그러고는 코담배 병에 넣은 개똥 가루를 영주 각하께 바쳤지요.

활불 영주 각하께옵서
몸을 뒤로 젖히고 앉아 한 순갈을 뜨데요.
빛에 비추어 보면서 머리를 흔들고 있다가 한 순갈 뜨데요.
킁킁거리며 냄새를 맡다가,
끝내 맛까지 보고,
한번 더 보고 나서는 이렇게 말씀하더라고요.

"진기한 벌레는 진기한 벌레로군. 우리 재고의 진기한 벌레를 거반 따라오는군."
"첫 번째 일은 내 생각대로 되었다!"
동무를 쿡 찔렀지요.
"자, 그리고 도대체 이 흉한 진기한 벌레 말고 다른 신기한 것은 없는 듯하이, 셍게!"
활불 영주께서 나를 깔보는 투로 묻더라고요. 그래서,
"제가 아는 어느 부자가 라사에서 티베트 혈통의 가르즈 종 개를 구해 오라고 주문했습니다. 역시 귀한 것입니다. 겨우 강아지 두 마리만 구했습니다. 한 놈은 '우브! 우브!' 하고 짖고 다른 녀석은 '하브! 하브!' 하고 짖습니다. 어느 놈이 나은지 저는 전혀 모르겠습니다만 지배인 말로는 '우브! 우브!' 하고 짖는, 귀가 쫑긋한 놈이 좋다고 합니다. 제 생각에는 '하브! 하브!' 하고 짖는 귀가 처진 놈이 낫지 않을까 합니다만, 어느 놈이 나을지 영주 각하께옵서 일러 주시겠는지요?"

"예끼, 이 어리석은 사람아! 그것도 모르면서 큰 상단의 물주 노릇을 하고 다닌단 말인가? 우리 재고의 개는 정말로 혈통이 순수한 가르즈 종 강아지이지. 그놈은 언제나 '하브! 하브!' 하고 징같이 굵은 소리로 짖네. 그러나 귀는 어떻게 되었는지 모르겠군."

이렇게 해서 두 번째 일도 내 생각대로 된 거지요. 그래서 내가 그곳에서 나와,

"영주 각하께
개똥을 맛보게 하고,
개처럼 짖게 만든다는 것이 이것이다." 하고 동무들에게 이야기하니,

"너는 진정한, 엄청난 거짓말쟁이 사나이다." 하고 동무들이 아예 단체로 증인을 서데요.

●──주

1　자인 후레(자야의 사원)라는 사원 단지를 근거지로 인근 십여 솜(우리나라의 군에 해당)에서 영주로 군림하면서 전세 활불로 추앙받던 역사상의 실존 인물들. 자야 게겐, 에르덴 자야 반디드 등으로 불림. 이야기의 시간적 배경은 제6대 자야 반디드 로브상 루브덴 초이지남(1905-193?)의 초기이거나 제5대 로브상 초이지 왕칙(1866-1904)의 말기일 듯함.
2　노용 게겐 또는 게겐 노용. 당시의 고위 라마들은 대개 왕공 가문 출신으로 세습 영지와 사원을 소유하고 세속의 영주인 동시에 불교의 활불로 행세하고 있었다.
3　반첸 에르데니 라마. 역대 반첸 라마들은 겔룩바 불교의 2인자이자 티베트 세속 권력의 2인자로서 역대 달라이 라마의 스승의 환생, 또는 아미타불이나 무량광불의 화신으로 여겨졌다. 이야기 속의 반첸 라마는 시대 배경상 제9대인 겔렉남잘, 일명 초이지남바(1883-1937)이다.
4　호탁트, 호빌간 등 전세 활불을 측근에서 보좌하는 선임 라마.

서낭나무에 묶여 고질병을 고치다

　내가 한창 젊었을 적에는 온갖 좋은 구경이란 좋은 구경은 다 하고, 죽는 것 말고는 안 해 보는 것 없이 세월을 보냈지요.

내가 어느 해인가
달라이 왕의 호쇼에서
포졸 노릇, 사령 구실을 하도록 임명이 되어
70일 기간으로
일곱 마리 샤르가 말과
두 겹짜리 네모 천막과
두 살배기 할타르 개_{몸은 검고 발과 주둥이는 누르스름한 개} 만 데리고
나 혼자 몸으로
채찍과 올가미 장대를 갖추고
구팅 골, 도팅 호닥에서
날이 밝고, 암소가 젖을 내놓기 시작할 무렵에 나와

온 밤을 불 없이 밥도 지어 먹지 않고 달려
그 다음 날 밤도 차 한잔 안 끓여 마시고 달려 도착했지요.

달라이 왕을 영주랍시고
포졸 노릇, 사령 구실을 공무랍시고
망아지 딸린 암말을 탈것이랍시고
북으로 달려 협곡을 한달음에 지나가고
남으로 달려 산을 단숨에 넘고
달리기 위해 배에 채찍질을 하고
뛰어넘기 위해 갈비께를 두 다리로 두드리며
온갖 고생을 다하며
똥줄이 빠지도록 돌아다니면서
달라이 왕의 작은 마님과
몰래 만나 틈을 보아 사귀다 보니
이야기가 통하고 사랑하는 사이가 되고
초저녁부터 속삭이다 새벽에야 헤어지는 사이가 되었네요.

그러나 달라이 왕이
몰래 한 번 알아보고,
다시 한 번 확인하고,
질투를 가슴에 품고 숨을 몰아쉬고
목숨을 걸고 모든 수를 다해,
중상을 하고 모함을 하기를,
"활불 라마를 진드기라고 했다!
호쇼의 영주를 아귀라고 했다!

라마 선생을 란드람'이라고 했다!
통치 왕공을 간교하다고 했다!
막돼먹은, 무도한 엄청난 거짓말쟁이!
개전의 정이 없는 불한당 셍게!
국법과 종교를 깔보고
오만 죄악을 저질렀으니
그 벌로
뼈가 부서지는 소리가 나도록 하라!"는 판결을 내려
팔십 근짜리 칼도 씌워 보더군요.
가느다란 가죽끈으로 목도 졸라 보더군요.
동전 구멍으로 살도 잘라내 보데요.
장작개비로 주리도 틀어 보았지요.

아무리 그래 봐야
나는 '아야!' 소리도 내지 않았지요.
'아이고, 어머니!' 하고 우는소리도 하지 않았지요.
했다고 불지도 않았지요.

그래, 하루는 기둥에 묶어 불에 태워 죽이기로 작정하고 나를 데리고 숲으로 가는 거였습니다! 엄청난 거짓말쟁이는 절대로 죽지 않으니 이 정도로야 어디 두려워하겠습니까?

달라이 왕 각하께옵서
근사한 시위들을 거느리고
숲 가장자리에 있는 서낭나무에

밧줄을 걸고 나를 묶고 나서

"자, 흉악하고 간교한 불한당 쓰레기, 엄청난 거짓말쟁이 명색아! 네가 달라이 왕의 손에서 빠져나오기는 틀렸다. 돌아가서 차를 마시고 와서, 시*를 받아 불을 붙여 네 놈이 모든 고통을 다 맛보고 죽도록 하겠다!"

달라이 왕이 이리 선언하고는 근사한 시위들을 거느리고 일단 돌아가더라고요. 내가,

"지지리 운도 없는 엄청난 거짓말쟁이
송사에서 진 척척 셍게
숲 가장자리 나무에 묶여
무인지경 벌판에서 혼자 남아
젊은 내 사랑을 그리워하는데
펄펄 나는 저 나비는
돌고 돌아 꽃 위에 앉네.
여기 있는 너의 나는
생각하고 궁리하며 네게로······."

이렇게 탄식의 노래를 하고 있는데 달라이 왕의 측근인 체머리 환자 바트뭉크 나리가 뜬걸음 말 _{느린 잰걸음으로 걷는 말. '사이와르 모리'}을 타고 우연히 나 있는 데로 지나가다가,

"나무에 묶여
탄식하며 노래하고 있는 너는

● ──몽골 민담

미친놈이냐, 네 이놈?
재앙과 고난에 겨워
슬퍼하고 있는 사람이냐?"

이렇게 호통을 치는 것이겠지요.

"용서하십시오, 바 공[2]이시여! 쓸모없는 하인배 놈인 저는 엉덩이 등허리에 고질병이 들어 여러 해를 누워 지내던 사람입니다.

약이란 약은
온갖 최고급으로 다 써 보았지만
낫지를 않는 것이었습니다!
이승에서 축복으로
용한 의원을 만났는데,
'이 서낭나무에 묶여 있으면
네 고질병이 낫는다!' 고 했습니다.

그래서 이 나무에 묶여 있자니

하루 만에 다 나아 쾌차했기로
좋은 세상을 보는 것이 기쁜 나머지

노래를 하게 되었습니다!"
이렇게 고했더니,
바 공이 꽤나 놀라워하며 묻더군요.

"정말이냐?
네 이름이 뭔데?
네 나이는 몇이고?"

"저라는 사람은

고관대작들께는 물론이고,
동무나 아랫사람들에게도,

거짓말이라고는 해 본 적이 없는 평범하고 미천한 노예입니다.
제 이름은,

멀떠구니 셍게라고 하고
원숭이 해의
흉한 날에 태어나
이제 겨우 서른둘이 되었습니다." 하고 대답했지요. 그랬더니,

"오, 그러냐! 못된 상놈의 자식! 썩 내려와라! 나는 너 따위 평범한 사람이 아니다. 징스를 달고 국사를 다루는 사람이다. 엉덩이 등허리에 고질병이 들어, 너처럼 이렇게 아파서, 남쪽에 있는 오대산 표심山, 중국의 불교 성지, 굼붐[3], 다 후레, 중국 의원에게까지 다니며 치료를 받았으나 낫지 않아 돌아가고 있다! 천만다행으로 네가 나를 돕는구나! 바 공이 한번 해 보자! 너는 당장 내려와라!"
대뜸 호통부터 치더라고요. 그래서,
"안 됩니다. 우리 누구한테든,

● ──몽골 민담

실낱같은
빨간 목숨은 소중한 것인데

제가 이렇게 낫다가 말고 그만두어서 어쩌게요?"
그랬더니 바 공이 노발대발 화를 내다가 이렇게 분부를 내리는 것이었습니다!

"좋아하느냐 싫어하느냐를 묻는 것이 아니라
명을 내리고 있는 것이다, 네 놈에게!
여러 소리 계속 지껄대면

당장 네 놈을 물고를 내도록 하겠다!"
그러더니 내 결박을 칼로 탁 끊어서 풀더라고요.
"예, 어쩌겠습니까? 복운과 공덕이 널리 퍼지시기를! 제가 완전하게 고쳐 드리지요!"
그래, 바 공을 앞서 내가 하고 있던 모양대로 부대에 넣고 나무에 묶어 버리고는 일렀죠.
"경건하게 계십시오! 낫기 전에는 소리 내는 게 아닙니다!"
바 공은 그저 좋아서,
"고맙네! 자네 내 말 좀 돌보고 있도록 하게!"
이리 말을 하는 거였지요. 그래, 바 공의 말을 타고 그 자리를 떴지요. 오래지 않아 달라이 왕 각하께서 근사한 시위들을 거느리고 와서는,
"에라 이 못된 엄청난 거짓말쟁이, 멀떠구니 셍게 놈아, 살아 있느냐?"

"여전하다네."

바 공이 대답했겠지요.

"여전하시다! 네 놈의 뼈가 터지도록 그슬려 주마!"

달라이 왕이 나무 밑에서 불을 지폈네요. 바 공이 놀라 외쳤지요.

"잠깐 기다려요! 나는 엄청난 거짓말쟁이가 아니라 바 공이오!"

"이번에는 바 공으로 변해서 또 간계를 부리려고 하느냐, 네 이 놈?"

그러고는 왕은 불을 훨씬 더 세게 때 댔지요.

"바 공이오! 바 공이오!" 하고 아무리 소리쳐도 아무 소용없었지요. 그래서 달라이 왕은 엄청난 거짓말쟁이 대신에 측근을 태워 죽이고 돌아간 거지요.

이튿날 내가 바 공의 위풍당당한 점박이 말을 타고 달라이 왕 관소의 대문으로 설설 끓는 듯한 잰걸음으로 들어오자 달라이 왕이 놀라 어찌할 줄 모르다가,

"내가 너를 어제 태워 죽였는데 오늘 어떻게 이렇게 근사한 말을 타고 이리로 돌아다니고 있는 것이냐?"

이리 묻지 않겠습니까. 그래서 이리 말했지요.

"죽은 자들의 영혼을 조사하는 염라대왕께서 제가 모함에 걸려 목숨을 버리게 되었다고 보시고, 이 근사한 말을 안장과 고삐까지 갖추어 주시고, 편안하게 만들어 되돌려 보냈습니다."

"그래 염라대왕께서 네게 무슨 분부를 내렸느냐, 엄청난 거짓말쟁이야?"

달라이 왕이 묻더라고요. 그래서 내가,

"'이 세상의 사내들은

아내가 하나만 있도록 운명 지어졌는데도
달라이 왕이
겹으로 아내를 거느린 것은
너무도 큰 죄다.' 하고
장부에 적고 있었습니다.

그리고 제게는 '그 남아도는 아내들 가운데 하나를 취하라!' 고 했으니 내일 제가 데리고 가겠습니다."

이튿날 아침 내가
태양이 솟아오를 때
안개를 피워 올리며
금실 은실 능라 델을 벗어 던지게 하고
젊은 사랑을 내 것을 만들어
사령이고 포졸이고 다 때려치우고
일흔 마리 샤르가 말을 몰고
작은 마님을 데리고
달라이 왕의 고장을 떠날 때,
"내 공골 워라말은
엉덩이 가득 살이 올랐네.
멀리 있는 사랑 너와 함께
부부가 되어 행복하게 살리라!"
이리 노래를 부르며 고향으로 돌아온 거라오.

● ─── 주

1   불교의 적. 불교를 박해한 티베트 왕 랑 다르마(재위 836-842)의 이름을 몽골 식으로 발음한 것.
2   여기서 바트뭉크 공을 바 공 곧 '바 노용'이라고 부르는 것처럼, 몽골에는 지체 높은 사람을 그 사람 이름의 처음 두 분절음에 지위를 나타내는 말을 붙여 부르는 풍속이 있다. 간수흐라는 학자가 있다면 '가 박시', 장관이 있다면 '가 사이드'라고 하는 식이다.
3   티베트 암도 지방에 있는 티베트 몽골 불교의 대사원. 현재는 중국 칭하이(靑海) 성에 속한다.

돌멩이 뇌물

한번은 내가 아는 마모 할머니가 내게 이렇게 물으시겠지요.
"마그사르 타이지[1]가 우리 딸을 제 며느리로 달라고 하기에, 당신의 바보 천치 아들과 자기 딸을 결혼시켜 짐승처럼 살게 할 사람이 어디 있느냐고 쏘아붙였더니 앙심을 품고 호쇼에서 다싱후[2]에 진 빚을 갚아야 한다며 내게 잰걸음 말 다섯 마리와 은 쉰 냥을 내놓으라고 한다네. 만일에 내놓지 못하겠으면 내 딸을 달라고, 그러면 무슨 수를 낼 수도 있다고 나를 올러댄다네. 그 빚을 내가 물어 낼 수는 없다고 호쇼의 영주에게 송사를 하려고 했으나 영주에게 갖다 바칠 것 없이는 송사에서 진다고들 한다네. 어쩌면 좋겠나, 여보게 셍게?"

그 말을 듣고 내가 땅바닥에서 흰 돌 몇 개를 주워 종이에 싸서 품에 넣고 호쇼 영주의 관저로 갔지요.

타브당 영주 호쇼의 통치 왕공 어른

야비하고 오만한 성격에
구레나룻 검은 수염에
쥐새끼 같은 째진 눈에
뇌물 먹기를 좋아하는 북 같은 큼직한 배에
허욕으로 부풀려 하는 말에
탐욕스러운 검은 마음에
요귀의 환생이라는 별명을 가진
이런 사람이 하나 있었지요.

내가 곧장 가서 왕공의 관저에 드니 타브당 영주가 으르렁대기 시작하더라고요.
"상놈 주제에 왜 함부로 왕공의 거처에 들어왔느냐? 관리에게 이야기하여 하닥과 문서를 바치고 알현하는 법도를 네 이 못된 개자식이 멋대로 어기려는 심사냐?"

"자, 각하!" 하고 부르니까,

"'자! 자!' 라니. 네 이놈, 헛소리 당장 집어치우고 썩 나가지 못할까?"
다짜고짜 채찍부터 들기에 나도 밖으로 나왔지요.
밖으로 나와 간지개에서 델을 꺼내 입고, 갈색 징스, 공작새 깃털[3]을 붙이고 관리들에게로 가서,
"부자 셍게라는 자가 알현하러 왔다고 아뢰어 주시겠는지요?"
그리고 기다리고 있자니 영주가 어서 들라고 분부했다고 하더군요. 내가 영주의 관저에 다시 들어가,

"영주 각하, 문안드리옵니다. 옥체 만강하십니까?"

일단 허리 굽혀 인사부터 하고,

"고귀하신 각하께 드릴 말씀이 있사옵니다. 저는 영주 각하 호쇼의 체 부자의 아우이며, 다이칭 왕 호쇼의 다 영주의 사위이고, 샨자브 아문의 관리이자, 이호 샤비 북드 게엔의 직할 영지의 속민의 부자 셍게라는 자입니다. 영주 각하께옵서는 저를 모르시겠습니다만, 저희 샨자브 아문 사람들 사이에서는 영주 각하께서 학문이 높고 현명하시며 자비로운 분이라는 칭송이 자자합니다. 그래서 제가 영주 각하를 알현코자 온 김에 사소한 일 한 가지를 알려 드릴까 합니다."

그러자 영주가 굽실거리기 시작하더군요.

"오, 나무삼보. 샨자브 아문의 관리이시구려. 어서 상석으로 오르시지요! 상석으로 오르세요!"

"저희 누님이 마모 노파라고 영주 각하의 호쇼에 있지요. 그래서 제가 누님께 문안드리러 왔다가 영주 각하께도 문후 여쭙고자 온 것이올시다."

"아이고 저런! 마모 할머니가 그대의 누님이었소그려! 지혜롭고 마음이 넓은 노인네시지요. 영감, 좀 드시구려! 영감, 좀 드세요!"

"고귀하신 왕공께 아뢰올 말씀이 있어서 왔습니다. 반드시 들어주시리라 믿고 있습니다만……."

그러고는 그 종이에 싼 돌을 하닥에 받쳐 같이 올리니 영주가 대단히 기뻐 웃으며 굽실대기 시작합디다.

"되지요. 되고말고요. 들어드리리다. 그대의 장인이신 다 영주는 너무도 훌륭한 분이시지요!"

"제 누님이 되시는 마모 노파는 영주 각하의 호쇼에 삽니다. 그런데 누님에게 잰걸음 말 다섯 마리, 은 쉰 냥이 세금으로 부과된 모양입니다! 그런데 그 노파에게는 잰걸음 말은커녕 타락^{몽골 유목민이 끼니로 삼는 질고 신 요구르트}을 만들어 먹을 암소조차 없습니다. 사정이 그러하니 영주 각하께서오서 이를 면제해 주실 수 있겠는지요?"

그러자 영주가 듣고는 대뜸,

"되지요! 되다마다!"

이리 말하고는 관리를 불러 명하더군요.

"마그사르 오톡의 마모 노파에게 할당된 잰걸음 말 다섯 마리, 은 쉰 냥은 부당하게 부과되었으니 완전 감면토록 하라는 명령서를 만들어 주어라!"

"현명하신 분이라 역시 다르십니다, 영주 각하! 영주 각하의 그 마그사르 타이지는 지독한 아첨꾼인 모양입니다."

"아이고 저런, 용서하시구려, 영감! 그 빌어먹을 녀석은 그런 바보 녀석입니다. 하다 하다 그래, 귀하신 영감의 누님에게까지 세금을 매기는 걸 보면 뻔하지. 내 너를 가만두나 봐라!"

그러고는 부들부들 떠는 것이 화가 치밀어 오르기 시작하는 모양이더군요. 오래지 않아 관리가 나에게 그 명령 문서를 만들어다가 바치데요. 그래, 내가 떠나면서 말했어요.

"현명하신 각하께 진심으로 감사드립니다. 현명하신 분은 이렇군요."

"귀하신 영감, 다 영주의 사위님, 용서하시구려! 내 그대를 절대로 잊지 않으리다."

그러더니 굽실굽실대면서 배웅까지 해 주더라고요. 내가 그곳에서 벗어나 옷을 벗어 간지개에 매달고 낡은 옷으로 갈아입은 뒤, 마모 할머니에게 가서 그 명령서를 주고 이제는 세금을 아예 내지 않게 되었다고 말해 주었지요. 그리고 나도 집으로 돌아갔지요.

저녁 무렵에 영주는 종이에 싼 것을 들고 좋아라 했지요.

"틀림없이 백 냥은 될 게다."

하지만 풀어헤쳐 보고 두 조각 흰 돌멩이인 것을 알고는,

"우리 다 영주의 사위가 절대로 이런 짓을 할 사람은 아닌 듯했는데."

영주가 분해하자 곁에서 관리들이 이렇게 말했다나 뭐라나.

"좋은 은은 때로 돌이 되는 법이 있다고 합니다. 뇌물을 너무 탐내면 초원의 돌멩이도 삼킬 수 있습니다, 영주 각하!"

●―― 주

1   전통 몽골 사회의 세습 귀족. 칭기스 한과 그 남자 아우들의 남자 후손들.
2   북몽골에서 영업하던 대표적인 고리대금 회사 대성괴(大盛魁)의 몽골 식 발음.
3   청 복드 한 정권 시절 무공을 세운 몽골 왕공들이 모자에 꽂았음.
4   교정 일치이던 시절 불교 재산을 관장하던 정부 부처.

올리야스태 총독

그해, 그러니까 뱀의 해 정월 초하룻날 지금은 고인이 된 다르항 친왕 왕질이 올리야스태[1] 총독에게 올리는 새해 문안을 전하러 나를 보냈지요.

일흔두 개의 소용돌이 무늬가 있는 두텁게 짠 비단 델,
겹으로 단을 댄 용 무늬 한타즈[델 위에 입는 소매 없는 저고리],
오늬 다섯짜리 공작 깃털,
진주를 박은 청금석(靑金石) 징스,
닷 냥 은으로 만든 매듭 장식 따위로
호사하고 사치한
엄청난 거짓말쟁이 어른이
살찐 부자 관리가 되어
올리야스태 총독 관저에 당도하여
총독 각하께 문후를 여쭙고

황금 술잔에 과실주를 바치고

만주 청국의 가호로 흥하며 성하라는[2] 좋은 축원[3]을 올리고

새해 문안을 전하고

다르항 친왕의 고희를 경사라 하고

위대한 총독 각하의 반백 머리를 복이라 하고

칭송하며 축원하며 총독의 자리에 나란히 앉아

한잔 술을 같이 나누며

양고기 요리를 같이 자시며

귀한 술을 홀짝이고 있다가

우리네, 당신네, 만주, 몽골

기름떡에, 달떡에, 고기에, 햐람착[소. 양, 염소 따위의 내장과 피를 채워 얼린 겨울 음식]까지

칭송하며 감탄하며 날을 보내고,

저녁에는 내가 이야기를 하게 되었지요.

총독이 내게

"맛깔스럽고 아름다운 옛날이야기를 해 다오!

입이 찢어지도록 함께 웃자!

유쾌하고 멋진 옛날이야기를 해 다오!

목이 터지도록 같이 웃자!"며 졸랐거든요.

"자, 그러면 총독 각하, 그대가 주무시지 않고, 화를 내지 않으신다면 제가 옛날이야기를 하지요.

엄청난 거짓말쟁이인 이상

언제나 거짓말을 해야 하는데

총독 각하께서는 허락하시겠는지요?" 하고 묻자

"하는 말마다 거짓말이라도 좋다!"
이러시더라고요. 그래서,

옛날 옛적 한 옛날에
황제 폐하께서 즉위하시기 전에
다이왕 임금 몽골 전설에 나오는 중국 황제. 대명황제(大明皇帝)이 아직 어릴 적에
달라이 라마가 동자중일 적에
제 아버지가 아직 태어나지 않았을 적에
저는 제 할아버지의 낙타를 돌보며
광막한 고비를 떠돌고 있었지요.

이렇게 이야기를 막 시작하는데,
"예끼, 이 망할 놈아, 네 아버지가 태어나기도 전인데 네가 무슨 수로 네 할아버지의 낙타를 돌봤다는 거냐?"
총독이 따지더라고요. 그래서,

"제 나라가 아직 생기기도 전에
보잘것없는 몽골이
할아버지인 만주의 임금님께 부역하는 것은
제 아버지가 태어나기도 전에
할아버지의 낙타를 돌보는 것이나 마찬가지라고
우리 몽골 사람들은 이야기하고 있습니다, 총독 각하!" 하고 대꾸하자,

"그럴 수도 있고 아닐 수도 있겠군. 계속해라!"

● ──몽골 민담

이리 명하더군요. 그래서,

"할아버지의 키 큰 갈색 암낙타가
아침에 무리에서 벗어나, 저녁에는 새끼를 낳았지요.
그래서 제가 어미를 타고 새끼를 앞에 앉히고 가려니
어미가 영 배기질 못하는 거예요. 그래서 제가
새끼를 타고 어미를 앞에 앉히니까 새끼는,
아기똥아기똥 제법 걸었습니다." 라고 하는데,

"예라, 이 빌어먹을 놈, 어미가 배기지 못하는 것을 새끼가 당해 내다니!"
총독이 버럭 소리를 지르는 것이었습니다. 그래서,

"고귀하신 총독이시여!
이거야말로 틀림없는 말입니다.
보잘것없는 작은 할하 몽골[5]이
수억 인구를 가진 만주 청국의
조세를 감당하고,
수시로 부족할 때마다 바치고 있는 것과
새끼 낙타를 타고 어미를 앞에 앉히고 가는 것은
같은 일이 아니겠습니까?" 라고 대꾸하자,

"진실일 수도 있고, 거짓일 수도 있겠군. 계속해 보아라!"
이리 말하더라고요. 그래서,

"자, 그래서 어미를 앞에 앉히고 새끼를 타고
언덕 위로 가니
언덕 역시 배기지 못했습니다. 그래서,
억새풀 위로 가니
타박타박 잘도 가게 되었지요." 하는데,

"이것 봐라, 엄청난 거짓말쟁이야! 너무 지나친 것 아니냐? 언덕이 배기지 못하는데 억새풀이 배긴단 말이냐?"
"예, 그렇습니다. 총독 각하, 지나칩니다. 만주의 황제부터 고관대작과 영주들마다 세금을 부과하는 바람에

언덕에 쌓으면
언덕도 견딜 수 없는

엄청난 조세에 눌린 북몽골[6] 대중들의 고통이 이와 같이 큽니다."
"여보게, 엄청난 거짓말쟁이, 계속해 보게!"

"억새풀 끄트머리를
언덕의 바람이 흔들어 대는 통에
갈대 위로 갔지만
새까만 제 새끼 낙타는
주둥이로 거품을 흘리며 간 끝에
결국 장가구張家口 고개까지 올라가
거기서 내다보니

저만치 북경이 보였습니다."

그러자 총독이 화를 내며 이렇게 말하더라고요.
"네 이야기대로라면 우리의 만주 청국은 억새, 갈대처럼 끝장이 나겠구나!"
그러더니 나중에는 웃더군요.
"말씀드리지 않아도 말씀하신 대로 되고 있는 것을 총독께옵서도 잘 아시지 않습니까?"
내 말이 끝나자마자 총독이 벌떡 일어나 고함을 지릅디다.
"대청 제국과 대황제 폐하를 무도하게 모독한 이 못된 개새끼가 누더기가 되도록 두들겨 패야겠다! 밖에 누구 없느냐? 곤장과 뺨을 때릴 신발을 들여오너라!"
그래서 내가 말했지요.
"이름이 크고, 명성이 자자한 청국의 총독이 새해 문안을 전하고, 수와 복을 축원한 사람을 해치는 치욕스러운 일은 일어나지 않겠지!"
그렇게 총독과 그날 밤새도록 정치에 대해 논쟁을 벌이다가 이튿날 아침 문안에 대한 회답의 말도 듣지 못하고 첫새벽에 떠나 돌아온 겁니다. 올리야스태의 화 안 낸다는 총독을 이렇게 화나게 만들어 본 것이었지요.

●──주

1   몽골 서부의 주요 도시. 청조 때 몽골 주재 청국 관리 중 최고위직인 올리야스태 정변좌부장군(烏里雅蘇台定邊左副將軍)이 러시아의 남진을 저지하고 몽골 왕공들을 통제하기 위해 두 명의 참찬대신(參贊大臣, 총독)과 2600여 명의 병사 및 관리들을 거느리고 주재해 있었다.

2   다른 판본에는 '망하라는'.
3   몽골어 '유럴'. 축원, 축복, 축가를 뜻하는 구비 문학과 민속 음악의 한 장르. 경사스러운 날, 주로 모린 호르라는 현악기 반주에 맞추어 훈련과 경험, 재능을 겸비한 축원꾼이 그 자리에 모인 사람들의 밝은 미래와 행복, 모임의 성공을 축원하는 수십에서 수백 행 길이의 운문 가사를 특유의 곡조를 넣어 부른다. 주로 산천, 지역 등 대상을 찬미하는 내용이 위주인 '마그탈'과 함께 '유럴 마그탈'이라는 장르로 묶이기도 한다.
4   역대 달라이 라마들은 겔룩바 불교의 수장이자 티베트 정치 권력의 1인자이며 관세음보살의 화신으로 여겨졌다. 이야기 속의 달라이 라마는 그 중 제13대 달라이 라마 툽덴갸초(1876-1933)인 듯하다. 황모파 불교라고도 하는 겔룩바 불교는 17세기 경부터 티베트 몽골의 주도적인 종교로 자리를 잡았다.
5   몽골 국의 양쪽 가장자리를 제외한 대부분 지역과 중국 내몽고 자치구의 일부 지역. 그 지역에서 살아온 몽골인들이나 그들이 발전시키고 보존해 온 몽골어를 가리키기도 한다.
6   몽골어 '아르 몽골'. 남몽골(우부르 몽골)에 대응하는 개념으로서 오늘날의 몽골국, 청대 이후 중국어 문헌의 외몽고(外蒙古)와 대체로 일치한다.

부처님의 영험

하루는 내가 다 후레의 시장으로 지나가는데 큰 악다구니가 벌어졌더라고요. 여기서 누가 왜 다투고 있는가 하고 가 보니,

도잉카르 사창의 냐라브 라마가
돈드 골의 돈지드라는 여자와 살려고 하는데,
돈지드의 어머니 돌람 마누라는 자기 딸을
담노르칭 거리의 다다이라는 중국인과 살게 하려 들고,
중국인 다다이는 준 후레의 조야르라는 여자에게 마음이 있는데,
조야르는 바론 후레의 티베트 인 상좌승과 살겠다고 날뛰는 바람에,
삼중 사중 악다구니가 일어난 것 같더라고요.

그래서 내가 그랬지요.
"여러분이 이렇게 다툰다고 무슨 해결책이 나오나요? 저기 저

준 후레의 큰 기도바퀴에 부처님의 영험이 있어서 모든 중생이 가서 이승과 내세와 전생을 묻고 있잖아요. 저기 가서 물어보고 궁합이 좋은지 나쁜지, 인연이 있는지 없는지 결정하지 그래요?"

"어이, 그럽시다! 그렇게 하자고! 부처님의 영험이라니 얼마나 근사하냐 말이야! 어디 있소, 그것이? 가르쳐 주구려!"

다들 왁자하니 떠들어 대더라고요.

"내일 아침 해가 뜰 무렵에 준 후레의 운두르 혹의 남쪽 기슭에 있는 둔추르 마니의 기도바퀴로 가서 한 바퀴 돌리고 물어봐요. 그러면 영험 있는 부처님께서 일러 주실 게요."

내가 찬찬히 알려 주었지요.

이튿날 아침 내가 먼저 가서 그 기도바퀴 전각의 갈라진 틈새로 해서 안으로 들어가 앉아 있으려니 도잉카르 사창의 냐라브 라마가 와서는 한 번 돌린 뒤에 이렇게 묻더군요.

"제가,

함바 스님께 하닥을 바치고 여쭈었더니
천생배필을 만난다고 하시기에
돈드 골의 돈지드라는 여인을 얻기로 작정하고
여자네 집도 도울 겸
굴레 씌운 말에
불친 하이낙_{몽골 소와 야크의 잡종. 힘이 세고 온순함} 수소에
둥근 무늬 비단까지 주었으나
데려오기 바로 전에
돈지드의 어머니 돌람 마누라가
반대를 합니다.

돈지드와 제가 살 수 있도록
영험하신 부처님께서 수를 가르쳐 주시겠습니까?"

그래 내가 이렇게 말했지요.
"만일에 네가 돈지드라는 여자와 살면,

사는 그날로 겨드랑에 목발을 짚게 되고,
짝을 맺은 그날로 절름발이가 되고,
이태 안으로 세상이 영원치 못함을 보여 주게 될 것이다!죽게 될 것이라는 뜻

그러니 부질없는 짓이다."
그랬더니 냐라브 라마가 하는 말이,
"아이고, 현명하신 부처님! 그러면 저는 그만두겠습니다! 그러니 제 천생의 배필이 누구인지나 좀 가리켜 주시겠습니까?"
"네가 지금 여기서 나가서 맨 처음 만나는 여자가 있을 것이다. 그 여자와 살아라! 그러면,

여든까지 살고
해와 달이 집에서 떠오르고
잎처럼 꽃처럼 번성하여
수명과 행복을 영원히 누리게 될 것이니라."

이렇게 선언하자 냐라브 라마가 "예!" 하고 나가서는 간단 후레의 미친 아낙을 만난 거라오. 재물운도 명예도 따른다고, 부자가 된다고 영험 있는 부처님께서 그러시는데 아무러면 어떠냐 하고 도잉

카르 사창의 냐라브 라마는 그 여자를 데리고 가 버린 거지요.

다음에는 돈지드의 어머니 돌람 마누라가 담노르칭 거리의 중국인 다다이와 같이 들어와서 기도바퀴를 한 번 돌리고 나서는 이렇게 퍼부어 대더라고요.

"영험하신 부처님, 일러 주세요! 어머니가 딸을 마음대로 할 수 있는 것이라면 어떻게 해서든 그 못된, 불알을 까다 만 중놈과 살도록 내버려 두지는 않겠습니다. 이 다다이 지배인은,

벌이가 좋고,
아는 사람도 많아,
재복과 공덕이 모두 적당합니다.

그래서 제가 다다이 지배인과 살게 하려고 했더니 우리 딸년이 싫어하지 뭡니까? 그러니 그 아이가 다다이 지배인을 좋아하도록 좀 해 주세요!"

그래서 내가 이렇게 일렀지요.

"만일에 네가 다다이 지배인과 네 딸을 살게 하면,

네 집은 흩어지고
네 가계는 단절되어
과부에, 외로운 신세가 되어
절망 속에 살아가게 될 것이다.

그러나 그 대신에 네가 다다이 지배인과 살면,

합친 그날로 이름이 나고

사는 그날로 부자가 되어

입에는 황금

손에는 사탕이 가득한

복 받은 사람들이 될 것이다." 하고 말이지요. 그랬더니만,

"아이, 복을 누린다는데 돈지드면 어떻고 돌람이면 어때? 난 상관없어!"

다다이가 말하더군요. 돌람 마누라도 덩달아 맞장구를 치며 지배인을 끌고 나갔지요.

"다다이와 나는 맞지! 맞아! 바다처럼 부자가 되어 즐기며 살 테야!"

맨 마지막에는 조야르라는 여인이 들어와 기도바퀴를 한 번 돌리더니 빌더라고요.

"영험하신 부처님, 일러 주십시오! 저는 서부 구역의 티베트 상좌승이 재산이고 복록이고 모두 낫기 때문에 다다이라는 중국 놈과 갈라서서 티베트 상좌승과 살려고 합니다. 궁합이 어떤지 일러 주세요!"

그래서 내가 말해 줬지요.

"애, 조야르야! 티베트 상좌도 그리 좋지 않구나. 한 달이 지나면 헤어지게 된단다."

"아이고머니나! 영험하신 부처님, 일러 주세요! 저라는 인간은 그 동안 아홉 사내와 헤어졌습니다. 제게도 천생의 배필이라는 것이 있을까요?"

"너라고 왜 천생배필이 없겠느냐? 저쪽에 서 있는 중국 사람과

살면,

복록과 재운이
곡식 자라듯 늘어난단다."

그리고 조야르 여인이 나갔는데, 나가서 당나귀를 끌고 가는 한 늙수그레한 중국인과 마주친 거라.

"수지가 맞고 복이 있다는데
수수한 중국인이면 됐지, 뭐?"

멋쟁이 조야르가 늙다리 중국인의 팔을 잡아끌고 가 버리더라고요. 그 뒤 하루는 내가 시장에서 돌아다니고 있는데 도잉카르 사창의 냐라브 라마가 미친 여편네를 이끌고, 돌람 마누라가 중국인 다다이를 데리고, 조야르 여인이 늙다리 중국인을 부축해서 가더라고요. 그래서 말을 걸어 봤지요.
"댁들은 영험하신 부처님께 물어봤소?"
"묻다뿐이겠어요!

복이니 운이니 하는 것이
다 연분이 있는 것이더라고요.
틀리는 사람, 안 맞는 사람이
모두 함께 다니고 있어요."

"그래요. 그러면

얻지 않겠다고 한 마누라를
얻는다는 것이 이쪽인 게로군!
넘지 않겠다고 한 고개로
넘는다는 것이 그쪽인 게로군!"이라고 하자,

모두들 이구동성으로 대답하데요.
"엄청난 거짓말쟁이 어른! 이제는 모두 서로 잘 맞습니다!"

호르마스트 하늘님의 암빼고라말[1]

내가 하루는 보얀트 지배인의 가게로 갔더니 그 사람이 이런 말을 하더라고요.
"여보게 셍게! 내가

궁둥이 위에
염소 똥을 올려놓고 다녀도 떨어뜨리지 않는
양치기 잰걸음 말 한 마리를
2000냥을 주고 샀다네.

자네도 구경 좀 하게!"
내게 말을 보여 주면서도 너무 좋아하더군요.
"셍게 자네는 이런 말을 보지 못했을 거야!

세상에

단 두 마리가 있다네.
한 마리는 황제 폐하께,
한 마리는 내게 있다네."

그래서 내가 말해 주었지요.
"예끼, 이런! 보얀트 자네는 아무것도 모르는 사람일세그려. 이런 말이 세상에 단 두 마리뿐이라니! 이 셍게한테도 스무 마리, 서른 마리가 있는데. 그뿐이 아닐세. 내게는 똥 대신 하루 쉰 냥씩 은을 싸는 호르마스트 하늘님의 암고라말도 있다네."
그랬더니 보얀트 지배인은 내가 거짓말을 한다고 생각하는 것 같더군요.
"나는 그놈을 직접 본 뒤에 믿든 말든 하겠네."
"그래, 그렇게 하라고! 내일 내가 데려올 테니!"
이튿날 볼품없는 암고라말 한 마리를 끌고 가서는 보얀트네 대문 앞에 당도하자마자 암말의 궁둥이에 쉰 냥짜리 은 덩이 두 개를 밀어 넣고 울 안으로 들어가니, 보얀트 지배인이 내 암말을 보고 말하더군요.
"이봐, 셍게! 이런 형편없는 말로 뭘 하라고! 필요 없다 해!"
그래서 내가 말했지요.
"필요 없다고 했나, 자네? 그러면 어찌 되는지 한번 보기나 하지 그래!"
안장 뒤에 달린 끈을 한번 세게 조이니까 쉰 냥짜리 은 덩이 하나가 땅에 떨어졌지요. 그걸 본 지배인이 깜짝 놀라 이러겠지요.
"다시 한 번 보자 해!"
그래, 내가 두 번째로 안장 끈을 꽉 조였더니 두 번째 은 덩어리가 땅바닥에 떨어졌지요. 내가 은 덩이 두 개를 주워 품에 넣고는 말했죠.

"오늘은 말먹이가 빌어먹게 잘 들어맞은 덕분에 똥을 두 번이나 싼 운 좋은 날이 되었군."

보얀트 지배인이 허겁지겁 말하더라고요.

"어이, 셍게! 자네 솔직하게 얼마면 판다 해! 매매를 하자 해. 2000냥이면 맞는다 해!"

"곤란하네, 보얀트! 2000냥이라고 했나? 똥 대신 은을 싸는 말은 이 세상에 단 한 마리뿐인데."

"에이, 그러면 내가 부루말을 얹어 준다 해!"

보얀트 지배인이 점점 더 졸라 대는 거예요.

"내 호르마스트 하느님의 암고라말은 자네의 2000냥에 부루말 정도는 두 달 안에 싸 버릴 텐데. 그러면 내게는 남는 게 없지 않은가!"

"좋아. 장사는 남을 때도 있고 밑질 때도 있는 거니까 1000냥을 더 얹지!"

"부루말에다가 고작 3000냥이라니 참으로 김새는군! 다 그만두자고!"

그래서 제가 암말을 끌고 나오려는데,

"에이, 셍게! 좀 기다리게! 내 거기다 비단 한 통을 더 얹겠네."

"알았네, 보얀트. 안면이라는 게 참으로 어렵긴 어렵군. 자네한테 암고라말을 줘야지 어쩌겠나?"

그러고는 암말을 주었지요. 보얀트 지배인이 내게 부루말, 은 3000냥, 비단 한 통을 주고 다짐을 하데요.

"여보게 셍게! 한번 거래한 것을 무르는 것은 죽은 사람이 다시 살아나기를 바라는 것처럼 어림없는 일일세!"

"그럼! 그렇고말고! 그건 그렇고. 자네는 내 암고라말한테 하루에 귀리 한 동이하고 물 두 동이를 주면 하루에 은 쉰 냥이 생긴다고만 알고 있게! 내 자네한테 암말을 어떻게 매어 두는지, 물을 어떻게 먹이는지 가르쳐 주겠네."

그래, 내가 마구간으로 암말을 들여보내면서 궁둥이에 다시 쉰 냥짜리 한 개를 밀어 넣어 두었지요. 그러고 나서 부루말과 돈과 비단을 갖고 돌아왔거든요. 보얀트 지배인은 집에 들어가서 기뻐했어요.

"이 못난 셍게 녀석은 바보가 틀림없어! 나한테서 겨우 3000냥을 받았으니. 신통한 말이 1년이면 만 냥은 싼다고. 내가 부자가 되는구나! 근사하구나!"

하룻밤을 자고는 이튿날 아침 귀리 한 동이와 물 두 동이를 주고 안장 끈을 조이니까 말이 정말로 쉰 냥짜리 은 한 덩어리를 떨어뜨리는 거라. 점점 더 기뻐하며 다시 귀리 한 동이와 물 두 동이를 주고 이튿날 보니까 이게 웬걸? 말이 죽어 있는 거였어요. 원래 임신 중이었는데 망아지를 떨어뜨리고는 탈이 나서 그만 열이 심해져서 죽은 거지요. 보얀트 지배인은 거래를 무르려 해도 이미 다짐을 해 둔 데다가 암말이 벌써 죽었으니 어쩔 도리가 없었지요.

두 달이 지난 뒤 내가 보얀트 지배인을 만나 물었어요.

"여보게, 보얀트! 신통력 있는 말에서 이문을 많이 보았나?"

"에이, 신통력 있는 말이 완전히 싸 버렸네. 내가 운이 없었던 모양일세."

그래, 내가 그 친구한테 이렇게 이야기해 주었지요.

"크게 기대를 하고 간 곳에서 스무 날을 굶는다는 게 이것일세."

●──주

1 갈기와 꼬리가 검은 누렁말. 옛 몽골 글말에서 '콜라 모리', 현대 몽골 어로는 '훌 모리'.

은사 스님과 덕행을 쌓다

내가 하루는 계를 받은 은사 스님께 문안을 드리려고 상 베이스 호쇼의 큰 사원으로 갔지요. 우리 스님은 내가 당신을 뵈러 온 것이 너무 기뻐서 내 운명을 축복하시고, 점을 치신 뒤 이렇게 이르시더구먼요.

"애, 셍게야! 네가 환속한 뒤로 참으로 큰 죄를 지었구나. 이제 덕행을 쌓지 않으면 저승에 가서는 금강 지옥으로 떨어져 무시무시한 고통을 받게 된단다."

"아, 스님! 그러면 제가 어떻게 해야 덕행을 쌓는 것입니까? 가르쳐 주십시오!"

"살생을 하지 말고, 죄를 짓지 말고, 도둑질을 하지 말고, 거짓말을 하지 말고, 육도六道에서 윤회하는 모든 중생에게 도움을 주고, 부처님을 비롯한 삼보三寶에 귀의하고, 기도문을 많이 외우면 덕행을 쌓는 것이 되느니라."

이렇게 우리 스님이 가르침을 주시더라고요.

"예, 그러면 제가 이제 스님을 따라다니면서 덕행을 쌓는 것을 배우든지 해야지 저 혼자서는 못할 것 같습니다."

"오냐, 그래라! 그래! 내가 내일 시골로 나가서 집집마다 찾아다니며 덕행을 쌓을 것이니라. 그러니 너는 나와 함께 다니면서 덕행을 어떻게 쌓는지를 배워라!"

그래서 내가 은사 스님과 함께 덕행을 쌓기로 작정하고 작은 휴대용 천막, 말, 낙타를 구해 갖추고 불경을 갖고 시골로 가게 되었지요. 잠시 가다가 우리 스님이 어느 집에서 묵어가자고 그러시더라고요. 그래서 내가 여쭈었지요.

"인가로 찾아가서야 되겠습니까, 스님! 강가에 천막을 치고 있으면 스님과 저를 인가에서 모셔 갈 것입니다. 그러면 가시더라도 대단히 존경을 받으며 가시게 되지 않겠습니까?"

"네 말이 옳다."

그래, 인가 가까운 어느 강가에 천막을 쳤지요. 그러고는,

"자, 스님! 이제 덕행을 쌓기 시작할까요?"

"그러자! 그래야지! 덕행을 쌓을 때 무엇무엇을 중심으로 하는지는 네가 알 것이다!"

"압니다! 압니다! 스님께서 전부 일러 주셨기 때문에 그것을 잘 지키기만 하면 됩니다."

"자, 그러면 셍게야! 네가 덕행을 쌓기 전에 먼저 가서 인가에서 국거리 좀 얻어 오너라! 한 살배기 양도 좋고, 한 살배기 염소는 또 어떠냐."

우리 스님이 분부하시더군요.

"예, 그러지요!"

그래, 내가 하루 종일 인가로 돌아다니며 아이락과 아르히 ^{아이락을 한}

번 증류한 것. 소주를 물리도록 마시고 저녁 늦게 빈손으로 돌아오니 우리 스님께서 물으시겠지요.

"그래 국거리는 좀 얻었느냐?"

"제가 어느 집에 가서 말을 하니까 그 집에서는 '덕행이 돼라!'며 살찐 수양 한 마리를 붙들어 주었습니다. 고마움을 표하고 나서 그놈을 끌고 오다가 할머니 한 분을 만났습니다. 그런데 그 할머니가 '도 닦는 라마가 더운 여름날 죄를 쌓으면 어쩌시게!' 하고 걱정하시는 바람에 제가 스님께서 이르신 말씀을 잊어버리고는 죄를 짓는 일인가 싶어 그 양을 놓아 버리고 왔습니다."

"그 못된 아귀 할멈을 만나지 않았으면 살찐 양고기를 먹었을 텐데……."

한참을 아쉬워하시던 스님은 또 이렇게 말씀하셨어요.

"얘, 셍게야. 차나 끓여 마시자! 물을 길어 오너라."

그래, 내가 주전자를 가지고 물을 길으러 갔다가 이번에도 역시 빈손으로 돌아왔지요.

"그래, 셍게야. 차 좀 끓여라! 목이 마르니 견디기 힘들구나."

"스님, 용서하십시오! 제가 강에 가서 물을 푸니까 잔물고기가 들어왔습니다. 그것을 따라 버리고 다시 폈더니 구더기가 너무 많았습니다. 이 많은 중생을 끓여 죽이고 차를 만들어 마신다는 것 역시 죄가 될 텐데 하는 생각이 들어 부어 버리고 왔습니다."

"이런, 제기! 마실 것조차도 없으니 말라 죽겠네."

결국 그렇게 우리 스님이 그날 밤은 아무것도 먹지도 마시지도 못한 채 주무시고는 이튿날 아침 내게 말씀하시더군요.

"너 어디 가서 땔감 좀 주워 오너라! 몸이라도 좀 녹여야겠다."

이번에도 내가 나갔다가 다시 빈손으로 돌아왔네요. 아무것도 모르는 스님은 또 분부를 하시지요.

"그래, 셍게야. 땔감 좀 들여다 불 좀 지펴라. 스님 몸 좀 녹여야겠다."

그래서 또 말했지요.

"죄송합니다, 스님! 제가 숲속으로 들어가 근사하게 잘 마른 나무를 주워 등에 지고 오려는데 말벌 떼가 윙윙거리고 있어서 무슨 일인가 하고 물었더니, 그 말벌들이 '보잘것없는 우리들이지만 좀 도와주구려. 이 나무에 우리네 집이 있소.' 하더라고요. 그래서 제가 스님께서 이르신 말씀은 잊어버리고 '모든 중생에게 도움이 되라고 하신 것을 무시하면 죄를 짓게 될 것이다.' 하고 그 나무를 버리고 벌레도 곤충도 없는 나무를 찾으려고 하였으나 전혀 찾지를 못하고 이렇게 빈손으로 왔습니다."

"이런, 제기! 셍게야, 이제 어쩌겠냐! 어제 집에 가서 우리 스님이 죄가 되는 음식은 자시지 않는다고 얘기하고 요구르트하고 젖이라도 좀 얻어 오너라!"

그래, 내가 "예!" 하고 다시 나가서는 인가로 돌아다니면서 배불리 얻어먹고 느지막하게 다시 빈손으로 돌아왔지요.

"얘, 요구르트 좀 퍼 담아라!"

우리 스님이 공기를 집어 드셨지요.

"용서하십시오, 스님! 제가 그 집에 가서 사정을 이야기했더니 소 젖, 크림, 요구르트를 주기에 받아서 막 떠나려는데 그 집 할아버지가 들어와서는 '바로 어제 국 끓일 양을 얻어 가더니 오늘은 죄가 되는 음식은 먹지 않는다는 것은 무슨 소리냐? 도 닦는 사람이 거짓말을 하면 어떻게 하느냐?'고 퍼붓더군요. 그래, 제가 거짓말을 해서 스님의 가르침을 잊고 죄를 짓고 있다는 생각이 들어 젖과

●──몽골 민담

요구르트를 도로 주어 버리고 왔습니다."

그러자 스님께서 참지를 못하시고 버럭 화를 내십디다.

"셍게야, 어떻게 할 테냐? 쫄쫄 굶고 앉아 있겠느냐? 여기서 떠나자! 말과 낙타를 끌어 오너라!"

그래, 내가 말과 낙타를 끌어 오러 갔다가 이번에도 또 다시 빈손으로 돌아왔지요.

"너 어째서 말과 낙타를 찾아오지 않는 거냐?"

스님이 꾸지람을 하시더군요. 그래서 제가 여쭈었지요.

"송구하옵니다, 스님! 제가 말과 낙타를 붙들어 끌고 오려고 하는데 '당신들을 태우고 오는 동안 메뚜기, 방아깨비 몇백 마리에다가 약 오른 도마뱀까지 밟아 죽였소. 오늘 또 수많은 중생을 밟아 죽여야 한다니. 도를 닦는 사람들이 되어 가지고 어떻게 죄를 생각지 않는 거요?' 하고 우리 낙타가 싫어하더군요. 그래서 제가 이번에도 스님이 하신 말씀을 잊어버리고 '우리의 낙타와 말에게 수많은 중생을 밟아 죽이게 만드는 죄를 짓는 것'이라는 생각이 들어 말과 낙타를 버리고 왔습니다."

그랬더니 우리 스님께서 말씀하시기를,

"내가 도무지 너하고는 덕행을 쌓을 수가 없다!"

이 한마디만을 남기고 혼자서 떠나시더라고요.

아침에 뒤에서 따라가 보니까 우리 가엾은 스님께서 시장해서 돌아가시게 된 나머지 억새풀 사이로 뛰어다니는 들쥐를 때려잡아 굽고 앉아 계시는 거라. 그래서 다가가서 외쳤지요.

"스님! 어째서 살생을 하셔서 죄를 짓고 계시옵니까? 저승에 가서 금강 지옥에 떨어지십니다. 이걸 버리세요!"

"예끼, 셍게 이놈아! 무슨 죄업이니 덕행이니 지껄이고 있는 거냐? 스님은 비참하게 돌아가실 판이다."

"자, 그러면 죄 많은 셍게는 제 길로, 은사 스님은 덕으로 행하시지요!"

이리하여 나는 스님과 이별하는 의식을 행하고 집으로 돌아온 거지요.

안 보이는 검은 모자 1
•••70만 냥짜리 머리

　내가 하루는 다 후레에 들어갔다가 달란타이 영감님 몽골 민담에 등장하는 지혜롭고 의리 있는 노인을 만나 물었지요.
　"다 후레에 무슨 소식이 있습니까?"
　그랬더니 뜻밖에도 이런 대답을 하시더라고요.
　"다 후레에서 엄청난 거짓말쟁이의 머리가 70만 냥짜리가 되는 것을 내 눈으로 보았네."
　"아이고, 그거 잘됐네요! 엄청난 거짓말쟁이의 머리가 제값을 받게 되는 모양이네요! 달란타이 어른, 그래 말씀 좀 해 보시죠!"
　달란타이 영감님이 말씀하시더라고요.

　종교와 국사를 겸병하여 관장하는 대 산자브 아문에 대신들이 모여 이렇게 말했다더군.
　"엄청난 거짓말쟁이를 잡아 없애지 않으면 만사 끝장입니다."
　한 대신이 이리 말을 하니까 다른 대신이 받아서 말했다더군.

"만사 끝장이다마다! 엄청난 거짓말쟁이라는 자는 악랄한 적입니다!"

그러자 또 다른 대신이 말하기를,

"엄청난 거짓말쟁이라는 자가 지금 다 후레를 점령하고 계속 전진하고 있습니다."

이리하여 맨 나중 대신이 말하기를,

"여차하면 엄청난 거짓말쟁이는 이제 우리까지 사로잡을 태세라고들 합니다."

최종적으로 대샨자브 아문의 대신이 말하기를,

"고귀하신 대신 각하 여러분! 이 문제를 자세히 심리해 보아야 하겠습니다. 그 엄청난 거짓말쟁이라는 자는,

만주 황제를 짐승이라고 했습니다.
우리의 왕공들을 양이라고 했습니다.
후레 총독을 모자기 없는 가죽이라고 했습니다.
복드 라마를 배냇소경이라고 했습니다.
라마 승려, 전세 활불들을 란드람의 오줌이라며 모독했습니다.

자, 그리고 지체 높은 모든 고관대작들을 차례차례 골탕 먹였습니다. 예를 들어,

총독 각하의 따귀를 때렸다는 소문이 있습니다.
초르지 라마²를 노예 계집과 엮어 버렸습니다.
어느 왕공에게는 개똥 가루를 먹였다 합니다.
또 다른 관리에게는 돌멩이를 뇌물인 양 쥐어 주었습니다.

그뿐 아니라 지체 높은 왕공을 불에 태워 죽였다는 이야기까지 있습니다."

대신들이 입을 모아 말하기를,
"어허, 이 무슨 고약한 썩을 놈이란 말입니까, 그놈은?

당장 찾아내
산산조각을 내서
다시는 소문이 나돌지 못하게 요절을 냅시다!
서둘러 찾아내
살점을 일일이 저미고
대가리는 시장에 내놓아
여러 사람에게 저주를 받도록 합시다!"

이렇게 결정하고,

"엄청난 거짓말쟁이를 체포하러
일흔 명 근위병을 지휘관과 함께 보내
다 후레를 수색합시다!

그리고 또한 엄청난 거짓말쟁이의 대가리를 가져오는 사람에게 먼저 1000냥, 나중에는 2000냥도 상관 않고 준다고 공포합시다!"
이렇게 엄중하게 결정을 하고들 갔다고 하네. 그리하여 이튿날은,

다 후레의

일흔 명 근위병이

지휘관과 같이 나와

엄청난 거짓말쟁이를 찾아 나섰다고 하네.

"엄청난 거짓말쟁이를 잡아 준 사람에게 1000냥을 줍니다! 1000냥이오, 1000냥!"

이렇게 거리거리로 흩어져 외치고 다니자 엄청난 거짓말쟁이가 근위병의 복장과 장비를 구해 입고는 그들을 따라가면서 외쳤다네.

"엄청난 거짓말쟁이를 잡아 준 사람에게 7000냥을 줍니다! 7000냥이오, 7000냥!"

그러자 그 사람들도 덩달아 외쳤다네.

"7000냥이오, 7000냥!"

그래, 엄청난 거짓말쟁이가 그 거리를 따라 돌아가면서,

"엄청난 거짓말쟁이의 머리를 가져오는 사람에게는 만 냥을 줍니다! 만 냥이오, 만 냥!"

그러니까 또 그대로 따라서 외쳤다지.

"만 냥이다, 빌어먹을 놈들아! 들었냐? 만 냥 준다!"

그렇게 계속하다가 날이 꽤 저물게 되었을 때는,

"엄청난 거짓말쟁이의 머리를 가져오는 사람에게는 70만 냥을 줍니다! 70만 냥!"

엄청난 거짓말쟁이가 이렇게 외치니까 이번에도 "70만 냥! 70만 냥!" 하고 따라서 고함들을 쳤다는 거네. 그러다 그만 어느 거리에서 지휘관 나리와 딱 맞닥뜨린 거지. 지휘관 나리가 벌컥 꾸짖더라는 거야.

"엄청난 거짓말쟁이의 머리를 가져오는 사람에게 1000냥을 준다

고 알리라고 했는데, 네 놈은 왜 70만 냥이라고 거짓말을 퍼뜨리고 있는 거냐, 이 경을 칠 놈아!"

그래, 셍게가 나서서 말했다는군.

"엄청난 거짓말쟁이의 머리를 값을 올릴 수 있는 데까지 올리려고 이러는뎁쇼."

"그런 나쁜 놈의 대가리를 값을 올려 어쩌자는 거냐, 이 썩을 놈아?"

"내가 바로 엄청난 거짓말쟁이니까 그렇지! 아니, 어디다 대고 겨우 1000냥을 받고 머리를 내놓으라는 거야! 아무리 못해도 70만 냥은 받을 생각이야!"

"네가 정말로 엄청난 거짓말쟁이가 맞느냐?"

그래, 나리가 얼굴을 들여다보니까 자기 부하가 아니고 과연 엄청난 거짓말쟁이거든. 그래서 칼을 뽑아 들고 목을 날려 버리려는데 엄청난 거짓말쟁이가 안 보이는 검은 모자를 써 버리니까 안 보이게 된 거지.

지휘관이 당황하여 호령했대.

"엄청난 거짓말쟁이가 여기 있다! 여기다! 서둘러라! 서둘러라!"

그러자 군인들이 몰려들어 물었겠지?

"어디 있습니까, 엄청난 거짓말쟁이가?"

"금방 여기 있었다. 꼭 근위병처럼 위장하고 돌아다니고 있었다."

"거짓말 좀 작작 하쇼! 우리들 가운데 하나가 엄청난 거짓말쟁이가 되었단 말씀이오? 이제 찾아낼 수가 없으니까 아예 우리들 가운데 하나를 붙들어다 주고 돈을 받아 내려고 수를 쓰고 있군!"

군인들이 웅성거리는 거라.

그때 엄청난 거짓말쟁이가 지휘관의 옆으로 가서는 지휘관과 똑같은 목소리로 고함을 쳤대.

"엄청난 거짓말쟁이가 나다. 값이 70만 냥이 된 이상 잡히지 않을 이유가 없다. 나를 체포해라!"

"나는 아니다. 여기서 목소리가 나고 있다."

지휘관이 얼른 맞받아 고함쳤다는군. 그래, 또 엄청난 거짓말쟁이가 안 보이는 검은 모자를 쓴 채로 군인들 뒤로 가서는 외쳤다지.

"저 사람은 한번은 자기가 엄청난 거짓말쟁이라고 해 놓고 한번은 아니라고 하고, 누굴 약을 올리나! 마시고 자시고 할 것도 없이[롱이야 팔이야 할 것 없이] 엄청난 거짓말쟁이가 틀림없어! 이 사람은 엄청난 거짓말쟁이의 머리를 1000냥이라고 해 놓고는 거짓말을 해서 70만 냥을 만들어 버렸어. 뿐만 아니라 처음에는 지휘관이 두 사람이었잖아. 이자는 우리 지휘관이 아니고 엄청난 거짓말쟁이가 틀림없어. 붙들어 가자고!"

그랬더니 군인들이 저희들의 지휘관을 붙들어 갔다는 거야.

이튿날 샨자브 아문 사람들이 왜 제 지휘관을 붙들어 왔느냐, 엄청난 거짓말쟁이를 붙들어 와야지 하면서 군인 일흔 명을 전부 일흔 대씩 볼기를 쳐서 내보냈다는군. 그리고,

다 후레의 높은 분들이
엄청난 거짓말쟁이를 찾아내지 못하자
"엄청난 거짓말쟁이는
위대한 거짓말쟁이다." 하고 공포했다지.

달란타이 영감님이 말씀하시더라고요.

이것은 조금도 보태지도 빼지도 않은 진실이라니까요.

●──주

1 '안 보이는 검은 모자'가 등장하는 이 이야기와 다음 이야기는 과연 19세기 말에서 20세기 초 시기의 민담으로 1970년대 말에 수집된 것인지 의심스러운 점이 있으나 20세기 초 몽골 풍경을 잘 그리고 있어 소개함.
2 원뜻은 불법(佛法)의 왕. 함바 라마의 보좌역이자 사원의 2인자 라마.

안 보이는 검은 모자 2
••• 전국 거짓말 대회

　나를 두고 남들이 '엄청난 거짓말쟁이 챔피언 셍게'라고 부르는 것을 댁들도 알 겁니다. 그런데 내가 이 챔피언 타이틀을 씨름을 해서 받은 게 아니라 거짓말 겨루기 시합에 나가서 전부 다 이기고 딴 거지요.
　어느 해였던가 가을에 일곱 호쇼 만수무강 축제[1]가 벌어지게 되어 고관대작, 각양각색의 사람들이 모두 모여들었지요. 일곱 호쇼의 왕공들이 모여 의논을 모은 거지요.
　"모든 호쇼에서 가장 거짓말을 잘하는 사람을 뽑는다고 합시다. 그래서 엄청난 거짓말쟁이가 나타나면 그때 체포해 버립시다. 제대로 된 어김없는 거짓말을 하는 사람에게는 황금 한 냥을 준다고 합시다!"
　이리하여 현상금을 걸고 영을 선포한 것이었지요.
　그래서 일곱 호쇼의 온갖 거짓말쟁이들이 와서 온갖 거짓말을 늘어놓았지만 전부, 무조건 대고 꾸짖어 쫓아 보냈지요. 그리하여 맨

●──몽골 민담

마지막에 내가 차마 눈 뜨고 볼 수 없는 비참한 거지 노인 행세를 하고 가서 일곱 호쇼의 만수무강 축제를 주관하고 있던 투시예트 한[汗] 앞에 현신[現身]하여 이렇게 말했지요.

"존귀하신 왕공 각하! 일찍이 제가 한창나이였을 적에 그대께서 황금 한 냥을 빌려 가셨습니다. 이제 제가 영락하여 빈궁해졌기에 전에 빌려 가신 황금 한 냥을 받으러 왔나이다."

"어디서 굴러다니던 늙은 쓰레기 놈이 거짓말을 하는 거냐? 나는 언제 어디서고 남한테서 황금 한 냥을 빌려 본 일이 없다. 황금 한 냥을 남에게 빌려야 할 만큼 형편이 그렇게 궁색하지 않단 말이다. 네 놈이 무슨 소리를 지껄이는 거냐!"

"왕공 각하시여! 틀림없는 사실입니다.

대명천지 밝은 날에,
빛나는 황금빛 태양 아래,
순정 황금 한 냥을 달아 드릴 때,
달라이 왕 각하, 다르항 친왕 각하께서 모두 보고 계셨으니

산 증인들이십니다!"

그러자 옆에 있던 달라이 왕, 다르항 친왕이 당황하여 꾸짖더라고요.

"이 못된 쓰레기 같은 놈! 무슨 거짓말이냐?! 우리 둘도 네 놈의 증인이라니! 이놈을 어서 끌어내지 않고 무엇들 하느냐?"

"자, 각하! 제가 거짓말을 한 것이 되었으니 황금 한 냥을 각하들에게 잃었다고 치겠습니다. 그러면 어김없는 거짓말을 한 사람에게 준다고 한 황금 한 냥을 제게 현상금으로 내리십시오."

"이런 못된 허섭스레기 같은 놈! 네 놈이 거짓말도 하지 않았으면서 황금 한 냥을 받아 내겠다는 수작이더냐?"

투시예트 한이 꾸짖더라고요.

"그러시면 정말로 빌려 가신 제 황금 한 냥을 주십시오!"

"거짓말 마라! 네 놈에게서 빌린 적 없다."

"그러시면 거짓말 한 사람에게 줄 황금 한 냥을 주십시오!"

이렇게 하루 종일 조르고 있자니까 결국에는 그 사람들도 하는 수 없이, 현상금을 내걸었으니 어김없이 거짓말을 한 내게 황금 한 냥을 주기로 했지요. 그러고는 이렇게 말하더군요.

"이 못된 쓰레기 같은 늙은 놈아, 네가 진정한 거짓말쟁이라면 내가 게르에서 나가게끔 거짓말을 해 보아라!"

"왕공이시여! 제가 거짓말 겨루기 대회에서 우승을 했으니 현상금 황금 한 냥을 받은 뒤에 거짓말을 하겠습니다."

그랬더니 "그래라! 그래!" 하면서 내게 한 냥짜리 황금 덩어리를 주더군요. 주면서도 꼭 한마디 하는 걸 잊지 않더라고요.

"만일 네가 다시 거짓말을 하지 못하면 황금을 도로 빼앗겠다!"

그래, 내가 자신 있게 말했지요.

"저는 거짓말을 해서 그대를 게르에서 나가시도록 할 수는 없으나 밖에서 들어오시도록 할 수는 있습니다."

"자, 그러면 내가 밖으로 나가서 서 있겠다. 너는 거짓말을 뱉어 보아라!"

그러고는 밖으로 나가자마자 "뭐하는 거냐? 서둘러라!" 하고 야단이데요.

"저는 벌써 그대께서 앞서 말씀하신 대로 게르에서 나가시도록 거짓말을 했는데요."

그러자 왕공이 화를 내면서 들어와서는 말하기를,

"그러면 네 놈이 내가 일어섰다가 앉도록 거짓말을 해 보아라!"

"저는 거짓말을 해서 그대가 일어섰다가 앉도록 할 수는 없으나 앉았다 일어나도록 할 수는 있습니다."

"오냐, 내가 앉아 버리마. 이젠 네가 어떻게 하더라도 나를 일으킬 수 없다."

"자, 그대께서 처음에 원하신 대로 앉으시도록 거짓말을 했습니다. 여기서 마치겠습니다."

그렇게 투시예트 궁이 내게 세 번을 당하고 마지막에는 내가 바로 그 천재, 엄청난 거짓말쟁이 척척 셍게일지 모른다는 의심이 들었는지 묻더군요.

"혹시 너는 엄청난 거짓말쟁이의 아우가 아니냐?"

"저는 아우가 아닙니다! 엄청난 거짓말쟁이 척척 셍게, 위대한 챔피언 바로 그 사람입니다."

그러고는 옷과 가면을 벗어 던졌지요. 그랬더니 다들 고함들을 치더군요.

"여기 좀 보세요, 여러분! 여러분! 그 망할 놈이 엄청난 거짓말쟁이 맞습니다."

그래, 사람들이 허둥지둥 가죽끈을 가져와 당장 이놈을 자리에 붙들어 매라면서 달려드는 순간 내가 잽싸게 안 보이는 검은 모자를 꺼내 썼지요. 그래서 사람들은 괜히 땅만 치게 되었고요.

이렇게 엄청난 거짓말쟁이가 만수무강 축제에 가서 챔피언 타이틀을 받은 것이랍니다.

● ─ 주

1   1696년부터 할하 몽골의 모든 호쇼의 왕공들이 음력 6월 무렵에 모여 할하 몽골 불교의 수장 복드 게겐의 만수무강을 기원하는 재를 올리고 나담(씨름, 말달리기, 활쏘기)을 개최하던 일.
2   여기서 투시예트 한의 '한'은 몽골 세계의 1인자를 가리키던 칭호이나, 청에 복속된 후로는 여러 사람이 동시에 한을 칭하면서 예전의 의미가 퇴색했다. 중세 몽골어에서는 '카한', 현대 몽골어에서는 '항'이라고 한다.

새들의 사원

　내가 하루는 얼룩빼기 점박이 말을 타고, 긴 총 한 자루 둘러메고, 쇼고이팅 강 상류 쪽으로 사냥을 하면서 가다가 새들의 사원으로 들어간 적이 있었지요. 법당에 여러 새들이 모여 초파일 법회를 열고 있기에 내가 축복을 받지 않고 지나갈 수 없어 법당으로 들어가니,

　　매는 공을 두드리고
　　독수리는 나팔을 불고
　　까마귀는 법고를 치고
　　기러기는 뼈 피리를 불고
　　갈매기는 바라를 치고
　　거인 대머리 독수리는 로봉[1] 구실을 하고
　　닭은 온자드 노릇을 하고
　　학은 게스구이[2]가 되어 죽비를 들고 거들먹거리다가

버르장머리없이 말대꾸한다고 느시 머리를 때리고 있을 때,
내가 겨우 본존 부처님한테 축복을 받고 나오는데,
고니는 법회에 지각을 했다고 벌금으로 차 한 바구니를 물고,
왜가리는 법도를 어겼다며 상석에서 쫓겨나고,
오디새는 병든 아들을 법회에 데려와 살려 달라며 시주로 살림살이까지 제대로 갖춘 게르를 약속하고,
청둥오리는 오래 살게 해 달라고 기도를 하고,
앵무새는 영원히 살기를 축원하며 법당에 등불을 밝히고 있는 것을 보고
"참으로 야단스러운 녀석들이로군." 하고 웃음이 터지려고 하는데,

"엄청난 거짓말쟁이 어른! 법당에 드셔서 기도하지 않으십니까?" 하고

    법당 라마[3]인
    둥근눈이 부엉새가
    건방을 떨며 나오더라고요.

법당에 들어가 대흑천[4], 문수보살, 미륵보살에서 아홉 명왕에 이르는 부처님과 수호신들을 왼쪽으로

    큰 수리부엉이가 샤남 모자[5]를 쓰고
    샬사이 제수[6]에 색칠을 하고,
    까치가 허벅지를 슬쩍 드러낸 채
    샤르 토스와 밀가루를 반죽하고,

소경 매, 박쥐, 올빼미는

소르[7] 제수를 꾸미고,

박새는 발링[8] 제수를 다듬느라

영 틈이 없는 것 같아

관세음보살 부처님으로부터

내 오른쪽 발에 축복을 받아 발로 톡톡 건드리고 지나갔다는 뜻

거기서 나와 승려들 사이로 가자니

뒷자리에는 알록달록 콩새들이 몰려다니고,

제비들은 몸 가볍게 뛰어 오르내리며,

빨간 부리 까마귀는 머리를 때렸다,

딱따구리는 배를 쥐어질렀다면서

이놈 저놈 하기에 이르자

느시 게스구이가 가서 죽비질을 시작하니

머리가 돌 정도로 시끄러워

영 정신이 없어 나가려고 하는데

귀여운 깨새가 검댕이 묻은 찻통을 지고 와서는

승려들에게 새까만 차를 따라 주기 시작하고,

반대쪽에서는 흰올빼미가 그릇에 밥을 퍼 주기 시작하데요.

높은 스님들에게 메뚜기, 방아깨비,

중간 스님들에게 윙윙대는 말벌,

말석의 스님들에게 쇠파리,

뒷자리에 앉은 이들에게 진드기로 공양을 하니

배부른 이는 몸을 뒤로 기대고

성이 덜 찬 이는 목을 앞으로 내밀어 음식을 찾는 등

이 일 저 일이 한꺼번에 일어날 때,

"이게 무슨 짓이야!"
"솔개가 채 갔다, 여기 있던 것을!"
"딱따구리가 때렸다!" 하고
예서 제서 정신 못 차리게 싸움이 일어나는데,
"사냥꾼 어른! 사냥꾼 어른!
주방에 들어가 음식 좀 드세요!
창고에 들어가 과실주 좀 드세요!"
하고 제비가 나를 청하더군요. 그를 따라서
숙수간에 들었더니
공작새가 기름 범벅이 되어
요리를 하고 있더라고요.
뻐꾸기는 땀을 뚝뚝 떨구며 불을 때고
참새는 문지방을 넘나드느라 비틀대면서도
오금을 펼 새도 없이 땔감을 나르고,
박새는 음식을 괴고,
장끼는 떡을 세고,
곁에서 지켜보는 아비阿比, 바닷새의 일종 어른은
한번은 화를 내고,
한번은 웃음을 터뜨리고 있다가
나를 보고는
"전 세계에서 유명하신 사냥꾼
엄청난 거짓말쟁이 척척 셍게 어른 안녕하십니까?" 하고 인사를 하자마자,
"어이, 댁은 좀 서두르셔!"
"아이락 가져와요!"

"술 좀 내와요!"

"음식 좀 만드세요!"라고 하면 말소리가 나오기 무섭게

다른 새들이 날아오르기 시작하더라고요.

박쥐가 달밤에 사냥을 했다며

사창에서 자고 있는 것을

동댕이쳐 깨우니

박쥐도 사냥하러 나가 주데요.

제비도 늦지도 오래지도 않아

코 위에 세 손가락 두께로 비계가 낀

검정 대머리 파리 한 마리,

갈비에 네 손가락 두께로 비계가 낀

얼룩 말벌 한 마리⁹를 가져왔더군요.

눈 깜짝 할 새도 없이 앞다리 뒷다리를 떼어

웃고 기침할 새도 없이 삶아서

검정 대머리 파리의 어깨 주걱뼈와 긴 갈비 네 쌍을

불에 그슬린 머리와 같이 내게 바치데요.

내가 워낙에 시장했던 터라

기름진 고기를 보고는

덥석 물어뜯기 시작했지요.

겨우 긴 갈비 네 쌍을 먹고는 배가 불렀지 뭐겠습니까. 그런데,

"사냥꾼 어른에게

아이락 갖다 드려라!" 하는 소리가 나자마자,

먹부리 딱새가 풀 다람쥐에

일곱 부대 아이락을 싣고 와서 부려 놓고는 한 부대를 내 앞에 놓고

대접을 하는 것이었어요. 난들 어쩌겠어요?

암말을 기르는 집의
배창자가 달린 아들놈인 이상
바가지로 마셨지요!
동이로도 마셨지요!

그런데 다시

사창의 냐라브이신
점박이 매 어른이 들어와서는
네 살배기 암들쥐의 젖으로 담그고 내린 뒤
3년을 묵힌 아르즈를 꺼내서는
잔에 따르기 시작했네요.

잘못하면 취하겠다 싶기도 하고, 또 늦기도 했기 때문인지 일어서고 싶어지더라고요.

다리는 후들거리고
목은 쑤셔 대더군요.

내가 원래 벌겋게 취하면 무지막지하게 주정을 하는 사람이 아닌가요! 떠날 무렵에 악머구리 떼 같은 놈들한테 주정을 하고 싶은 생각이 들어 도량의 문으로 가서는,

"새들의 사원의 새들은 죽어 라마나 되어라!
탐욕스러운 놈은 정직한 이를 물어뜯고,

거친 놈은 이웃을 두드려 패서,
여차하면 옷을 빼앗고
자칫하면 목숨까지 빼앗는 쓰레기들이야! 봤느냐, 너희들!"

이렇게 악을 썼더니,

"어디야? 무슨 일이야? 보았어? 보이니?
하르, 호르, 까르, 꼬르, 수르, 사르, 찍, 쨱." 하고
야단법석이 났지요.

나도 말에 채찍질을 했지요. 잠시 가다가 보니까 새들의 사원의 황금 첨탑 꼭대기 장식이 한번은 하나로, 한번은 둘로 보여 '이게 어떻게 된 거야?' 하고 잘 살펴보다가 내가 어지간히도 취했다는 것을 알고 그 자리에서 말에서 내려 깊이 잠이 들어 버렸지요. 아침에 일어나니 어제 마신 아이락 냄새가 코를 찌르며 속이 부글거리데요. 하여간에 아주 이상한 일이 일어났던 거지요.

●──주

1   학문사(學問寺) 또는 강원의 선생이자 법회를 이끄는 선임 라마 가운데 하나.
2   사원 내부 및 법회의 규율을 수호하는 소임의 라마.
3   도량의 관리를 맡은 라마.
4   大黑天. 티베트 어로는 '곰보', 산스크리트 어로는 '마하칼라'로 부름. 티베트 몽골 불교화한 힌두교의 시바. 불법의 위대한 수호자이자 몽골 사람들의 수호신.
5   티베트 몽골 승려 가운데 초르지 이상의 고위 라마들이 쓰는 모자의 하나. 붉은색 또는 노란색 모전으로 만들며 높고 뾰족한 끝이 앞으로 기울어져 있다.
6   제수의 일종. 주로 밀가루로 만드는 맛있는 과자 또는 떡. 불교와 관련된 여러 모양으로 빚거나 각종 문양을 넣어 만든다. 넓은 의미로는 발링 제수의 일종이다.

7   길고 복잡한 의식의 마지막 단계에 밀가루 반죽 따위로 빚어 붉은색을 칠해 만든 한두 자 크기의 해골 형상을 불구덩이에 던져 태우는데, 그 형상을 소르라고 한다. 같은 뜻의 티베트어 '조르'에서 온 말. 사악을 물리치기 위해 행하는 티베트 몽골 불교의 의식 가운데 하나.
8   보리 반죽, 샤르 토스, 꿀 따위를 섞어 빚고 빨간색을 칠해 만드는 갖가지 형상. 사악한 존재를 상징한다. 수호신께서 잡수시라고 만들어 바치는 일종의 제수로서 나중에 구경꾼들이 나누어 먹는다.
9   파리 한 마리, 벌 한 마리가 양 한 마리쯤 되는 양 허풍을 치고 있다.

딱 한 방에 영양이
일곱 마리, 여우가 한 마리

내가 새들의 사원에서 나와서,

얼룩빼기 점박이 말을 타고
총총걸음으로
모기 고개를 넘어
폭풍 골짝으로 들어서니
저 아래쪽에서
일곱 마리 영양이 일어나
모둠발로 뛰더라고요.
나야 언제 적부터 명사수라고
사람들을 감탄시키던 사람 아닌가요!
긴 총을 삼십 돈쭝 화약으로 채워
겨냥을 딱 하니까
수영양의 목이 들어오더군요.

짤막한 방아쇠를 당겼다 놓았지요.
맨 마지막에 가던 가젤 영양의 수놈이 쓰러져 버렸지요.
그러고도 내 총알은 계속 나가면서 쿵, 퍽, 쿵, 퍽 하고
일곱 번을 소리를 내는 거였지요.
이게 무슨 일인가 싶어 보니까
아직 끝이 안 났는지
계속 쿵, 퍽 하고
언덕 위로 넘어가더니만
언덕 저편에서 쿵 하고 떨어지는 소리가 들리더라고요.

좋아라 뛰어가 보니 내 총알이 영양 일곱 마리를 각각 엉덩이로 들어가 목구멍으로 나오면서 전부 쓰러뜨리고는,

언덕 저편 너머에 엎드려 있던
털이 복슬복슬한 붉여우의
갈비를 누비고 나와서는
항문으로 들어가
종아리를 부서져라 때리고
콧잔등을 때려
완전히 죽여 버린 것이었지요.

내 총알이 왜 이 여우를 이렇게 여러 군데 상처를 입혔나 하고 살펴보니까 그 여우가 주둥이를 사타구니에 묻고 동그랗게 엎드려 있었기 때문에 이렇게 되었더군요. 앞으로는 엎드려 있는 여우를 총으로 쏠 일이 아니지요.

하기야 내가 총알 한 방으로 영양 일곱 마리는 물론이고, 늑대 일곱 마리, 노루 세 마리를 잡은 적도 한두 번이 아니니 별로 놀라운 일도 아니지요. 내가 사냥감을 갖고 집에 돌아와 이웃집의 멍청이 체덴, 뒷집의 목청 순데브, 젖 짜기 이웃¹의 삼발훈데브, 메이렌² 돈독, 미지드 베이스까지 나누어 먹었으니 내 말이 사실이라는 것이야 증명이 되고도 남지 않나요?

●──주

1   몽골어 '사할트 아일'. 서로 가까이 살면서 가축 젖 짜는 일 따위에 협력하는 유목 조직.
2   호쇼의 벼슬 중 하나. 행정관 자히라그치의 보좌역.

항가이 산의 고라니 사냥

물 용의 해[1] 가을의 첫 달이었지요. 그해 여름은 그 전에도 보지 못하고 앞으로도 다시 보기 어려울 만큼 빼어나게 아름다웠다는 것을 여러분도 다 알지요! 항가이 산맥에 오르니 말 탄 사람보다 더 높게 수풀이 우거졌더군요.

숲으로 들어가니 풀이 어느 것이고 나무가 어느 것인지 알아보기 힘들고, 높이 자란 풀 속에서 어린 나무와 쓴쑥이 풀처럼 보이는 것도 장관이더라고요. 항가이의 풀이 얼마나 높이 자랐는가를 재 보려고 네 발짜리 올가미 장대를 세워서 대 보니 자란 풀보다 겨우 반 뼘 더 나오는 것이었어요. 그렇게 높이, 그리고 빽빽하게 자란 수풀 사이로 다니며 사냥을 한다는 것은 생각할 수도 없는 어려운 일이기에 산꼭대기로 올라가면 수풀이 성기지 않을까 하고 위로 기어오르다 보니 도무지 더 이상은 나아갈 수가 없게 되었지요. 아무리 돌아다녀도 사냥감은 단 한 마리도 눈에 띄지 않더라고요. 막상 짐승이 있다고 해도 그걸 사냥하기는 매우 어려운 형편이었지요. 그저

풀 끝이 나부끼며 흔들릴 때 저기 짐승이 있구나 하고 짐작을 할 뿐 그 이상은 아무것도 볼 수가 없었지요. 내가 사냥에 나섰다가 빈손으로 돌아가 본 적은 없었기에 꽤나 조바심이 나서 온갖 궁리를 다 해 보게 되었지요. 그러다 보니 좋은 수가 하나 떠올랐지요.

'올해는 비가 많이 내려 소금기가 부족할 테니, 사슴들이 위험을 무릅쓰고라도 소금을 먹으려 들 것이다.'

그래, 나무를 잘라 다듬어 끝에다 창을 달고, 창 끝에는 촉 대신에 돌소금을 달아 만반의 준비를 해서 나무에다 가로로 길게 고정시켜 놓고, 골짜기로 들어가 말에 지달_{추두르. 말이 달아나지 못하게 말에 얽어 두는 고리}을 씌워 놓고 곁에서 잠을 푹 자 주었지요.

얼마나 잤을까? 깨어 보니 벌써 날이 밝았더군요. 일어나자마자 그 신식 덫을 놓은 곳으로 가 보니 거기에는 사슴 네 마리, 고라니 한 마리가 걸려 죽어 있더라고요.

소금기를 먹고 싶은 사슴들이 내 창의 돌소금으로 만든 창 촉을 입으로 물어뜯을 때 다음 사슴이 뒤에서 들이받으니까 창 끝이 목덜미를 뚫고 나오고, 다음 사슴이 소금이 달린 끝을 입에 물면 역시 먼저와 마찬가지로 받히면서 찔려 이렇게 전부 내 소금 덫에 들어와 죽은 것이었지요. 나의 이 방법을 안 사람이야 감탄하지 않고 어찌 배기겠습니까? 나처럼 자면서도 이렇게 많은 고라니와 사슴을 잡은 사냥꾼은 일찍이 없었기 때문에 내가 '온 세상에 이름난 사냥꾼, 엄청난 거짓말쟁이 챔피언 셍게' 라는 이름을 얻은 것이었지요.

●─주

1 실화라면 1892년에 일어난 일이다.

로스의 잔치에서 보낸 하루

내가 언젠가 한번은 아름다운 가을에 눈 덮인 헨티 산맥[1]으로 들어가,

다람쥐, 담비를 사냥하려고
몇몇 동무들과 함께
도구와 장비를 모두 갖추고
낙타가 끄는 수레까지 마련해서 나섰지요.

가는 길에 헤를렝 강가[2]에서 멈추어 인가로 돌아다니며 아이락도 마시고 바람도 쐬기로 했지요.

굽이굽이 아름다운 헤를렝 강,
언제나 변함 없는 나의 고향,
헨티 산맥의 고요히 펼쳐진 숲은

참으로 마음을 빼앗길 만큼 아름다운 곳이었지요.

우리가 말과 낙타를 쉬게 하면서 풀을 뜯기고,

인가로 찾아다니며
아이락을 실컷 얻어 마시고,
술대접을 잘 받으며 돌아다니다 보니
어느새 이삼 일이 지나 버렸더군요.

이렇게 지나치게 즐기다가는 할 일을 제대로 못하게 된다고 생각해서 곧 떠나기로 했지요. 며칠 전에,

말을 알아듣는
우단 같은 내 검정말을

지달을 씌워 풀어 놓았겠지요. 그래서 그 말을 찾으려고 보니 찾지를 못하겠습디다. 이튿날도 계속 자취를 밟아 가다 거룩한 헨티 산에 이르게 되었지요. 그러나 말은 찾지 못했어요. 이제 어쩐다! 걸어가게 될 위험에 빠졌는지도 모른다는 생각에 두려워 점점 더 애타게 말을 찾았지요. 겨우 말의 발자취를 찾아 뒤를 밟아 가는데 비가 오더니 이어 깜깜한 안개가 피어올라 추적은커녕 나중에는 방향마저 잃게 되었네요.

어찌 할 바를 모르고
쩔쩔매며 돌아다니다가

낭떠러지에서 발을 헛디뎌 떨어지면서
깜깜한 골짜기로 미끄러져 들어가기 시작했어요.

어떻게 되는 건가 하고 막막해하던 차에, 죽음의 고비에서 무슨 부드러운 것 위로 떨어졌지요. 뭔가 하고 보니까 알을 품고 엎드려 있는 거인 대머리 독수리 위로 떨어진 거더라고요.
 겨우 정신을 차리고 일어서려는데 거인 대머리 독수리가 나를 태운 채 위로 날아오르는 게 아니겠어요. 내가 얼마나 무섭고 당황했는지 여러분은 절대 모를 겁니다. '이제 불쌍한 엄청난 거짓말쟁이도 산 채로 새 모이가 되어 자취도 흔적도 없이 사라지는구나!' 하고 생각하니 정신이 아뜩해지더군요. 그러나 사람의 운명이라는 것이 워낙 대단한 것이어서일까요? 갑자기 정신이 들더라고요. 허리춤에 차고 있던 재갈과 굴레와 고삐를 꺼내 독수리의 몸과 나를 한데 묶기 시작했지요. 그랬더니 이놈이 점점 더 위로 솟아오르더라고요. 이놈이 나를,

바위에 떨어뜨리려나?
그래서 부수어서 먹으려나?
절벽 사이로 팽개쳐 버리려나?
그러나 그렇게 할 낌새는 전혀 없는 듯했어요.

거인 대머리 독수리의 머리에 굴레를 씌우니 놈의 머리를 마음먹은 대로 이리저리 돌릴 수 있게 되었지요. 그래 마음이 놓여 이리저리 돌아보니 하늘의 구름이 저 아래서 날아다니고 그 밑으로 땅이 있는지 없는지를 모를 지경이었으니 워낙 높이 날아올랐던 것이었지요.

다시 잘 보니 구름 위에 극락 세계의 문이 보였지요. '무엇 하러 하늘나라에 왔을까? 살아 있는 동안 극락 세계 임금님의 대궐 구경이나 해 두자!' 하고 그쪽으로 독수리 머리를 돌렸지요. 오래지 않아 문에 이르러 "개가 무나요?" 하고 물으니 우리말의 '계십니까?'에 해당하는 표현 문지기가 말라붙은 눈곱을 떼며 나오더라고요. 내가 곧장 가서 임금님 댁으로 들어가니,

임금님께서는 폐렴에 걸리시고,
황후마마께서는 이가 아프시고,

하인들은 하늘나라 임금님네 하인들과 양 떼를 합쳐 그 뒤를 따라가더니³ 종무소식이 되어 버려,

물 한 모금,
마실 것 하나 없더라고요.

그래, 문지기를 보고 말했지요.
"아이고, 딱하기도 해라. 극락 세계가 즐거움만 있는 곳이라고들 하더니 새빨간 거짓말일세. 무지하게 비참하고 더러운 곳일세."
"사실이 그렇다네. 여기 우리네는 망가스 임금과 가축과 재산, 땅을 놓고 7년 전쟁을 한 끝에 있던 것을 죄 없애고, 임금님과 황후마마, 문지기 이 세 사람 말고 다른 것은 남아난 것이 거의 없게 되었네. 그래서 양식과 군대를 구하기 위해 중유 中有. 사람이 죽어서 다음 생을 받기 전의 단계 세계의 여섯 장군이 인간 세상에 갔으나 아직도 소식이 감감하다네."

문지기가 이리 말하고는 한 가지 부탁을 하데요.

"자네도 우리를 좀 도와주게. 우리에게 물 좀 길어다 주고 가게!"

"관두쇼! 나는 극락 세계의 임금님이 아니라 우리 어머니한테도 물 한 모금 갖다 드려 보지 않은 놈이오."

이렇게 대꾸하고는 '조심하지 않으면 이자들이 나를 머슴을 만들겠군!' 하는 생각이 들어 못난 독수리를 타고 떠났지요. 공중으로 나와 아래를 내려다보니 저 밑에 한 부잣집에서 잔치를 하고 있더라고요. '겨우 고향의 모습이 보이는군!' 하고 그쪽으로 갔더니 땅 같은 것이 아예 없었어요. 땅이 아니라 구름 위에 있는 세상이었지요. 구름 세상에 있는 로스 임금네가 자기네 아들을 하늘나라의 선녀와 결혼시키고 성대하게 잔치를 벌이고 있는 데로 내린 것이었지요. 내가 들어가자마자 모두들,

"가루다를 타고
이역에서 오신 손님!
셍게 임금님, 어서 오소서!
상석으로 오르소서!"

그러면서 최상의 차, 최고급 음식을 바치고는 "내 아들과 선녀 며느리를 위해 축원을 해 주십시오!" 하면서 로스의 임금이 굽실대며 조아리며 엄청난 거짓말쟁이인 내게 하닥과 술잔을 바치더군요. 그래서 내가,

빛나는 대궐에서 시작하여
등대에 이르기까지,

머리쓰개부터 시작해서
배, 창자에 이르기까지,
화덕에서 시작해서
찻통, 부집게에 이르기까지 축원을 하고,
검은 눈 같은
술잔을 단숨에 비워 버리고

"힘찬 보라매."⁴ 하고 곡조를 뽑기 시작했지요. 그렇게 잔치가 무르익어 가고,

아르즈라는 놈을 공기로,
아이락이라고 하는 놈을 바가지로 내오기 시작하데요.
잔치판도 엉망이 되기 시작했지요.
여덟 대신도 비틀대기 시작했고요.
잔치의 주례도 홍얼거리기 시작하더군요.
바다를 건너온
포도주를 내다 따르기 시작하데요.
스무 해를 보관한
호르즈도 내오데요.
임금 황후,
위 아래 할 것 없이 취하기 시작했지요.

그런데 밖이 심상치 않았어요. 우당탕, 퉁탕, 쾅쾅, 우지끈 하고 싸움이 일어나고, 악을 쓰고 고함을 치는 시끄러운 소리가 나고 소동이 일어난 것이었어요.

"무슨 일이야? 무슨 일이야?" 하면서 나와 보니 하늘나라 임금님의 딸을 태우고 온 아홉 가지 보물을 가진 사나운 흰 용 있잖습니까? 그 흰 용의 여의주로 된 뿔을 로스 임금네의 누군가가 훔쳐 갔기 때문에 흰 용이 화가 나서 야료를 부리기 시작한 것이었어요. 결국에는 로스 임금의 대궐이 낱알이 되도록 부서지고 불길이 치솟아 올랐지요. "이게 아니구나. 살아서 빠져나가자!" 하고 보니 거인 대머리 독수리라는 놈은 놀라서 제 고삐를 제가 단단히 잡아끌고 가 버렸더라고요. 이제 어떻게 하나? 가다 가다 로스 임금의 대궐 밖에서,

콧물 흘려 주는 놈도
눈물 흘리는 놈도 없이 죽게 되었군.

기진맥진하고, 창황망조蒼黃罔措하였으나, 어찌 되었든 끝장난 일이다 하고 하늘나라 임금님의 사나운 흰 용 위로 올라타 버렸지요. 녀석은 사납게 껑충대며 반항하다가 로스 임금네를 성냥개비가 되도록 부숴 버리고는 하늘로 올라가더라고요. 그런데 겨우 정신을 차리고 보니까 하늘나라 임금님의 선녀가 친가로 돌아가려고 내 뒤에 걸터앉아 있는 것이었어요. 내 뒤에서 로스 임금네 사람들이 몽둥이에 가죽 긁개에 활에 화살에 뭐든 손에 잡히는 대로 닥치는 대로 들고 쫓아오는 것이 보이더라고요. 그들이 외치는 소리를 들어 보니,

"이방의 엄청난 거짓말쟁이가 와서
임금님의 딸을 데리고 도망간다!
쫓아라, 쫓아라!

대가리를 박살 내서 잡아 와라!"

이러면서들 어지간히도 쫓아오더니 결국 따라잡지는 못하고 뒤에 처진 것 같습디다. 내가 거기서 하늘의 임금님네로 가서 딸을 데려다 주고 엄청나게 지치고, 엄청나게 취한 나머지 깊이 잠이 들어 버렸지요. 깨어나 보니 헤를렝 강가에서 우단 같은 검정말 옆에서 자고 있더라고요. '어떻게 된 거야? 이게 꿈이야 생시야?' 하고 생각해 보니 절대로 꿈이 아니었어요. 하늘나라 임금님의 딸이 자신의 신통력으로 나를 땅에다 내려 주고 막 돌아가려는 것을 보았거든요.

"엄청난 거짓말쟁이 어른, 먼 길에 평안히 가십시오! 저는 죽어도 로스 임금의 아들과 살지 않으려 했습니다. 어른은 저를 도와 그들에게서 벗어나게 해 주셨습니다. 마음먹은 모든 것을 이루소서!"

이렇게 축원을 하고는 하늘로 무지개를 그리며 올라가는 것을 내가 보았으니까요. 그래서 나는 말을 잡아타고 헤를렝 강의 상류로 거슬러 올라가면서 하늘나라 임금님, 극락 세계, 로스 임금을 모두 다 보았지만 내가 태어난 고향 헤를렝 강에는 어림도 없는, 가까이 가 볼 필요도 없는, 빌어먹을, 형편없는 곳이라는 것을 굳게 믿게 된 것이지요.

●─주

1 거룩한 산으로 숭배되는 동북부의 산맥. 칭기스 한과 그 조상의 고향도 있다.
2 헨티 산맥 남사면에서 발원하여 중국 내몽고 자치구의 훌룬 호로 들어가는 아름다운 강.
3 몽골 유목민들이 서로의 양떼를 공동으로 돌보며 유목하는 일을 가리킴.
4 몽골어 '에르 보르 하르차가'. 몽골 민요를 대표하는 '오르틴 도(긴 노래)' 가운데 남자들이 흔히 좋은 자리의 첫머리에서 즐겨 부르는 노래다.

머리 없이 군대를 지휘하다

내가 한창때에는 복드 한 임금의 몽골 국 군대에서 복무하면서 중국 군대에 맞서 영웅적으로 싸우고 다닌 것을 여러분이 다 알겠지요. 그 무렵에 이런 희한한 일이 다 있었지요.[1]

내가 군대에 들어간 지 겨우 이레가 지나자 나를 조장 삼아 무기 일습과 예비마를 주고 정찰 임무를 명하는 거라. 그래, 병사 열 명과 함께 정찰 나갈 준비를 했지요. 그때 얼마나 추웠는지는 내가 여러분한테 제대로 설명할 수 없을 듯하군요. 우리가 정찰을 나가기 직전에 전령이 와서 군영으로 가서 밥을 먹은 뒤 서둘러 출발하라고 상기시켰지요. 군영의 숙수가 우리한테 양 꼬리를 썰어 넣은 뜨거운 기장 국을 먹였는데, 사람마다 일곱 그릇까지는 물리지 않는 좋은 음식이었지요. 주리고 있다가 뜨거운 음식을 먹고, 군영의 게르에서 화톳불을 쬘 때의 만족감을 이루 다 말로 할 수가 있나요? 몸을 녹인 우리 병사들은 땀을 닦고 그곳에서 나와 말에 올라타자마자 순식간에 부대에서 멀어졌습니다. 특히 나는 그들을 지휘해야 했고, 무슨 일이 있어도 어두워지기 전에는 지정된 곳에 닿아야 했기 때문에 앞장서서 모둠발로 뛰었지요. 땅거미가 깔리기 직전에 운 좋게 지정된 곳에 닿아 불을 피우고 간지개에 있던 열 명 병사의 야전용 식기를 꺼내 눈을 가득 채워 화톳불 위에 올려놓고 동무들 쪽을 보았지요. 그들도 곧 당도할 때가 된 듯했기에 차를 끓였죠. 이윽고 차가 다 되었을 때쯤 동무들이 당도했습니다. 그런데 내가 잔을 꺼내 뜨거운 차를 따라 마시려고 입에 갖다 대려니까 입이 없는 것이었어요. '어떻게 된 거야?' 하고 그쪽을 더듬어 보다가 머리도 없는 것을 알았지요.

"자, 여러분! 큰일 났소! 내 머리가 없어졌소!"

이리 외치려고 했으나 소리가 나올 곳이 아무 데도 없었지요. 별수 없이 머리가 없어졌다는 것을 손짓으로만 알렸지요. 우리 동무들은 내 머리가 없어진 것을 보고는 엄청나게 당황해 어찌 할 바를 모르더군요.

"에이, 저런! 하느님, 맙소사! 자네가 군영에서 뜨거운 음식을 먹고 떠날 때 모자를 두고 오는 바람에 맨머리로 왔구먼! 그래서 자네 머리가 꽝꽝 얼어 버린 걸세."

우리 병사들 가운데 경험 많은 사내가 내게 말해 주더라고요. 이런 제기랄! 그 망할 놈의 음식 때문에 모자를 깜박 잊고 머리를 얼려 버렸다는 것을 알고는 떨어져 나간 머리를 찾아 그 즉시 떠났지요. 비록 밤이었지만 보름달이 흰 눈 위를 비추고 있어서 내가 온 길도 뚜렷하게 보이더라고요. 그래서 나도 머리를 찾을 수 있다고 진심으로 믿었지요. 그러나 머리가 없어진 데 대해 몹시 좌절한 채로 온 길을 되밟아 가느라고 숨돌릴 틈도 없이 모둠발로 뛰다 보니 다른 것은 아무것도 신경 쓰지 못했어요. 그래서 내게 또 다른 재앙이 닥친 것이었어요. 내 옆에서 적의 완전 무장한 정찰대 열 명이 함성을 지르며 달려들어 어찌 해 볼 틈도 없이 나를 덮치는 것이지요.

'자, 이제 엄청난 거짓말쟁이 쩍쩍 셍게가 이렇게 끝장이 나는구나!' 하고 생각하니 간담이 떨어져 나가는 것 같습디다. 그러나 '이미 머리가 없어진 마당에 못난 몸뚱이를 아껴 본들 뭐하겠는가?' 하고 병사 열 명과 맞서 싸우겠다고 작정하고 군도를 뽑아 들고 백병전에 들어갔지요. 그놈들은 내 머리를 베려고 들다가 달빛에 이미 머리가 없는 것을 보고 놀랐는지 갑자기 멈춰 서더군요.

내가 그 틈을 타 돌진해 들어가 그놈들의 대갈통을 베기 시작했네요. 하나, 둘 하고 세다가 다섯, 여섯 병사의 목을 베니 적들이 놀라 "이놈은 죽지 않는 놈이다. 머리도 없이 이렇게 고약하게 싸우고 있으니 우리 전부를 죽여 버릴 사내다!" 하고는 겁을 먹고 당황하여 정신없이 달아나더라고요.

이렇게 야간 백병전에서 머리 없는 병사가 승리하리라고는 전혀 생각한 적이 없지만, 내 머리에 의지하지 않았고, 따라서 두렵고 무서운 것을 몰랐기 때문에 적에게 너무나 거칠게 달려든 모양이더라고요.

비록 내가 전투에서는 이겼지만 머리 없이 살아간다는 것은 몹시도 비참한 일이라고 생각하고 머리를 찾으러 서둘러 계속 갔지요.

그런데 달이 지고 깊은 어둠이 밀려왔기 때문에 하르가나^{몽골 들판에 무더기로 자라는 콩과 골담초속 관목} 덤불 속에서 자그마한 머리통을 찾는 것은 대단히 어려운 일이었어요. 그래서 그 밤을 황야에서 참고 지내야 했지요. 겨우 동이 트자 다시 앞으로 더듬어 가는데 내 머리가 덤불숲 바닥에서,

얼굴은 나를 보고
홍홍거리고 웃고,
뒤통수는 나를 보고
엉엉 울고 있는 것을

홱 낚아채 집어 들고 제자리에다 놓으니까 딱 들러붙어서 예전처럼 엄청난 거짓말쟁이 척척 생게, 임금님의 명예로운 병사로 돌아오게 되더라고요.

그리고 군영으로 돌아오니 머리가 없는데도 간교한 적의 정찰대 열 명과 싸우고 다닌 놀라운 행동이 이미 널리 퍼져 '불사의 병사' 라는 칭호가 주어지고, 호쇼 군대의 전권이 주어진 적이 있었답니다.

●─주

1   일부 판본에 이 대목은 "내가 한창때이던 흰 용의 해 겨울의 가운데 달에, 갈당 보쇼고트 임금님 군대의 대(大)동원의 그날, 이 몸에게도 갈당 임금님의 대동원에 응하라는 명령이 온 것을 고향의 장기(중대장 겸 군수 또는 역참의 장에 해당하는 벼슬)가 내게 전했지요. 나는 이미 말과 몸이 준비가 되어 있었기 때문에 그 즉시 갈당 임금님 군대의 대오에 들어갈 수 있었지요."이다. 갈당 보쇼고트 임금(1694-1697)은 오이라드 몽골 사람들이 중가르 지방과 몽골 서부에 세운 제국(1635-1755)의 제2대 임금으로 청 제국과 할하 몽골의 군대에 의해 비참한 최후를 맞이한 인물이다. 오이라드 몽골의 갈당 보쇼고트에게 압박당하던 할하 몽골의 차쿤도르지, 자브잔담바 호탁트. 욤케이 등 칭기스 한의 후예들은 동족이지만 칭기스 한의 후예가 아닌 갈당에게 패배하기보다는 외세인 청에 종속당하는 쪽을 선택하였고, 그 종속은 220년이나 지속되었다. 우리의 주인공 셍게는 여러모로 보아 19세기 말에서 20세기 초의 할하 몽골 사람이 틀림없고, 갈당 보쇼고트 임금은 17세기 사람이다. 동족을 저버리고 외세의 앞잡이 노릇을 한 할하 왕공들에 대한 민중의 반감이 이렇게 시대가 뒤섞인 이야기를 지어내게 한 듯하다.

안 보이는 검은 모자 3
••• 일 대 천으로 싸우다

여러분은 내가 한창때에 복드 한 임금님의 군대에 가서 어떤 무공을 세웠는지 모두 알 거요. 내가 임금님의 명령으로 헤를렝 바르스 호트[1] 근처에 있던 부대에 급하게 명령을 전하러 모둠발로 달렸지요. 그때는 한여름이라 풍성하고 아름다운 계절이었기 때문에 밤도 낮도, 아침도 저녁도 없이 남쪽으로 달리는 일이 내게는 아주 근사한 기회였어요.

그런데 중국 군대가 나를 저지하려고 대병력을 대기시켜 놓은 것을 모르고는 어느새 적군의 한가운데 들어가 버린 거라. 이제 어떻게 한다! 임금님께 신망을 받는 병사로서 적군의 포로가 되어 중요한 명령을 전달하지 못하고 일을 크게 그르칠 것을 생각하니 이마에 땀이 저절로 흐르더라고요.

내가 아무 수도 내지 못하고 있는 동안 적의 전위 부대가 나를 포위하여 생포하기로 작정한 듯 창검, 화살, 총, 활에 화살통까지 전부 나를 겨누고 사방에서 함성을 지르며 몰려들데요.

복드 한 임금님의 군대가 어찌 싸우지 않을 수가 있나요? 처음에는 활을 겨누어 쏘아 보았지요. 몇몇을 쓰러뜨린 모양이더라고요. 그러자 적은 엄청나게 위협적으로 고함을 지르면서 달려와 나를 막 에워싸기에 이르렀지요.

바로 그때 나는 자신을 방어하기로 결심했지요. 괜히 엄청난 거짓말쟁이냐? 안 보이는 검은 모자를 써 버렸지요. 적군이 에워싸고 달려와 내가 서 있던 곳에서 서로 몸을 부딪히며 헛손질을 하다가 서로 붙들고 맞서다가 놀라고, 일부는 제 발밑을, 일부는 제 뒤를 더듬어 찾더라고요. 그놈들이 흉하게 욕지거리를 하며 이를 악물고 악을 쓰고 있을 때 나는 그놈들 등에다 하나하나 창질을 하기 시작했지요. 보이지 않는 창에 찔려 죽어 가던 병사들은 나중에는 서로 의심을 하게 되어 자기들끼리 칼부림을 벌이기 시작했지요.

그 틈을 이용해서 내가 적의 좌익을 창으로 찔러 죽여 전위 부대를 거의 섬멸하기에 이르렀을 때 다음 백인대가 들이닥치데요. 내가 안 보이는 검은 모자를 벗어 젖혀 그놈들에게 모습을 드러내고는 앞에다 총을 몇 방 갈기고, 그놈들의 주의를 끌기 위해 함성을 지르기 시작하자 적들은 이를 악물고 내게 공격해 왔지요. 그래, 나는 다시 안 보이는 검은 모자를 쓰고 마찬가지로 적들을 몰래 하나하나 창으로 찌르기 시작했지요.

이렇게 임금님의 보이지 않는 병사 한 명이 적의 모든 병사를 찔러 죽이자 그놈들은 놀라고 당황해서 자기들의 죽은 병사들을 버리고 정신없이 도망쳐 버리더군요. 그놈들을 추격할 필요까지는 없었기 때문에 지정된 여정을 계속하려고 출발하려는데 아군의 정찰대가 나와 마주쳐서는 내가 놀랍게 싸운 것을 보고 임금님께 보고를 드린 것이었지요.

헤를렝 바르스 호트에 들어가 급한 명령을 전하고 돌아오니 임금님의 칙명으로 전군에 이름이 나도록 격려하시고 혼자 몸으로 1000명의 병력과 싸워 이긴 '경이로운 힘의 불굴의 용사, 안 보이는 신통력의 셍게 용사' 라는 칭호를 내려 주셨던 것이지요.

● —주

1　몽골 국 도르노드 아이막 차강오보 솜의 바론두러 호수 남동 지역. 거란 시대 성터, 5층탑, 7층탑 등의 유적이 있음.

날개 달린 말

　불 뱀의 해[1] 봄의 첫 달에 임금님의 군대에서 제대를 하고 고향 쪽으로 말머리를 돌렸습니다. 내 말은 후흐노르[2]의 명마 혈통의 말이었기 때문에 나는 그 녀석한테 특별한 애정이 있었지요. 게다가 이 말은 임금님께서 뛰어나게 싸웠다고 상으로 내리신 놈이었거든요. 말을 타고 가다 보니 알타이 산맥에 이르게 되데요. 어느 아름다운 날 흐르는 물가에서 내려 말이 적당히 굶도록[3] 매어 놓고 쉬다가 워낙 피곤하다 보니 나도 모르게 그 자리에서 깊이 잠이 들었네요. 깨어 보니 아침 해가 솟아오르고 있었던 것으로 미루어 틀림없이 하루 낮, 하루 밤을 잔 거지요. 오, 가엾은 내 말! 이렇게 오래도록 묶여 굶느라고 참을 수가 없게 되어서는 겅둥대는 것을 보고 배부르게 먹을 수 있도록 지달을 씌워 풀이 잘 자란 북쪽에 풀어 놓았지요. 그 사이에 산으로 바람을 쐬면서 이것저것 구경하고 다니는데 내 말이 울부짖는 소리가 들리는 것이었어요.
　자세히 보니 무슨 거대한 독수리가 내 말을 안장째로, 굴레째로,

새끼 염소 채듯 채서는 위로 날아오르는 거라. 이런 제기! 불쌍한 내 말! 독수리 발톱에 채여서 불쌍한 목소리로 울부짖으며 버둥대는 것이 보이더군요. 사랑하는 아름다운 말을 이렇게 새 모이로 만들고 황무지에 혼자 남는다는 것은 내게는 죽는 것과 마찬가지로 여겨졌지요.

참을 수 없이 화가 나고 정신을 못 차리게 당황한 것이야 말해 무엇하겠습니까? 그 즉시 화살을 잡고 살을 메겨 겨냥을 해서 쏘았더니 거대한 독수리의 다리를 강타한 것이었어요. 그러자 내 말은 새의 발톱에서 빠져나와 밑으로 모자처럼 떨어지기 시작하는 것이었어요. 바로 그 자리에 떨어져 산산조각 날 것이 틀림없었지요. 내 눈에서 눈물이 쏟아지더군요. 그런데 가엾은 말을 다시 보니 내 말이 날개가 달려서 새처럼 날개를 퍼덕거리면서 아래로 내려오는 것이 보이더라고요. 내 복이 역시 어마어마하지요? 내가 휘파람을 불어 부르자 그 녀석은 내 곁으로 무사히 내려오더라고요.

어째서 내 말한테 새처럼 날개가 있게 되었나 하고 궁리해 보니 그 녀석이 워낙이 훌륭한 말이기 때문에 비밀 날개가 있었던 것이고, 제 주인이 마음에 들 때만 날개를 꺼내는 신통력이 있다는 것을 그제야 깨달았습니다. 그리고 나서 내가 그곳에서,

끝이 있는 나무보다 약간 위로
구름 있는 하늘보다 조금 낮게

잿빛 말을 타고 임금님 군대의 장군 계급을 달고 고향으로 돌아가니 우리 고향 사람들은 나를 "위대한 장군, 용사 셍게!"라고 부르며,

젖을 바치며

축복을 받으며

맞이해 주었다니까요.

●──주

1 실화라면 1917년에 일어난 일.
2 푸른 호수라는 뜻의 몽골 지명. 1931년 이후 중국의 칭하이(青海)성이 되었다.

다르항 한의 잔치

　　다르항 투시예트 한이 봄을 맞아 경문을 읽히고 재를 올리고 나서 이레 동안 잔치를 벌여,

　　칼을 내려놓을 새도 없이 고기를 먹고,
　　잔을 내려놓을 틈도 없이 술을 마시고 있을 때,

　　내가 그들의 잔치에 가게 된 것이었지요.

　　다르항 투시예트 한이라는 사람은
　　연수가 일흔에 달하고
　　믿을 만하고 현명한 이라고
　　여러 사람에게 이름이 났기 때문에, 내가
　　나이 든 이를 대접하고
　　잔치를 축하하기 위해

●──몽골 민담

굿판으로 들어갔지요.
눈같이 흰머리에
흰 은빛 수염을 한
다르항 한에게 안부를 여쭙자,

"자, 엄청난 거짓말쟁이 척척 셍게,

엉터리 장사치
진흙 광주리천하의 거짓말쟁이를 뜻하는 당시의 유행 표현

네가 우리 잔치에 온 것은 아주 잘된 일이다. 너는 내게 거짓말을 해서 내 잔치를 즐겁게 해라!"
이렇게 말씀하시더라고요.
그래서 내가,

다르항 한과 입을 합쳐
포도주와 소주로 잔을 가득 채우고 앉아

내가 보고 겪은 신기한 일들을 늘어놓기 시작한 거지요.

● ──겨울 뻐꾸기

"작년 여름에 제가 양 우리 안에 있는 눈을 치우고 있으려니 울타리 위로 뻐꾸기 한 마리가 날아와 앉아서는 시끄럽게 울어 대더군요. 그래서 그놈을 언 소똥으로 때렸더니 울타리 밑에 자라난 쐐기풀 속으로 떨어져 버렸습니다."

제가 이리 말하자 다르항 한이 말씀하시길,

"이 엄청난 거짓말쟁이 녀석아! 이놈이 겨울 여름을 섞어 버리다니 위아래는 구별할 줄 아는 놈인가 몰라?"

그래서 내가 말했지요.

"다르항 한이시여! 저는 그대를 정부의 고관이라고 여기고 있습니다. 그런데 라마의 델을 입으시고 염주를 목에 거신 것을 보면 학승 라마인 듯도 싶고, 공작새 깃털에 징스를 다신 것을 보면 왕공 각하인 듯도 싶어, 신앙과 국사를 섞고, 진실과 거짓을 섞은 것이 되니, 겨울과 여름을 섞은 것과 마찬가지 아니겠습니까?"

그러자 임금님이 말씀하시길,

"옳고말고! 자네는 대단히 현명한 사람일세. 계속해 보게!"

● ──영양 사냥

"저희 집이 재작년에 올란 샨드의 고비에 있을 때인데 하루는 여름살이 터로 나가서 머물게 되었습니다. 그날은 이루 말할 수 없이 더웠습니다. 게르 아래 벽의 덮개를 걷어 올리고 엎드려 있는데 저만치 언덕 위로 살찐 수놈 영양 몇 마리가 지나가는 것이 보이더군요. 제가 언제 적부터 이름이 난 사냥꾼인 이상 어떻게 그놈들을 그냥 지나가게 내버려 두겠습니까? 그 즉시 총을 집어 들고 장전을 하려니까 총신에 성에가 끼어 꽉 막혔기에, 겨우 불에 녹여 없애고 나서 탄약통을 집어 들고 보니까, 이번에는 납 알이 단 한 개도 없어 당황한 나머지 낙타의 언 똥을 총에 장전하고 맨발로 풀밭 위를 기기 시작했습니다.

영양들은 언덕 넘어 눈을 따라 녹색 들부추 끝을 뜯으며 서 있는 것이었습니다. 나와 이렇게 맞닥뜨린 이상 그 불쌍한 영양들이 어떻게 살아나겠습니까? 제가 그 즉시 총을 쏘아 쓰러뜨렸습지요. 그러고는 제가 담배 한 대를 피우면서 쉬고 그 영양들을 잡으러 갔더니 글쎄 꽝꽝 얼어 있더라고요. 겨우겨우 가죽을 벗기고 살을 발라내 갖고 왔지요. 봄의 해가 좀 깁니까? 살찐 영양의 고기는 벌써 상한 듯 만 듯하더라고요. 그래, 저희 집에서는 솥마다 고기를 삶기 시작했죠. 정말로 근사했습니다."

그런데 다르항 왕공께서 부처님께 절을 하면서 빌더니 이렇게 말씀하시더군요.

"엄청난 거짓말쟁이 이놈아! 이런 사냥꾼이 있으면 큰일 나겠구나. 얼어붙은 똥으로 더운 여름에 수영양을 죽이다니! 네 놈하고 나하고 딱 맞는구나!"

그래서 내가 말씀 올리길,

"각하시여! 그대는 어떻게 생각하십니까? 노련한 사냥꾼이라는 것은 여름에 준비하여 가을에 사냥을 하고, 겨울에는 얼렸다가 봄에 그 보관했던 고기를 잘라 먹을 때는 한의 지위에 계신 분까지도 입으로 들어가는지 코로 들어가는지 모르고 자시지요."

그러자 다르항 한이 이렇게 말씀하시더라고요.

"에이, 엄청난 거짓말쟁이 이 사람, 그런 말은 뭐하러 하나. 그저 살찐 수영양의 고기나 먹었으면 좋겠네."

그러고는 미안해하면서 이리 말씀하시더라고요.

"계속 이야기하게!"

● ──놀라운 싸움

"제가 전에 알타이 산에 올라 사냥을 하고 다닐 때 들양의 암놈, 수놈들이 어떻게 서로 들이받는지를 잘 살펴본 적이 있습니다. 어느 산마루로 올라가니까 붉은 해가 비추는 것과 동시에 커다란 수놈 들양 둘이서 서로 들이받기 시작하였습니다. 아침에 볼 때는 두 뿔이 턱, 꽝 하는 소리를 내고 있었는데, 오정 무렵에 보니까 뿔 없는 가슴들이 서로 쿵쿵 부딪고 있었습니다. 저녁 느지막하게 돌아와 보니 꼬리 두 개만 남았지만 철썩철썩 소리가 나도록 서로 치고 받는 것은 여전했습니다. 참으로 무시무시하게도 싸우는 짐승들이었습니다, 왕공 각하!"

그러니까 다르항 한이 웃으면서 말씀하시길,

"엄청난 거짓말쟁이 네 이놈! 네 놈의 이 이야기는 모가지 근처에서 도를 지나쳐 버렸느니라!"

"다르항 한이시여! 그대도 재수 발원에 올린 양을 통째로 드시면서 대머리 단단한 머리부터 시작해서 어깨 주걱뼈, 긴 갈비 네 쌍을 거쳐 다음에는 관절, 꼬리에 이르고 있는데 과연 어디가 지나치다 하겠습니까?"

"지나쳤을 수도 있다. 아닐 수도 있겠다. 네 놈은 어떻게 이리도 둘러대기를 잘하는 쓰레기 같은 놈이란 말이냐! 계속해 보거라!"

● ──총알 한 방으로 토끼 두 마리

"제가 그곳에서 돌아서고 있는데 길섶에서 이마에 흰 털이 난 잿빛 토끼 두 마리가 나오더니 한 놈은 오른쪽으로, 다른 한 놈은 왼쪽으로 숨어들었습니다. 총을 거머쥐고 보니까 총알이 한 개밖에 안 남았더군요. 그래서 생각 끝에 한 개뿐인 총알을 딱 한가운데로 쏘았더니 두 마리 모두 그 즉시 쓰러져 버렸습니다. '어떻게 총알 한 개에 토끼 두 마리가 맞았을까?' 하고 가서 살펴보니 그 두 마리는 총알에 맞은 것이 아니고 총소리에 놀라 둘 다 염통이 터져 죽은 것이었습니다."

 "무슨 소리냐? 네 놈의 어리석은 총알로 한가운데를 쐈는데도 토끼 두 마리를 쓰러뜨렸다니?"

 "다르항 각하시여! 총알 한 방으로 둘을 쏘는 것은 흔한 일입니다. 그대 같은 분조차도 음식이 있는 김에 한다고 고희연과 재수 발원을 한데 해 버리시니 하나로 둘을 쏜 것인데, 저 같은 사냥꾼이 총알 한 방으로 둘을 쏘는 경우야 널렸습지요."

 "오냐! 그래! 그럴 수도 있고 아닐 수도 있겠구나. 계속 해 보아라!"

●──가죽 장화들의 싸움

 "제가 바로 그날 사냥을 하고 돌아다니다가 저녁에 땅거미가 지고 별이 퍼진 뒤에야 집에 돌아오니 어찌나 배가 고팠던지요. 등이 굽도록 큰 잿빛 수양의 두 주걱뼈와 앞가슴뼈를 삶아 먹고 잠자리에 들었지요. 그런데 한밤중에 우리 게르에서 쿵, 쿵, 쾅, 뻥 하는 소리가 나서 '싸움이 났나? 술 취한 사람이 와서 주정을 하나? 무슨 일이야?' 하고 일어나서 보니까 글쎄 제 가죽 장화 두 짝이 서로 치고 받고 하고 있었습니다. 이 둘이 무엇 때문에 싸우고 있나 하고 지켜보니까 '우리가 똑같이 하루 온종일 수렁으로, 진흙탕으로 철버덕거리며 돌아다니다 왔는데 저 사람이 어째서 네게는 기름을 바르고, 나는 어째서 흙 묻은 대로 내버려 두는 거냐? 네 이 못된 알랑쇠 아첨꾼 놈아?' 하고 서로 티격태격하다가 서로 마구 치고 받고 하는 것 같았습니다. 그러고 보니 제가 장화 한 짝에는 손에 묻은 기름을 바르고, 다른 한 짝에는 기름을 바르지 않고 그냥 내버려 둔 것이 사실이었습니다. 그래서 제가 그 불만을 품은 장화 짝에다

가도 기름을 발라 주었더니 조용해져서 잠을 편안히 푹 잘 수 있었습지요."

그러자 다르항 한이 말씀하시길,

"하하하! 거참 신기하기도 하구나. 형편없는 네 무두질한 가죽 장화들까지 모양을 내려 들다니 말이야."

"다르항 각하시여! '천박한 아첨꾼은 부자 되는 데 훼방꾼'이라는 말이 있습니다. 그대와 같은 분께서도 방금 말치기와 양치기가 들어왔는데,

말치기한테는
술까지 따라 주시고,
양치기는
빈속으로 내보내시는 것을 보면

볼품없는 제 무두질한 가죽 장화 짝들이 기름을 바르고 안 바른 것에 불만을 품는 것이야말로 사소한 일입니다. 그러나 그 불만을 품은 양치기도 사람의 자식인 다음에야 그대를 알랑쇠라고 하지 말라는 법이 있겠습니까?"

그러자 다르항 한이 말씀하시길,

"오냐, 내가 알랑쇠가 되고 있는 거냐? 그래, 계속해 보거라."

● ──굶주린 늑대

"제가 지난 가을 양을 돌보고 다닐 때 늑대와 양을 둘 다 겁나게 잘 다루고 있었습니다. 제가 워낙 노련한 양치기라는 것을 늑대가 알고는 무슨 수를 쓰더라도 엄청난 거짓말쟁이 이 사람의 양은 잡

아먹을 수가 없으니 정 배가 고파 못 견디겠으면 차라리 사실대로 말하고 부탁을 해 보자고 작정한 듯했어요. 그래, 하루는 그 굶주린 늑대가 저에게로 곧장 와서는 이렇게 비는 것이었습니다. '엄청난 거짓말쟁이 어른! 저라는 중생은 너무 배가 고파 아무리 해도 견딜 수가 없습니다요. 죄송하지만 저에게 양 한 마리만 내려 주십시오!' 제가 총 없이 다니던 때라 무뚝뚝하게 대할 수만은 없어 어찌하지를 못하다가 이렇게 말했지요. '만일에 자네가 내게 채찍 백 대를 맞겠다면 양 한 마리를 주겠네.' 그랬더니 그 늑대가 이렇게 맹세를 하더라고요. '양을 얻는다면 백 대야 왜 못 맞겠습니까?' 그래서 그 늑대를 나무에 묶고 꼬리를 잡고는 채찍질을 하기 시작했습니다. 그런데 제가 분김에 그만 그 친구를 수없이 채찍질해 버린 모양입니다. 어느새 그 늑대는 벌거벗은 채로, 가죽을 벗어 팽개치고는, 구슬피 울면서 멀어져 갔지요. 물론 그 덕에 저는 근사한 가죽을 얻게 되었지만 말입니다. 오래지 않아 그 가죽 없는 늑대가 다시 와서는 빌더군요. '엄청난 거짓말쟁이 위대한 셍게 어른이시여! 보잘것없는 저에게 자비를 베푸십시오! 저는 망해 버렸습니다. 제 가죽을 좀 돌려주십시오!' '자, 그러면 자네는 고기를 완전하게 끊는다고 내게 약속하게! 그러면 내가 자네한테 양을 한 마리 주겠네!' 그랬더니 늑대는 '고기를 끊어서 죽는 것보다 가죽 없이 돌아다니다 죽는 것이 낫겠습니다.' 이렇게 말하며 엉엉 울더군요."

내 이야기가 여기까지 이르자 다르항 한이 말하더군요.

"아이, 불쌍하기도 해라! 공덕을 베풀어라! 그 못난 늑대 녀석을 그렇게 두들겨 팼으니 가죽은 그만 돌려주어라!"

"그러시면 각하, 제게 벼슬을 내리시지요! 그대가 공덕을 베푸시기를!"

다르항 한이 버럭 꾸짖으시더군요.

"무슨 소리냐? 천명에 의해 정해진 나라의 벼슬을 네 놈에게 어떻게 준단 말이냐? 간교하고 못된 개 같은 놈이 기어오르고 있는 거냐?"

"그 늑대는 가죽이 있어도 없어도 다 운명이지만 제 양은 계속 잡아먹힐 판이지 않습니까?"

"운명은 운명대로 되어라! 계속해 보아라!"

● ──타르바가의 굴에서 겨울을 나다
"어느 해 가을,

테르겔, 호르골 호수 지역으로 나와
들염소, 들낙타까지 잡고 나서
타르바가도 겨울잠에 들어가기 전에
몇 마리 잡아야겠다고

산에 올라가 타르바가를 꽤 많이 잡아 가지고 돌아오게 되었습니다. 타고 간 말과 짐을 싣고 간 낙타에 잡은 사냥감들을 싣고 집으로 향하려고 지달을 씌워 놓았던 말을 찾기 시작했습지요. 그런데 말이 안 보이는 것이었어요. 아무도 없는 황야에서 먹지도 마시지도 못하고 하루 온종일 걸어 다녔으니 다리도 아프고 지쳐서 더는 걸을 수가 없게 되었는데, 언덕 너머에서 탁탁, 착착 하는 소리가 나는 것이었습니다. '운이 닿느라고 인가가 눈에 띌 모양이야. 부잣집에서 모전을 만드느라고 양털을 두드려 다질 때 묵게 되겠군. 가서 차나 한잔 얻어 마시자.' 언덕을 넘어가니 부잣집은 무슨 놈의

● ——유목민들이 모여 기다란 장대로 양털을 두드려 다져 모전을 만들고 있다.

부잣집. 타르바가 여러 마리가 개털을 두드려 다지고 있는 것이었습니다. 그놈들은 저를 보자마자 무척 반가워하데요. '아이고 이런, 셍게 어른이 오셨네!' 그러면서 저에게 올가미 장대 같은 기다란 흰 막대기를 쥐어 주는 것이었습니다. 제가 원래 양털 두들겨 다지는 데는 솜씨가 있어 놓으니까 몇 번 두드리지도 않아 금방 부드럽고 촘촘해지더군요. 타르바가들은 제게 찻통에 담은 차를 통으로 통으로, 양의 되새김 밥통에 넣은 샤르 토스를 덩어리 덩어리로 가져다 대접했지요. 제가 워낙 지치도록 돌아다녔기 때문에 차를 마시고 땀을 빼자 피로가 싹 가시는 것과 동시에 울리도록 하품이 나면서 잠이 쏟아지기 시작했습니다. 워낙에 지치다 보니 거기서 깊이 잠이 든 걸 타르바가들이 저를 자기네 겨울 굴에 들여놓고 담요를 덮어 주었나 봅니다. 잠이 깨었을 때는 타르바가들이 저를 사방에서 둘러싸고 큰소리로 부르는 것 같더군요. '셍게 어른! 셍게 어른! 일어나시게 되었습니다. 일어나실 때가 되었다니까요!' 무슨 일인가 하고 일어나서 밖으로 나와 보니 봄이 되어 새싹이 움을 틔우고 있었습니다. 어찌 된 일인가 하고 곰곰이 생각해 보니 제가 타르바가의 겨울 굴에서 겨울을 나고 막 일어난 것이었지요. 그래도 잘 자면서 겨울을 난 것이었지요."

내 말이 여기에 이르자 다르항 한이 하품을 하면서 말하더군요.

"타르바가와 자네가 겨울잠 잔 것을 생각하니 잠이 오네그려. 엄청난 거짓말쟁이 자네 나머지 이야기는 내일 하게나!"

그러고는 침소에 들어 주무시더라고요. 그래, 나도 편하게 잘 쉬면서 밤을 보냈지요.

우리 영주님에게 머리가 있었나?

먕갼 모트[1] 고장의 영주는 사납고 화 잘 내기로 호가 난 사람이었지요. 영주가 늘 손에 채찍을 들고,

곁에 있는 사람 아무에게나 상처를 입히고,
눈에 띄는 사람은 모조리 꾸짖었기 때문에

앞에서 똑바로 쳐다보는 사람이 아무도 없었던 거지요. 하루는 영주가 사냥을 가게 되어 총에, 총알에, 활에, 화살에, 덫에, 올무에, 화살통에 활 끈까지 빠짐없이 갖추고서 하인 둘을 데리고 위엄이 넘치는 모습으로 떠나 주었지요. 두 하인은 영주를 교자에 태우고 조심조심하면서도 영주의 심기를 불편케 하여 머리가 터지도록 얻어맞는 것은 아닐까 하여 벌벌 떨면서 갔다는 겁니다. 그런데 영주가 불쑥 호통을 쳤다는 거예요.
 "나를 어서 내려놓아라! 목이 말라 죽겠다. 차를 마시고 쉬어야겠다!"

 두 하인이 당황하여 영주를 내려놓고 가문비나무 밑에다 융단을 깔고 찻통의 차를 잔에 따르기 시작하는데 영주가 또 꾸짖을 거리를 찾은 거지요.
 "나는 영주이기 때문에 너희들과 같은 자리에 앉아 본 적이 없다. 당장 나를 높은 데다 앉히지 못하겠느냐!"
 두 하인이 어찌 할 바를 몰라 쩔쩔매고 있는데 영주는 대뜸 채찍부터 휘두른 거예요.
 "서둘러라! 냉큼 시행하지 못할까? 나무 밑은 덥다. 높은 데 앉아 땀을 들여야겠다."
 그래서 두 하인이 묻기를,
 "고귀하신 나리! 이 가문비나무 꼭대기에 앉으시면 되겠습니까?"
 "그래라! 서둘러라! 어서! 냉큼!"
 그러면서 또다시 채찍을 휘둘렀다지요. 그래, 두 하인이 저만치 있는 가문비나무의 끝에 밧줄을 걸어 나무를 구부려 놓고, 그 밧줄을 끌어다 영주의 목에 건 뒤 구부러진 나무가 원래대로 펴지도록 손을 놓으니 영주가 그만 저만치 날아가 꽝 소리를 내며 땅에 떨어졌다는 겁니다.
 "우리 영주님께서 왜 내려오셨을까? 무언가 또 마음에 안 드시는 게 있는 모양이군."
 두 하인이 두려워하면서 곁으로 가 물었지요.
 "영주 나리, 차 드시겠나이까?"
 하지만 영주는 아무 소리가 없었지요.
 "우리 영주님께서 이렇게 조용하시다니?"

그래, 낯빛을 살피려고 보니까 영주의 머리가 없더라는 거지요.
"우리 영주님의 머리가 어찌 된 거냐?"
두 하인이 놀라 어찌 할 바를 몰라 하다가 둘 가운데 하나가 다른 하나에게 물었죠.
"우리 영주님께 머리가 있긴 있었나?"
그러자 다른 하나가 말하길,

"오츠[2]를 가르고
질경질경 씹고 계실 때

내가 한번 앞에서 봤지. 그때는 시뻘건 얼굴이 꿈틀거리는 것 같았네. 그러나 정작 머리가 어떻게 생겼는지는 모르겠네!"
다른 하인도,
"하긴 어떻게 알겠나. 나 역시 기억이 통 나지를 않네.

밥을 자시면서
우적우적 씹으실 때
희끗희끗한 수염이
까불까불하는 것은 한번 보았네.

그러나 정작 머리가 어떻게 생기셨는지는 전혀 모르겠네그려."
그래, 두 사람은 근사한 시위한테 물어보기로 하고 시위에게 가서 물었지요.
"우리 영주님의 머리가 없어졌습니다. 아무리 찾아봐도 없었습니다. 과연 머리는 어떻게 생기셨습니까?"

그러자 시위들이 말하기를,

"'볼기를 쳐라! 볼기를 쳐라!' 하고
지껄이고 계실 때
사나운 검은 입이
쩍 벌어졌던 듯싶긴 하네만.

앞에서 똑바로 본 적이 없기 때문에 역시 잘 모르겠네. 하지만 마님께 여쭈면 알고 계실 테지."
그래서 마님께 가서 물으니 마님께서는,
"하긴, 그 뭐냐?

입을 맞춘다면서
털 달린 주둥이를 내밀고 계셨던 듯하다만.

과연 머리가 어떻게 생기셨는지는 잘 모르겠구나."
이리 말씀하시더라는 거지요.
그래서 모두 모여 이야기를 한 끝에 '우리 영주님께서는 반드시 머리가 있었을 것이다!' 하는 결론을 내린 뒤 그 두 하인이 다시 그곳에 가서 영주의 머리를 찾는데, 옆에 있는 나무 밑동께 노랗고 희끗희끗한 털이 달린 머리가 누워 있었다는 거예요. 그렇게 영주의 머리가 없어진 뒤부터는 두려워할 것, 자지러질 것이 없어져서 겨우 정신들을 차릴 수 있게 되었다고 하더군요.

● ─── 주

1   1000가지, 즉 수많은 못되고 어리석은 것들이 모인 고장이라는 뜻의 가상 지명.
2   잔치나 예의를 차리는 모임에서 식탁 상석, 즉 주빈의 앞에 삶아 내놓는 양의 하반신. 주빈이 살을 가르는 시늉을 함.

먐간 모트의 새 영주

먐간 모트의 큰 왕공의 머리가 없어진 뒤 둘째 왕공이 뒤를 이어 영주의 자리에 앉았는데 모든 사람이 그를 지혜롭고 관대한 분이라고 앞에서고 뒤에서고 칭송하게 되었답니다. 그러다 보니 모든 일을 영주께 여쭈어 보고 결정하게 되었지요.

하루는 영주의 현명한 관리가 영주에게 와서 이렇게 물었다는 겁니다.

"저희 아들놈은 버릇없이 자란 응석받이입니다. 그애를 일을 가르치려고 소치기를 한 사람 딸려 부룩송아지 한 마리를 돌보게 했습니다. 그런데 글쎄 그 녀석이 부룩송아지한테 물 먹이는 것을 며칠째 까먹고 있었던 모양입니다. 그래, 어느 날 부룩송아지에게 물을 먹이려 한다기에 제가 물 한 독을 놓아 주었더니 목마른 부룩송아지가 물을 먹으려다 머리를 물독에 처박아 버렸습니다. 그래서 어떻게 하면 부룩송아지와 물독 둘 다 다치지 않고 부룩송아지를 물독에서 빼낼 수 있을까 생각다 못해 이렇게 아룁니다. 영주님이

시여! 현명한 방도를 하나 일러 주시겠나이까?"

그러자 영주가 기껏 한다는 소리가,

"오냐, 그러면 부룩송아지와 물독 사이를 도끼로 찍으면 둘 다 안 다치고 송아지가 무사히 빠져나온다."

이랬다지요. 그래, 관리가 가서 도끼로 찍으니까 물독 속으로 부룩송아지의 머리가 첨벙하고 떨어져 버렸답니다. 그래서 부룩송아지는 이미 틀렸고, 이제 물독에서 송아지 머리라도 어떻게 제대로 꺼내 보려고 다시 현명한 영주에게 가서 방법을 물었더니 영주가 이렇게 분부를 내렸대요.

"물독을 도끼로 패면 둘 다 멀쩡하게 떨어진다."

현명한 대신이 그 분부대로 물독을 큰 도끼로 패니까 물독은 깨지고 안에서 부룩송아지의 머리도 박살이 나서 나왔겠지요. 그래서 부룩송아지도 없애고 물독도 잃게 된 관리가 현명한 영주에게 가서 아뢰기를,

"현명하신 영주님! 일러 주신대로 했으면 제가 부룩송아지와 물독을 모두 멀쩡하게 살려 내었어야 할 터인데 둘 다 못쓰게 되어 부룩송아지도 잃고 물독도 잃게 되었습니다. 어째서 이렇게 되었는지 모르겠습니다."

그러자 현명한 영주는 자신이 직접 가서 보겠다고 했다나요. 현명한 영주가 가서 보고는,

"너희들이 내게 말한 것은 부룩송아지였는데, 이것은 소가 아니냐?"

그러자 사람들은,

"아, 그러면 그렇지. 우리 영주님께서 실수하실 리가 있나."

그러고는 이 일을 종결 지었다고 하데요.

먐간 모트의 현명한 관리

 내가 먐간 모트에 있을 때 하루는 사냥을 하러 나갔는데 근사한 불여우 한 마리가 제 굴로 달려 들어가더라고요. 굴로 가서 보니까 구멍이 둘이 있더군요. 이 두 구멍 가운데 어느 구멍에 연기를 피우는 게 나을까 하고 보고 있는데 관리 한 사람이 오더라고요. 내가 먼저 인사를 했죠.
 "나리! 강녕하십니까?"
 "네가 나리라고 했겠다! 나는 먐간 모트의 현명한 관리였으나 이제 어질고 사리에 밝은 왕공이 되려고 작위를 얻으러 가고 있다!"
 "아, 그러시군요. 그렇게 명석하고 어질고 사리에 밝은 분이시니 이 여우를 어떻게 하면 잡을 수 있는지 좀 일러 주시겠습니까?"
 "예끼, 이 바보 천치 같은 녀석! 굴속으로 들어간 여우도 잡지 못하는 주제에 사냥을 할 엄두를 내다니! 자, 어찌 하겠느냐! 왕공이 되기에 앞서 네 놈한테 어떻게 연기를 피워 여우를 잡는지를 가르쳐 주마!"

●──몽골 민담

현명하신 나리께서 말에서 내리더니 내게 마른 소똥, 말똥을 모아 오라고 명령하더라고요. 그러고는 여우 굴의 한쪽 구멍을 자기 모자로 막은 다음 내 개의 목에다 자기 말의 고삐를 매더니 델을 벗어 안장 위에 얹고는, 대단히 편안하도록 모든 준비를 마친 뒤에는 마른 소똥, 말똥을 구멍에다 밀어 넣고 불을 피우기 시작했지요. 오래지 않아 여우가 그 구멍에서 튀어나오는데 그만 관리의 모자 끈이 목에 걸려 모자를 쓴 채로 사라져 버렸네요. 뒤에서 내 개가 펄쩍 뛰어오르며 쫓아가니 나리의 말까지 개한테 끌려 역시 사라져 버렸지요. 나리께서도 냅다 그 뒤를 쫓아갔지요.

"어찌 된 거야?"

뒤에서 보자니 어느 하나 자취도 기별도 없이 사라진 거예요. 해가 저물어 어두워지기 전에 어떻게 좀 해 보려고 서둘러 그쪽으로 가서는 여우, 개, 말, 그리고 왕공의 모자까지 전부 찾고 여우를 잡아 돌아가는데 어둠 속에서 나리가 내 앞으로 나오시더라고요. 그래, 다시 인사를 했지요.

"안녕하십니까, 나리!"

"평안이고 건강이고 무슨 대수인가? 허나 모자를 쓴 여우, 말을 끌고 가는 개, 왕공의 델을 입은 말, 이 셋의 모습을 보았는가?"

"벌써, 해가 아직 길게 남아 있을 때, 알 수도 없고 넘을 수도 없는 고개로 왕공 작위의 여우, 개, 개가 끄는 말 이 셋이 빠른 걸음으로 달려갔습니다."

"그 못된 여우가 말인가? 거반 관리가 다될 판이군!"

"그럴 수도 있지요, 왕공 각하! 무지함과 무능함이 어우러져 현명한 나리가 되기는 쉬운 것이라고 합니다. 자 나리, 말, 델, 모자를 받으십시오. 저는 여우를 갖고 가렵니다!"

그래, 일껏 찾은 말, 델, 모자를 돌려줬더니, 글쎄 그 사람이 한다는 소리가,

"오, 그렇게 해라. 현명한 관리인 나의 명성과 위엄이 워낙 대단하다 보니 너도 이 여우를 쉽게 잡았구나."

귀하신 마님[1]

옛날에 한 부자 상인에게 건방진 응석받이 마나님이 있었다고 하지요. 그런데 그 부자 상인이 먼 곳으로 3년이 걸리는 여행을 떠나게 되었다네요. 그 부자 상인은 모든 일이 잘되고, 큰 성과를 이루라는 축원을 받고, 자기 부인에게는 많은 일을 하고 많은 것을 배우라고 당부하고 여행을 떠났다지요.

부자 상인이 3년이 되어 돌아왔다네요. 그래서 자기가 여행을 다닌 3년 동안 누가 무엇을 했는지를 불러다 물으니 말치기는,

"저는,

씨말들이 이끄는
말 떼를 늘렸습니다."

양치기를 불러서 묻자
"저는,

우리가 가득하도록
등이 휠 만큼 큰 잿빛 양들을 늘려 놓았습니다."

다음에는 소치기에게 묻자
"저는,

산이 가득하도록
소를 늘려 놓았습니다."

마지막으로 부인에게
"당신은 무슨 일을 했소?"
그러자 부인이 이르기를,

"세 살배기 암소 고기를 사흘 동안에 먹어 보았지요.
콧소리 망나니라는 이름을 얻었지요.
네 살배기 암소 고기를 나흘 동안에 먹어 보았지요.
예쁘장한 새침데기라는 이름을 얻었지요.
속적삼을 이레 동안에 바느질해 보았지요.
솜씨 있고 꼼꼼하다는 이름을 얻었지요.
신발창을 석 달 동안에 대 보았지요.
아름답고 빠른 일꾼이라는 이름을 얻었지요."

이러더랍니다. 부자 상인이 게르 안을 둘러보자니 온통 먼지에 파묻혀 있었지요.
"우리 게르에 양탄자는 없었던가?"

"당신이 떠나실 때,

식탁 밑에는 수놓은 양탄자,
부처님 밑에는 담비털 양탄자,
침대 앞에는 별이 있는 양탄자가
틀림없이 있었지요!"

"자, 그러면 쇠지레와 곡괭이를 가져오너라!"
부자 상인이 명령하여 쇠지레와 곡괭이로 파 보니까 한 뼘 두께 흙 속에 덤불 숲만 한 흰 양탄자가 있었다지요.
"어째서 이 모양이오?"
남편의 질문에 부인이 대꾸하기를,
"내가 그 동안 얼마나 청소를 열심히 하고 살았으면 양탄자만 먼지에 덮이고 다른 것은 그대로 있겠어요? 대단한 일이 아닌가요?"
이렇게 말했다나요.

●—주

1   이 이야기가 척척 셍게와 무슨 관련이 있는지 분명치 않으나 척척 셍게에 관한 민담집들 속에 들어 있기 때문에 제외시키지 못함.

겐뎅과 간당[1]

먕간 모트의 큰 학승 겐뎅과 작은 학승 간당이,

초원에 나가 명상을 하고
머리가 빠지도록 참선하면서
이십여 년을 지내다가
두 사람 다 관자놀이 머리가 허옇게 되어 왔다고 하데요.

하루는 겐뎅 게브시가 간당 가브지에게[2],
"자네와 나는 일생의 대부분을 공부를 하고 명상을 했네. 이제 남은 여생을 불자 대중을 돕는 데 바치세."
간당 가브지가 대답하길,
"게브시의 말씀이 만 번 옳습니다. 저희들의 신통력을 대중에게 보이지 않으면 이렇게 큰 공부를 한 보람이 없지 않겠습니까?"
이리하여 두 사람이 명상이니 참선이니 걷어치우고 불자 대중을 도우러 시골로 함께 떠났다고 하네요.

젠뎅 게브시, 간당 가브지가 길로 접어들어 터벅거리며 가다 보니 길이 두 갈래가 되어 한 사람은 북쪽으로, 다른 한 사람은 남쪽으로 돌았다고 하지요.

"자, 한 사람은 남쪽으로, 한 사람은 북쪽으로 가세! 우리가 이 길로 가기 시작한 지 얼마 안 되어 누가 말을 끌고 와서 모셔 갈 것일세. 그러면 둘이서 언제든 지혜와 학문을 보여 주고 내년에 여기서 만나 누가 큰 공부를 했으며 누가 큰 수확을 거두었는지를 비교해 보세!"

그리고 두 사람은 양쪽으로 떠났다지요. 간당 가브지가 서쪽 길로 접어들어 아무리 가도 한 사람도 만나지 못하고 마지막에는 지쳐서 옷을 전부 벗어 짊어지고 우넥틴 다와 고개로 넘어가면서,

"고개 밑에서 소구를 버리고,
고갯길에서 금강령金剛鈴을 버리고,
고개 위에 올라 금강저金剛杵를 버리고,
기슭으로 내려가면서 염주를 버리고,
돌아서 가는 길에 물병 주머니를 버리고,
벌판 한가운데 들어서서는 잔을 버리고,
돌아가는 길에는 부처님을 버리고,

맨 나중에는,
발은 까지고,
땀은 솟고,
지칠 대로 지쳐,

억지로 가다가

우물을 만나 물을 마시려고 몸을 숙이다가 물에 비친 제 모습을 보고는,

"이런 다행이 다 있나! 가엾고 못난 겐뎅 게브시가 여기 있군. 자네 나한테 물 한잔만 주게! 나는 지금 목말라 죽을 지경일세!"

이렇게 소리를 지르자 그림자 역시 앞에서 손을 내밀므로 받으려고 몸을 숙였다가 머리부터 물로 떨어져 간당 가브지가 고인이 되었답니다. 오래지 않아 어느 말치기가 왔다가 시체가 우물을 더럽힌다며 물에서 꺼내 근처에다 버리고 가 버렸지요.

겐뎅 게브시는 거기서 출발해서 아무리 가야 역시 인가도 나타나지 않고, 사람도 만나지 못하고 계속 가다가 그날 밤 한 나무 밑에서 잤는데, 자다가 뱀에 물려 이튿날은 꼼짝도 못하다가 겨우겨우 기어 그 우물에 당도하고 보니 간당 가브지가 죽었거든요. '가엾은 중생, 이렇게 젊은 나이에!' 하고 애도하면서 '공덕을 베풀자. 묻어주자!'고 짊어지고 가는데, 근처에 낙타가 몇 마리 있기에 하나를 붙들어 그 시신을 앞에 싣고 가는데, 낙타가 별안간 뛰어오르는 바람에 땅바닥에 떨어져 세상을 하직하고 말았다고 하네요.

그렇게 불법이 큰스님들께 은혜와 도움을 베풀지 않는다는 것을 엄청난 거짓말쟁이 내가 직접 본 것이지요.

●──주

1 이 이야기의 상당 부분은 19세기 말, 20세기 초의 민담이 아니라 1970년대 이후에 조작, 추가된 반(反)불교 선전물의 혐의가 짙으나 척척 생계에 관한 민담집에 포함되어 있어 제외시키지 못함.

2 가브지는 티베트 몽골 불교 현교학의 최고 학위. 과정만 마치는 데 20년, 강론과 토론을 거쳐 학위까지 받는 데는 빨라야 30년쯤 걸린다. 게브시는 아직 가브지 학위를 받지는 않았으나 현교학(顯敎學)을 적어도 10년 이상 공부하여 정통한 학승을 대접하는 칭호이다.

엄청난 거짓말쟁이의 판결

　엄청난 거짓말쟁이 척척 셍게 내가 먕간 모트의 고장으로 여행하고 다닐 때 하루는 먕간 모트의 큰 부자 바드가라는 이가 하인 하나를 데리고 가다가 나를 만나 이런 이야기를 하는 거였어요.
　"우리 둘은 영주께 송사를 하러 가고 있습니다. 그런데 영주와 저는 사이가 별로 안 좋기 때문에 제가 송사에서 질 것 같습니다. 그러니 엄청난 거짓말쟁이 어른께서 저를 도와서 우리 두 사람의 송사를 공정하게 판결해 주시겠습니까?"
　그러고는 몸을 굽혀 절까지 하더라고요. 그래서 내가 말했죠.
　"허허벌판 황무지에서 판결을 한다는 것이 쉽지는 않겠지만 어떻게 된 일인지 들어 봅시다."
　그러자 바드가가 이러는 거예요.
　"이 자드가이라는 하인은 1년 동안 우리 집 양을 돌보고 삯으로는 거세한 양을 한 마리 받기로 저하고 정했습니다. 그런데 이제 와서는 '당신이 숫양 세 마리를 준다고 약속했다!' 면서 저를 비방하는 것입니다."

그러자 자드가이가 끼어들어 주장을 하데요.

"우리 두 사람이 그렇게 약속을 정할 때 증인이 될 사람이 없었던 것을 이용해서 이 부자 바드가가 제게 손해를 입히려고 하는 것입니다."

"자, 그러면 당신 두 사람은 사건을 옳고 바르게 판결해 주십사 하고 절들을 하시오!"

내가 말하자 그들은 세 번 절하면서 맹세를 했지요.

그리고 나서 그 두 사람을 살펴보니까 부자 바드가는 뚱뚱하고 아랫입술 밑 홈에 짙고 검은 수염이 있고, 하인인 자드가이는 마르고 풀죽은 얼굴에 축 처진 코를 하고 있더라고요. 그러자 내게 좋은 궁리가 하나 떠올랐지요.

"자, 그러면 두 사람은 '내 사건은 진실이오!' 하고 말하고 나서 혀를 자기 코끝에다 갖다 대시오! 누구든 먼저 갖다 대는 사람이 송사에 이기는 거라고 이 산의 로스 신령에게, 당신들 간에 맹세한 거니까!"

부자 바드가는 아무리 해도 혀를 코끝에 갖다 댈 수가 없었지요. 그러나 자드가이는 아무 어려움 없이 제 혀를 코끝에 갖다 대고 핥고 있었지요. 그것을 보고 내가 말했죠.

"자, 당신들은 서로 증인이 되어 서로를 보시오!"

두 사람은 혀를 있는 대로 내밀며 서로를 바라보았지요.

"자, 그러면 바드가 당신은 이 하인 자드가이에게 양 세 마리를 주시오! 안 주면 못 위에 30각^{일곱 시간 반 정도} 동안 앉게 한다고 이 산의 로스 신령에게 맹세를 했소."

그러자 부자 바드가는 꼼짝없이 거세한 양 세 마리를 하인 자드가이에게 주었고, 이 엄청난 거짓말쟁이도 사건을 공정하게 마무리 짓게 되어 무척 기분이 좋았지요.

살찐 수영양

"어느 해 가을인가 고비 지역에서 사냥을 했더랬지요. 그래서 황야로 돌아다니다가 수많은 살찐 수영양들과 맞닥뜨린 거지요. 오, 이런! 난들 어쩌겠어요? 살금살금 기어가서 총을 쏘았지요. 수영양이 쓰러지는 것이 보이더군요. 내가 원래 총을 쏘고 나서 서둘러 쫓아가는 성격이 아니거든요. 그래서 슬슬 걸어가는데 그 수영양이 갑자기 일어나 모둠발로 뛰는 거예요. '제기, 한 마리를 잡고도 놓쳤네!' 하고 의아해하면서 수영양이 쓰러졌던 자리를 보니까 무슨 검은 뭉치가 놓여 있더라고요. 무엇일까 하고 살펴보니 글쎄 내장을 버리고 달아난 것이 아니겠어요? 그러니 어쩌겠어요? 기름진 좋은 내장이나 하나 주워 집으로 돌아오는 수밖에. 이듬해에도 바로 그곳으로 사냥을 하러 갔는데, 오 이런! 수많은 영양들 속에 누르스름하니 우아하고 멋진 수영양 한 마리가 있지 뭐예요? 그때의 기쁨을 말로야 이루 다 할 수 있나요? 말에서 뛰어내리면서 서둘러 바람을 거슬러 가서 총을 쏘아 버렸지요. 수영양은 펄쩍 뛰어올랐다가 쓰러져 버리더군요. 걸어가서 그놈을 보니까 정말이지 살이 많이 쪘더군요. 아 그런데, 배를 갈랐더니 글쎄 내장이 없지 뭐예요. 이 무슨 이상한 일이냐 싶어 자세히 보니 반대로 밥줄과 항문은 제대로 붙어 있더라고요. 어떻게 된 일일까 하고 생각해 보니 지난해에 내가 쏜 바로 그놈이었어요. 하여간에 살찐 수영양 한 마리를 쓰러뜨려 실컷 먹은 거지요. 내장이 없는 수영양이 내장이 있는 놈보다 훨씬 살이 찌는 법이거든요."

여기까지 이야기를 했을 때 그의 아내가 밖에서 들어왔다. 아내는 남편이 거짓말하는 것을 싫어하여 늘 나무랐기 때문에 셍게는 아내를 두려워했다. 아내가 들어오는 바람에 더는 거짓말을 할 수가 없게 되자 그는 나그네의 등뒤로 가서 말했다.

"주둥이 가죽 밑에 낀 기름도 손가락 세 개 두께는 되었지요."

그러고는 나그네의 어깨 위로 자기 손가락 셋을 들어 올렸다고 한다.

도리를 지키지 않은 잘못

하루는 엄청난 거짓말쟁이가 먼 데로 여행을 하고 있는데 초원 위에 외딴집이 있기에 하루 묵어가면서 사람도 사귀려고 밖에서 "개 가두시오!"라고 하자 집 안에서 한 사람이 말했다.

"우리 개는 물지 않아요. 겁낼 것 없어요!"

그러자 엄청난 거짓말쟁이가 대답하기를,

"아, 그래요! 그러면 나는 무는 개가 있고, 그 개를 가두는 주인이 있는 집으로 가서 묵겠소!"

그러고는 고삐를 잡아 돌리는데 집 안에서 그 사내가 물었다.

"그러는 댁은 뉘시오?"

"나는 엄청난 거짓말쟁이 척척 셍게요!"

그러고는 말에 채찍질을 하며 모둠발로 뛰는데 그 젊은 사내가 집에서 뛰어나와 보니 정말로 엄청난 거짓말쟁이인지라 크게 후회하며 외쳤다.

"도리를 지키지 않은 내 잘못이오!"

하지만 엄청난 거짓말쟁이는 돌아보지도 않고 저 멀리 고개 너머로 가 버렸다.

비구니의 실수

 엄청난 거짓말쟁이가 거기서 계속 가다가 한 집에서 묵어가는데 한 귀머거리 노인을 제 앞에다 무릎 꿇린 비구니가 요령과 소구 소리를 요란하게 내고 경을 읽으면서 축복을 베풀고 있는 것을 보았다. 엄청난 거짓말쟁이가 곧장 게르의 왼쪽 자리[남자들이 앉는 자리]로 가서 옷자락이 닳도록 꼼짝 않고 앉아 있으려니 그 비구니가 따졌다.
 "댁은 왜 나한테서 축복을 받지 않는 거요?"
 엄청난 거짓말쟁이가 대꾸하길,
 "나는 이때까지 비구니한테서는 물론이고 비구한테서도 축복을 받아 보지 않았으니 어찌 하겠소?"
 비구니가 그를 노려보더니 타박했다.
 "아니, 그래 당신은 '옴 마니 반 메 훔' 소리도 할 수 없는 거요?"
 이에 엄청난 거짓말쟁이가 지지 않고 받아쳤다.
 "그러는 당신은 하다 못해 '안녕하십니까?' 소리도 못한단 말이오?"

"그러는 당신은 라마니 선정禪定이니 하는 말이 무슨 말이오? 말을 해 봐요!"

흥분한 비구니가 한껏 목소리를 높여 묻자 엄청난 거짓말쟁이가 껄껄 웃으면서 말했다.

"당신이 자지가 있는 라마인지, 없는 라마인지 묻는 말이오."

그 말에 비구니는 엄청나게 기분이 상했다.

"그러면 둘이 한번 변경辯經을 해 보겠소?"

"나라는 사람은,

잿빛 염통에 짧은 고삐를 가진 마음이 졸렬하고 지혜가 짧은

비구니는 말할 것도 없고

복드 라마와도

변경을 하고 다니던 대가리요!"

그러자 비구니가 발끈해서는 말했다.

"당신은 도대체 누구요? 사실을 말하라고요!"

"나는 온 세상에 이름이 난 엄청난 거짓말쟁이 척척 셍게라고 하오. 그래도 변경을 하자고 하면 대꾸할 준비가 되어 있소!"

비구니는 그제야 겨우 그가 진짜 엄청난 거짓말쟁이라는 것을 깨닫고는 대단히 후회하며 자리에서 일어났다.

"자, 이제 나는 변경을 잠시 미루고 그대에게 차를 끓여 대접하겠습니다."

엄청난 거짓말쟁이도 같이 일어나면서 말했다.

"앞으로는 부처님이나 똑바로 늘어놓고 나서 지식을 뽐내구려!"

그러고는 옳게도 그르게도 놓인 불상들을 바로잡아 배열해 놓고 나갔다. 비구니는 대단히 부끄럽고도 마음이 상해 말했다.

"앞으로는 조심하지 않으면 안 되겠다. 흉하게도 실수를 했다."

●——주

1   티베트 몽골 불교에서 두 사람이 서로 상대방의 주장을 이모저모로 반박하면서 격렬하게 토론하는 일. 진체(眞諦)를 찾기 위한 여러 진지한 공부 가운데 하나이나, 어리석은 인간들은 종종 학식을 뽐낼 기회로 착각한다.

지혜를 시험하다

초원에서 말 탄 사람 둘이 서로 상대의 등뒤로 돌며 서로 상대를 방해하고 있는 것을 엄청난 거짓말쟁이가 멀리서 보고는, 두 사내가 싸우고 있는 모양이구나 하면서 급히 가 보았다. 그런데 그 두 사람은 엄청난 거짓말쟁이를 보자 이렇게 말하는 것이었다.

"우리 영주께서 우리 두 사람 가운데 하나를 높은 관리로 삼겠다고 약속하고는 '너희들은 타고 다니는 말들을 달리기 시합을 시키도록 해라! 누구든지 이기는 자에게 이 쉰 냥짜리 은 덩이를 상으로 주고 높은 관리로 삼겠다. 그러나 먼저 온 말의 주인이 아니라 나중에 들어온 말의 주인을 이긴 것으로 치겠다!'고 했소. 그래서 이 돌을 세워 놓은 곳까지 왔다가 돌아가려고 하는데 서로 뒤로 가려고만 들어서 아침부터 오정이 되도록 이렇게 서로 상대의 등뒤로 돌고만 있소. 이제 어떻게 해야 하지요? 엄청난 거짓말쟁이 척척 셍게, 우리에게 무슨 수를 좀 가르쳐 주시오!"

그래서 엄청난 거짓말쟁이가 그 두 사람에게 말했다.

"자, 당신들은 말에서 어서 내리시오!"

그 말에 두 사람은 동시에 뛰어내렸다. 엄청난 거짓말쟁이가 말하길,

"자, 이제는 말을 바꾸어 타 버리시오! 그리고 잽싸게 달려들 가시오!"

그러자 두 사람은 "아, 이제 알았습니다!" 하고는 말을 바꾸어 타자마자 자신의 말이 처지고 남의 말이 먼저 들어오게 하려고 인정사정없이 채찍질을 가해 잽싸게 달려 먼지를 일으키며 갔다.

틀림없이 누구 한 사람은 늦게 들어온 것이 사실이지만, 그 둘의 지혜를 시험하려고 멀리서 지켜보고 있던 영주는 "이것은 너희 두 사람의 지혜가 아니라 엄청난 거짓말쟁이의 지혜에서 나온 것이다. 너희들한테는 상을 내리지 않겠다." 하고는 엄청난 거짓말쟁이에게 상을 내렸다.

좋은 말이 흉악한 귀신이 되다

엄청난 거짓말쟁이 척척 셍게가 하루는 왕긴 후레(불강 시의 옛 이름)의 거리로 멋진 잰걸음 검은 말을 타고 멋들어지게 가는 것을 한 부자 중국인 상인이 보고 반해서는, 사서 자기 수레에다 매려고 엄청난 거짓말쟁이를 불렀다.

"여보셔, 자네 이 말을 내게 팔아라 해. 내 자네가 부르는 값에 이러쿵저러쿵하지 않겠다 해!"

그러자 엄청난 거짓말쟁이가 대꾸하기를,

"그리 하세, 그리 하자고! 쉰 냥짜리 은 덩이 한 개만 주게!"

그러자 중국 상인이 대단히 기뻐하며 은 덩이 한 개를 가져다 주고는 말을 받아 마구간에 매어 놓고 물었다.

"이 말을 어떻게 먹이는 것이 좋은가?"

"아아, 내 말은 사료를 안 먹네. 믿음성 가는 좋은 사람이 굴레를 씌워 끌고 돌아다니면서 풀을 뜯기지 않으면 잰걸음을 점점 잃게 된다네."

●──몽골 민담

지배인은 아무리 그럴까 하고 셍게의 말을 대수롭지 않게 여기고는 중국인 점원을 시켜 말한테 풀과 물을 주게 했다. 하지만 습관이 안 된 말은 풀과 물을 먹고 마시지 않고 종일 굶었다. 밤이 되자 지배인은 중국인 점원에게 말을 맡기면서 일렀다.

"엄청난 거짓말쟁이가 이야기한 대로 굴레를 씌워 초원으로 내다가 밤새 풀을 뜯도록 해라. 내일 수레에 맨다."

그래서 중국인 점원이 델을 머리 위로 걸치고 긴 고삐 끈을 손에 쥐고 말에게 풀을 뜯기면서 돌아다니다가 새벽녘이 되자 잠이 쏟아져 도저히 졸음을 견딜 수 없을 지경이 되었다. 그때 엄청난 거짓말쟁이가 골짜기에서 보고 있다가 옷을 벗고 벌거벗은 채로 기어가서는 몰래 말의 굴레를 벗겨 제 머리에 쓰고 따라다니다가 한번 힘껏 잡아당겼다. 중국인 점원이 "너 어떻게 된 거냐?" 하며 돌아보았더니 말 대신 다북쑥을 머리 위에 얹은 벌거벗은 사람이 서 있었다.

"이크, 흉악한 귀신이 되었네. 나는 어쩌나?"

점원은 울부짖으며 자기네 숙소로 정신없이 뛰어갔다. 원래 지배인은 몽골 말은 사정없이 다루지 않으면 흉악한 귀신이 된다고 한 이야기를 들어서 믿고 있던 터라 그 말이 흉악한 귀신이 되었다고 생각했다. 며칠 뒤 엄청난 거짓말쟁이가 멋진 잰걸음 검은 말의 엉덩이를 흰 물감으로 칠해 어두운 잿빛 말을 만들어 먼저처럼 거리를 잰걸음으로 가는 것을 보고는 그 지배인이 물었다.

"자네한테 잰걸음 말이 또 있었나?"

"나한테는 잰걸음 말이 여러 마리 있다네. 자네 이 말도 사지 않으려나?"

"이크, 좋은 말은 흉악한 귀신이 된다 해! 이제 우리는 잰걸음 말은 사지 않는다 해!"

가짜 셍게의 엄청난 거짓말쟁이 타령[1]

엄청난 거짓말쟁이의 아들 당당한 거짓말쟁이
당당한 거짓말쟁이의 아들 척척 거짓말쟁이
척척 거짓말쟁이의 아들 뛰어난 거짓말쟁이
뛰어난 거짓말쟁이의 아들 척척 셍게
내가 바로 그 사람입니다.

나라는 사람은 북경, 장가구, 다 후레, 일곱 호쇼[2]를 돌아다니고, 라사 몰롬에 라모 골록까지 헤매고 다니고, 할하 땅을 가로세로 서른두 번을 헤집고 다닌 사람이지요. 이렇게 돌아다니는 동안 온갖 일을 다 겪은 골통이지요.

사냥도 하고 다녔지요.
말, 낙타도 치고 살았지요.
총독의 자리에도 앉아 봤지요.

사형 판결을 받은 적도 있지요.
아내를 얻어 행복도 누렸지요.

그런데 라마는 되어 보지 못했구나 하는 생각이 들데요.

"라마가 되어 보세!"
"업원과 죄악을 씻어 내세!" 하고 제가
집에서 나와 미래를 향했지요.
가정을 떠나 먼 길을 나섰지요.
탁발자가 되어 먼 곳을 향했지요.
사미가 되어 걸음을 재촉하기 시작했지요.
걸어도 가고, 뛰어도 가다 보니
다 후레에 당도하데요. 곧
간단 사에 가서 중이 되어 버렸더니,
뜀박질을 잘한다고 법당 라마를 만들더니 오래지 않아
일 처리를 잘한다고 게스구이를 삼아 버리더니
언제나 착하다고 게브시를 만들어 버리데요!
자, 내 운명과 공덕이 이것이다 하고
길의 목이 길다면서
이어 갈 세대라면서
처벌하는 법이 있다면서
비구들을 기습도 해 보고
행자들을 위협도 해 보고
승려들을 귀를 잡아당기기도 하고
박박 대가리를 긁어도 보고

동자승들을 두들겨 패기도 하고
어린 듯싶은 놈 하나를 울려도 보고
사원에서 고약한 라마라는 이야기가 나고
부중들에게는 지독한 게브시라고 이야기되고
바론 후레에서는 은사 스님이라 불리고
준 후레에서는 까다롭다고들 하고
가브지들과는 지식을 뽐내고
가람바들과는 현학을 과시하고
줄의 상좌에 앉아
절을 받으며 축복을 내리고
온자드라며 독경을 시작하고
온자이라며 불경을 나누어 주고
초르지라고 호령을 하고
로봉이라고 거들먹대고
라마라고 거만을 떨어 보았지요.
암말을 타지 않고
내장 고기를 먹지 않고
죄 되는 음식을 들지 않고
사원에서 멀리 다니지 않고
계를 지키는 훌륭한 라마라 이야기되고
절에서는 청정하다 이야기되고
황색 궁궐에서는 함바라 불리고
코담배 병을 번쩍거리며
염주 알을 굴려 대며
노란 비단옷을 흐느적거리며

샤남 모자를 끄덕거리며

향과 향료 냄새를 풍기며

갈색 모직 옷을 걸치고 앉아 있는 동안

달도 해도 흘러갔지요.

수염도 텁수룩하게 되었지요.

소구 소리에 귀가 먹고

공양 제기에 눈은 어지럽고

법고 소리에 정신은 없고

사원의 소음에 화는 뻗치고

정식淨食에 넌더리는 나고

비스듬한 옷깃라마들이 입는 옷을 가리킴에 가슴이 거칠어지고

라마로 있는 게 쓸데없다는 생각이 들었지요.

그런데 하루는 시장통에 사는

헐렁이 로브상이라는 자가 와서

편지를 한 장 주기에

펼쳐 읽어 보니

"네 남동생들은 여자를 따라 사라졌다.

네 누이동생들은 남자를 따라 떠나갔다.

네 아버지 어머니는 의지가지없는 신세가 되었다.

효심이 있다면 와서 보살펴 다오!

사랑이 있다면 돌아오너라!" 했기에

라마가 되어 어설프게 앉아 있기를 걷어치우자!

게브시가 되어 뒤로 물러나 앉아 있기를 때려치우자!

시골로 가서 늙으신 부모님의

다리와 팔을 덮어 드리자 하고 결심하고

시장으로 가서 젊은 낙타

길양식, 작은 선물

간지개에 물건을 갖추고

궤짝을 아슬아슬하게 실어 올리고

짐짝을 위태위태하게 실어 올리고

먼 길 여정을 걸음을 내디뎌

"알탄 타그나가 어디인가?

알타이 산맥은 어디인가?

올랑곰은 어디인가?"[3]

올링 타그나가 어느 것인가? 하고 나와 주었지요.

●――주

1 가짜 셍게의 엄청난 거짓말 타령들을 들어 보면 이야기 속의 주인공일 뿐인 척척 셍게가 엄청난 인기를 누리자 자신이 척척 셍게 본인이라고 주장하고 다니는 사람들까지 나온 것이 된다. 그러려니 해서 그런지 이 이야기들에는 쓸데없이 야비하거나, 너무 수다스럽거나, 괜히 음침한 구석이 있는 것 같고, 따라서 가짜들이 있었다는 이야기와 그들이 읊고 다녔다는 타령이 후세의 날조일 수도 있다는 생각이 든다.
2 할하 몽골 전역. 우리말의 '조선 팔도'라는 표현에 해당.
3 알탄 타그나는 몽골 북서부의 산맥 이름. 올랑곰은 몽골 북서부에 위치한 도시 또는 그 도시의 모체가 된 사원을 가리킨다.

가짜 셍게의 엄청난 거짓말쟁이 타령 2

겨울의 첫 달이 지나 눈 피해도 한풀 꺾이고
정월이 되고 차 끓일 젖이 나오기 시작할 때
차이담 훈디, 차간 노르 저쪽으로 나갔지요.
옛날부터 알던 텁석부리 발당네,
전부터 알던 지겨운 갈당네,
어릴 적부터 알던 반자르 점쟁이네로 가서
후레에 주소를 둔, 향내를 풍기는
박박 대머리 함바 스님의 말씨라고 하기에
무늬 있는 하닥, 더러운 삼바이^{값싼 하닥의 일종}를 걸쳐 놓고
설을 축하하고
착한 사람에게나 나쁜 놈에게나 축원을 하고 인사를 하는데
천만다행으로 무릎은 꿇지 않더라고요.
상석으로 앉으라고 해서 상석으로 오르니
최상품 차를 바치기에 위에 있는 분에게 빌고

바가지를 비우고 잔을 털고,

아이락 부대를 비우고, 아이락 막대기를 쥐어짜고

물만두, 찐만두, 만두탕에 보리죽까지 먹고

어지간히 놀고 즐기다가

작고, 크고, 어리고, 굵고 할 것 없이 아는 척하면

썩 괜찮은 여자에게는 델 지을 비단

빳빳한 모자, 말총 가발

웬만한 여자에게는 둥근 모자

대단 허리띠, 둥근 떡

그저 그런 여자에게는 한 필 무명

한 줌 사탕, 깔개 모전

향에 차까지 선물로 바치고

있는 것 얼마 안 되는 것 다 없애고

짐이고 뭐고 다 비웠지요.

정월도 다 지난 듯

쌍봉이 당당하던 낙타도 굶주린 듯

하노이 강¹을 향해

봄날의 따스함을 즐기며

그리로 가기 시작했지요.

길에서 한 부잣집이 있기에 가 보니

군대 천막같이 푸르른 총이말이

매여 있는 것을 보고는 욕심이 동해서 갔지요!

집에 들어가 주인을 찾았더니

"이문이 남으면 거래를 하고

욕심이 나면 부딪혀 보고

시골로 나가면 마시고

절에 살면 법회에 모이고

담빙 체벵이라는 이름의 아버지가 계시고

하노이 후누이 고장에서 유목하는

덩치 로브상이라는 이름을 가진 이 사람의 말이오!

이리 앉아요! 놉시다! 거래를 하면서 웃고 떠듭시다!" 하기에

"같은 나이의 말에다

차 열 덩어리, 무명 열 통을 얹어 주리다!" 하니까

"이게 무슨 소리야!

말없는 하이다브,

대머리 오이도브,

탐질 타왕,

타가르 자이상까지

씨말이 이끄는 말 떼[2],

궤짝으로 은 가득,

돈쭝으로 황금,

짐으로 물화를 가져왔지만

받지 않아 돌아갔구먼!" 하기에

온갖 놀이를 밤새도록 하고,

기쁨과 고통에 대해 하루 종일 이야기를 하고

비 오는 날 하루 종일 졸라 대고

되고 이루어지도록 달래서 말을 하고

"되기만 하면 말 값 위에

새끼 딸린 암낙타를 얹어 주겠다!"고 해도 아직 안 된다고 해서

차 열 덩어리, 무명 열 통 위에

맨 마지막에는 비단을 묶음으로 얹어 주고도
안장 가방 하나 가득 은을 채워 내던지고
푸른빛 총이말을 사 갖고는
널찍한 목덜미를 쓰다듬고 있다가 안장을 얹었지요.
거기서 나와 모고이 쳉케르를 출발해서
출발한 그 밤을 밤새 달려
성큼성큼 잰걸음으로 달려
껑충껑충 뜬걸음으로 달려
작은 돌을 쌩쌩 스쳐 지나
큰 바위를 휙휙 스쳐 지나
수없는 산을 단숨에 넘어
몇몇 산을 오르고 내려
초원에서는 속력을 내고
타이가에서는 빠른 걸음으로 걷게 하여
담바다르자를 달려 지나가고
다시도르지를 달려 돌아가고
단장라브자를 염불을 하면서 속력을 내고[3]
큰 고개를 오르막에서도 달음질쳐서
어느 집 바깥에서 내렸지요.
오래지 않아 "말마당에 있는
무당걸음[4] 푸른 놈은 누구 것이오?
바깥 말뚝에 매어 놓은
멋진 푸른 놈은 누구 것이오?" 하고
묻는 소리가 들리기에,
"우아한 셍게라는 이름의,

다 후레에 주소를 둔,
챔피언 셍게라는 타이틀이 있는,
북경에 거래처가 있는,
멀떠구니 셍게라는 별명이 있는,
높은 고관들과 친분이 있는,
빼어난 셍게라는 이름을 가진
나의 말이오! 그러니 어쩐다?
말이 좋은지를 묻는다면,
인가에서 묵어도 긴 줄이 필요 없고
말 떼에 풀어 놓을 때 친한 놈이 없어도 되고
놓치거나 풀어 놓았다가도 올가미 장대가 필요 없고
집에다 매어 놨다고 금방 배가 홀쭉해지지도 않고
제 배를 부여잡고 잔꾀를 부리지도 않고
내리막길을 무당 잰걸음으로,
오르막길을 달걀처럼 매끈한 잰걸음으로,
남으로 북으로 이름이 난,
한창 빠름이라는 이름을 가진 말이오."라고 하자
그들은 탐욕스러운 눈알을 쑥 내밀고,
성긴 터럭을 곤두세우고,
앙심과 증오를 불태우며,
내 앞으로 몰려들 와서는,
"도둑을 맞고 자취도 없이 사라진,
호쇼를 통해 통문을 돌려도 소식이 감감하던
멋진 푸른빛 내 말이
어김없이 틀림없이 맞다!

밧줄로 꽁꽁 묶어

단단한 몽둥이로 볼기를 치고

관아로 끌고 간다!"며

밧줄을 펴 들고 와서

고리와 포승을 만들어

박힌 못처럼 되도록 나를 묶어

버팀목처럼 동댕이쳤지요.

●—— 주

1   몽골 중서부를 흐르는 아름다운 강. 항가이 산맥에서 발원하여 421킬로미터를 흘러 셀렝게 강에 합친다.
2   씨말 한 마리가 거느리는 말 떼는 망아지, 암말, 거세마까지 해서 보통 스무 마리에서 서른 마리 정도가 된다.
3   담바다르자에 대하여는 두 가지 가능성이 있다. 첫째, 1756년 낙성된 울란바토르 북부의 큰 사원일 가능성이 있다. 700여 명의 승려와 네 곳의 승가대, 열두 곳의 절을 거느리고 있었다. 둘째, 지금의 도르노드 아이막에 있던 큰 사원일 가능성도 있다. 다시도르지는 오늘날의 고비알타이 아이막에 있던 큰 사원의 이름이다. 단장라브자 역시 대사원의 이름으로 추정된다.
4   네 다리 중 셋이 동시에 땅을 차거나 땅에서 뜨는 말의 걸음새, 또는 그런 걸음으로 걷는 말.

가짜 셍게의 엄청난 거짓말쟁이 타령 3

"의지가지없는 동생들이 있습니다.
늙고 힘없는 아버지가 계십니다.
보잘것없는 저는 빈털터리입니다.
수많은 식솔이 딸려 있습니다.
용서하시고 저를 놔주십시오!
이 말은 제가 하노이 후누이 고장의
덩치 로브상이라는 자한테서
같은 나이 말에
차 열 덩어리,
무명 열 통을 얹어 주고
나중에는 안장 가방 가득 은을 주고
비단 묶음을 주고 산 제 것입니다.
꼼꼼한 얀닥, 고상한 돈독,
떠돌이 툰데브, 다람쥐 돈도브까지

증인을 섰습니다." 하고

변명을 하면서 한번 빌고, 한번 울기도 하면서 눈치를 살피자니,

"아이고 저런! 불쌍하기도 해라! 혈혈단신의 사내,

강둑의 한 그루 버들,

숨튼 것들의 씨앗, 들양의 새끼,

목숨을 부지하려고 하는 데야 무슨 차이가 있나?"

아주머니들, 할머니들이 불쌍히 여겨

할 수 없이 나를 풀어 주고,

뜨거운 차, 고깃국을 얻어먹고 나오는데,

털 없는 돈독, 마비풍 폰착,

말없는 타브낭, 타가르 자이상 이 네 놈이 덤벼들어

내 좋은 말을 강도하고

근사한 안장을 강탈하고

뿔뿔이 흩어져 사라졌지요.

대신에 버리고 간 것을 보면

물항아리 같은 다리에

북채가 된 머리통에

북이 된 배에

뼈만 남은 등허리에

파리 쫓는 꼬리에

붙들고 탈 앞 머리털이 없고

산을 바라볼 눈이 없고

명아주 열매 굴릴 이빨도 없는

눈이 짓무른 흰 씨말이

매여 있는 것을 잡아타고

●──몽골 민담

자인 게겐께 송사를 알리고

잘란[1] 체벵에게 급히 사람을 보내고

공문을 보내 통문을 돌리고

이쪽 관리들에게는 고급 양고기 요리로,

저쪽 관리들에게는 돈으로,

향응과 뇌물을 부어 보고

사건의 증인들을 소환도 해 보았으나, 나는

단 하나 남은 길인 송사에서 지고

이름이 난 그들이 송사에서 이겼으니

높은 놈들에게 강도를 당하고

힘 있는 놈들에게 강탈을 당하고

있는 것이라고는 몸뚱이

잡히는 것이라고는 돌멩이

때릴 것이라고는 씨말

휘두를 것이라고는 채찍만 남았지요. 거기서 나와

오른쪽 왼쪽 가리지 않고 때려서,

있는 힘을 다해 모둠발로 뛰어

큰 짐승의 세 살배기 수놈이 미끄러지고 네 살배기 암놈이 쓰러지는,

세 마리 수노루가 있고 네 마리 암노루가 있는,

가지 벌어진 나무, 자갈 깔린 강의 합류점을

말 등자를 누르고, 잰걸음으로 지나서

항가이의 산등성이, 눈 덮인 산봉우리의 고개

이마 흰 암사슴이 있고, 검은 토끼가 있는 곳

등등으로 다니다가

사르톨 궁의 호쇼[2]의

산자 박수의 절에 갔지요.
좋은 친구라며 과실주를 내오고
잊을 수 없는 친구라며 고기를 삶게 하고
아이락을 부대째 내다가 국자로 푸게 하고
허벅지살을 베어 주었지요. 국수까지 대접받은 뒤에 잠자리에 들었다가
이튿날 아침 눈물이 질질 흐르는 흰 씨말을
앞산에 올라 아무리
둘러보아도 없데요.
뒷산에 올라
멀리 가까이 샅샅이 보았더니
붙어 있는 작은 산 사이에
쓸모없는 관목 숲 사이로
늑대 두 마리가 촘봉 라마 노릇을 하고
까마귀 스무 마리가 고니르 라마 노릇을 하면서
벌써 먹어 치워 버렸더군요.
이렇게 해서 있던 재산을 모조리 다 없앴지요.

●──주

1   메이렌의 보좌역을 하는 효쇼의 벼슬.
2   지금의 자브항 아이막 에르뎬 하이르한, 투데브테, 체첸 올 솜 지역.

●──몽골 민담

가짜 생게의 엄청난 거짓말쟁이 타령 4

엄청난 거짓말쟁이라는 명성이 있다고
위대한 생게라는 타이틀이 있다고
거울 겐뎅이라는 별명이 있다고
두루미 욘동이라는 애칭이 있다고
누가 쳐 주기나 하나요?
길이 긴 것이 먼들
이웃한 호쇼가 저기 저곳인들
젊은 나이가 사랑스러운들
피할 곳이 어디 있나요?
세상이 아무리 풍요롭다 하나
200년을 살 것도 아니고
목이 제 아무리 길다 하나
밧줄을 삼킬 것도 아니고
죄업이 두텁다 하나

소가 송아지가 되는 것도 아니고
복운과 공덕이 크다 하나
부처님이 되는 것도 아니지요.
멀떠구니 셍게가 길로 접어들어
다듬은 나무를 손에 잡고
머나먼 곳까지 이름을 날리고
넓디넓은 세상에서 이름을 떨치기 위해
먼 곳을 응시하면서
북쪽으로 향하면서
두 짝 가죽 장화를 걸머지고
한 후히 산의 하야 강
하르가이 숲, 다르가이 호수로 나와 가다가
테스의 사원으로 가서 들어가 버렸지요.
그런데 여기서는 위 아래 없이 멋들을 부려
델과 모자를 화려하게 입고
말갈기를 다듬어 멋을 뽐내며
만수무강 축제의 씨름을 벌이고 있을 때 내가
딱 맞추어 말에서 내린 것이었지요.
만수무강 축제가 벌어지고 있을 때
전국 챔피언이 씨름 조끼를 입고 있을 때
두 살배기 망아지들이 달음질을 놓고 있을 때
엄청난 거짓말쟁이가 채찍질을 하며 당도한 거지요.
"거울 겐뎅의 혈통에
두루미 욘동의 후예에
면도날 셍게라는 명성이 자자한

큰 장사가 왔다." 하여
등록 장사들 속에 들어가
비단 씨름 조끼의 끄트머리를 거머쥐고
꽝 소리 나도록 메다꽂고 나서,
거칠게 안다리걸기도 하고 나서,
토독 장¹을 무릎을 꿇리고 나서,
들어 넘기기로 흔들고 나서,
허술한 곳을 찾아 손으로 다리를 쳐 넘기고 나서,
세테르 아르슬랑²을 내동댕이치고 나서,
5회전을 당당히 통과해
쾅쾅대며 다리를 가로 벌리고 서서
굵은 목에, 후레 식 씨름을 하는
싸늘한 시선에, 가혹한 기술을 가진 자라고
구경꾼들의 감탄을 자아내고
여자들, 노파들의 선망의 대상도 되는 동안
결승까지 올라가게 되었는데
전국 챔피언이 지정을 해 잡아³
내 어깨의 주걱뼈와 빗장뼈를 틀어잡고
휘두르는 돌멩이처럼 들어 올렸다가
처박혀 안 보이도록 내동댕이치더라고요.
상품으로 준
타르바가, 새끼만 한 두 살배기 망아지,
낙타 똥만 한 안장,
말똥만 한 세 살배기 말을 받아
호리 골다이, 호일록 갈다 두 놈과

밤새 흥정을 해서
말똥만 한 세 살배기 말에
타르바가 새끼만 한 두 살배기 망아지를 얹어 주고
공골말을 매어 굶기기도 하다가
이빨 스무 개를 일일이 세기도 하다가
앞에서 묻고 뒤에서 묻기도 하다가 올라타 버렸지요.
자, 그렇게 공골 간자말에 올라타 모둠발로 달려
우리 이웃4으로 헤집고 다니느라
양치기 개들을 시끄럽게 짖어 대게도 하고
밤이나 낮이나 술을 퍼마시며
위대한 장사라고 오보5 축제에 초대받고
훌륭한 장사라고 사창寺倉에 초대받고
젖 짜기 이웃에 아는 사람이라고 초대받고
착한 사내아이에게 기술을 가르쳐 주고
친척들에게는 아저씨 소리를 듣고 다니다가
문득 깨닫고 보니 어느새 여름이 다 가 버렸더군요.
가을철이 시작되었지요.
잎과 꽃이 시들기 시작했지요.
마지막 잔치가 끝이 난 듯했지요.
기러기도 돌아간 듯했지요.
길이 멀다는 것이 기억난 듯했지요.
"이제 이렇게 떠나는 법이다!" 하고
딱 하나 남은 말을 밧줄을 걸어 잡으니
숱이 많은 꼬리는 송아지에게 내주고
다친 허리는 병에게 내주고

마흔 개 이빨은 굴레에 내주고

네 다리는 지달에 내주고

겨우겨우 목숨만 붙어 있기에

네 군데를 기운 가죽 장화와 바꿔 버리고

자, 그리고 젊은이, 어린이는 천진난만한 것이 낫고

이웃 호쇼에는 이름이 없는 것이 낫다고

뱃가죽 털모자를 딱 눌러쓰고

낡은 양 가죽 델을 꽉 졸라매고

엄동 겨울의 추위

추운 달의 찬바람 속으로

마른 몸뚱이를 움직여

"복딘 샤비, 기댄 나무, 톨강의 버드나무."라며 걷기 시작했지요.
곧 집에 당도했지요. 우리 집은 그대로, 언제나 마찬가지로,

남동생들은 집 상석에 가득,

여동생들은 집 안 가득,

아버지 어머니는 정정하게들 계셨지요.

●——주

1   토독(느시)은 이 씨름 선수의 별명인 듯. 장(코끼리)은 단판 떨어지기로 진행되는 몽골 씨름 대회에서 8회전까지 진출한 적이 있는 장사를 가리키는 칭호. 8회전까지 진출하면 대개는 준우승이 되고 아무리 큰 시합이더라도 4강에는 들게 된다.

2   세테르(신에게 바친 짐승의 목에 거는 리본)는 이 씨름꾼의 별명일 듯하며 아르슬랑(사자)은 아이막 또는 전국 씨름 대회에서 우승한 장사를 부르는 칭호. 1088명이 출전하는 일곱 호쇼 만수무강 축제에서는 열한 명을 연속으로 이겨야 우승했다 한

다. 전국 대회의 아르슬랑을 아브라가(챔피언), 전국 대회에서 세 번 이상 우승한 장사는 다르항 아브라가(위대한 챔피언)라 부른다.
3   단판 떨어지기로 진행되는 몽골 씨름에서 칭호 있는 장사들은 자기 상대를 지명하여 겨룰 수 있음. 그러나 말대로 결승전이라면 지정이 필요 없었을 듯.
4   몽골 어 '호트 아일'. 몽골 유목 조직의 기본 단위로서 가축 우리(호트)를 공동 사용하는 가족들(아일)을 가리킴. 대개 아주 사이가 가까운 서너 집이 함께 계절 이동을 하면서 협업하고 의지한다.
5   현대 몽골 어 '오워'. 몽골 사람들이 그 지역 수호신의 거처라고 여기는 자리에 쌓아 올리는 크고 작은 돌, 흙, 나무, 눈, 또는 얼음 무지 신앙물. 대개 하늘과 교감하는 통로인 서낭목이 꽂히고 서낭목에는 상서로움을 나타내는 하닥을 감아 놓는다. 고개, 갈림길 같은 곳에 세워져 이정표 구실을 하기도 한다. 흔히 말하는 '오보'는 학술 용어로 정착된 형태.

가짜 생게의 엄청난 거짓말쟁이 타령 5

"자, 그런데 엉망이 된 것이 어디 하나 둘이었겠습니까?

생업에 열중하여 살아가고 싶다는 생각이 들었지요.
말 떼를 보살피며 집안을 이끌고 싶어졌지요.
아자 할머니의 딸
토조와 결발부부가 되어
천창이 있는 집에서
연기를 피우며
기름진 국에 입을 축이기 시작했지요. 내가 장가들 때
아버지께서는
열 마리 양을 몫으로 떼어 주고
한 발 하닥으로 불에 제사를 올리며
'너의 풍성한 복덕이 널리 퍼져라!
네 가축이 불붙듯 불어나라!

네 귀중품 궤짝이 넘쳐나라!' 하고
입 가득 축원을 하시고
집다운 집을 만들어
살아갈 방도를 열어 주셨지요.
자, 그리고 청춘은 다시 왔지요.
복운과 공덕도 평탄하게 왔지요.
'활불 라마께 양 두 마리,
비구 스님께는 양 한 마리,
겨울 양식으로 양 두 마리,
고귀한 사창에는 양 한 마리!' 하고
시주를 바치다 보니
언제 벌써 다 없어지데요.
장기네 집에서 하인 노릇
잘란의 집에서 말치기
타이지의 집에서 사령 구실
타브낭[1]의 집에서 양털을 깎아
5각[2] 동안이나 모전을 두드려 다지고 있자니
해맑던 눈은 흐릿해지고
허리뼈는 휘고
걸음을 옮길 때마다 피로는 몰려드니
입과 혀에는 수다가 자리를 차고 앉고
집 안팎에는 배를 드러낸
불 주위에는 손을 드러낸
마룻바닥에는 발가벗은
어린아이들만 버글버글했지요.

산다는 것이 힘들게 되었지요."

여기까지 늘어놓고 있는데 밖에서 진짜 엄청난 거짓말쟁이가 척척 셍게가 들어왔다. 그러자 지금까지 타령을 늘어놓던 우리의 그 가짜 엄청난 거짓말쟁이는 갑자기 말이 없어지더니 "자, 나는 이렇게 타령을 하고 다니는 사람이지요……." 하고는 "척척 셍게 어른, 위로 오르세요! 이리로 오세요! 저는 이제 갑니다. 길은 멀고 땅은 험해서요." 하고는 서둘러 떠나 버렸다.

●──주

1 왕공 귀족의 사위.
2 1시간 15분쯤 되는 시간. 하필 5각(타왕 무치)인 것은 타이지, 타브낭과 두운을 맞추기 위함인 듯하다.

척척 셍게의 축원[1]

자, 내가,

가난한 주제에
성질이 불같은 것은
어찌 해 볼 도리가 없는가 봐요.
개를 때릴 배짱도 없으면서도
영주들, 귀부인들에게는 굽히지 않거든요.
백성의 재물을
제 한 몸 위해 빼앗아 들고,

고관대작들을 1년에 몇 번이라도 상관없이 초대하여 잔치를 벌이며 즐기는 부자 바드라흐라는 왕공이 있었지요. 그 사람은 잔치에 힘 없고 가난한 사람을 부르지 않는 것은 말할 것도 없거니와, 근처에 얼씬거리기만 해도 쫓아 버린다고 들었지요. 하루는 잔치를

●──몽골 민담

벌이고 있다고 듣고 다 낡아빠진 델을 입고 탈 만한 말을 타고 "한 번 쫓겨나 나 보자!" 하고 모둠발로 달려갔지요.

　과연 말마당 가득 말이 있데요. 들어가 보니까 게르 가득 고관대작인 듯한 사람들이 앉아 있었지요. 남서쪽 문설주에 거의 붙어 서 있으려니까 _{말석에 간신히 비집고 들어갔다는 뜻}, 바드라흐 왕공이 보자마자 한마디 하데요.

　"이 무슨 초라하고 누추한 이상야릇한 중생이 어디서 나타나서 어디로 들어와 고관대작들 사이로 밀치고 돌아다니는 거야?"

　그러자 부인인 듯한 키가 작고 뚱뚱하고 거만한 아낙네가 맞장구를 치더라고요.

　"아니, 정말 가관이네요."

　그러자 상석 쪽으로 앉아 있던 몸집 큰 라마가 말하길,

　"이런 사람들은 잘해 주면 잘해 줄수록 타고 넘으려 듭니다."

　중국 상회의 지배인인 듯싶은 몸집 큰 중국 사람은 한술 더 떠서 이렇게 지껄여 댑디다.

　"아이, 이거 무슨 일이다 해? 대가리에 피를 내라 해! 쫓아내라 해!"

　몽골 땅이 비록 지금은 몇몇 한과 왕공들의 손아귀에 쥐어짜이고 있지만, 언젠가는 반드시 우리의 것이 된다고 굳게 믿고 있었기 때문에 그랬을까요?

　'나중에 온 놈이 양 우리가 제 것,
　양 우리로 와서는 씨양이 제 것이라고 우긴다더니,

　이 중국 놈 따위가 도대체 뭔데!' 하는 생각이 들더군요. 그런데

큼직한 완당 하닥을 펴들고, 화려한 멋진 사기잔에 아이락을 가득 채워 상석에서부터 차례로 한 사람씩 축원을 해 달라고 부탁하면서 잔을 바쳤지만 아이락을 비우고 축원을 하는 사람이 거의 나오지 않았던 모양입니다. 하닥과 아이락을 받았다가 돌려주는데 그 잔치에 초대되어 온 듯한, 멋진 긴 노래를 섬세한 목으로 아름답게 부르고 앉아 있던 평복 차림의 노인 한 분이 "아니요, 이 젊은이에게 축원을 시켜요!" 하고 나를 가리켰지요. 그래, 바드라흐 왕공이 말했지요.

"고관대작들이 있는 자리에서 이런 것에게 상서로운 이야기를 시킨다는 것은 우리 위신에 관한 문제입니다."

그러나 그 노인은 굽히지 않았어요.

"시키세요! 시키세요! 낡고 초라한 델을 입었지만 우아하고 현명한, 훌륭하고 아름다운 말을 알고 있을 수 있습니다."

바드라흐 왕공이 마지못해 허락했어요.

"자, 네가 축원을 할 줄 안다면 몇 마디 상서로운 말을 해 보아라!"

그러나 그 노인은 "크든 작든 손 위에 무엇을 놔주시지요. 축원꾼은 손 위에 물건이 없으면 말이 생각나지 않는 법이라고들 합니다." 하면서,

"깨졌는지 온전한지도 모르고,
물인지 술인지도 모르네.
워낙 아무것도 남은 게 없다 보니
한 뼘도 채 안 되는 삼바이 하닥을
사람을 시켜 전하면서

자네한테 축원을 하라고 부탁하고 있다네."

그러면서 하닥을 내게 가져다 주더군요. 그것을 손에 들고 '어, 잠깐! 뭐라고 해야 하지? 좋은 이야기를 해야 할 터인데.' 하고 쩔쩔매고 있는데 게르를 가득 메운 사람들이 떠들썩했습니다. 무슨 이야기들을 하고 있는지 귀 기울여 들어 보니 "무엇을 축원하도록 할 거야?" 하고 떠들고 있고 "그래, 마나님을 축원케 하면 되겠네. 이것이 원래 마나님을 위한 잔치 아닌가." 하고 누가 말하데요. 그러더니 한 사람이 저를 보고 말하더라고요.

"그래, 너! 우리 왕공의 마나님을 보고 축원을 올려라. 축원꾼인 네가 어떻게 축원하여야 하는지 모를 리는 없을 터이고."

부인을 보니까 키가 작고 땅딸막한 거만한 여편네였어요.

'절대 작달막하고 땅딸막한 여편네라고는 하지 말아야겠지. 어찌 되었든 좋은 이야기를 해야 하겠지.'

이렇게 생각하며 서 있다 보니 두세 마디가 튀어나오데요.

"오, 고귀하신 왕공이시여! 그대의 마나님께옵서는,

곱고 아름다운 얼굴에
예리하고 밝은 지혜에
균형 잡힌 아름다운 몸매에
훤칠한 큰 키에……."

이렇게 노래하자 왕공이 대뜸 한다는 말이,

"네 이놈, 당장 노래를 집어치워라! 우리 이 사람이 곱고 아름다운 얼굴이 아니라는 것은 알고 있다. 예리하고 밝은 지혜가 없다는 것도 알고 있다. 훤칠한 큰 키가 아니라는 것도 알고 있다. 뚱뚱하고 땅딸막하며 작달막하다는 것도 알고 있다. 네 놈이 무슨 이유로 우리를 깔보고 모욕하고 과장하고 조롱하는 거냐?"

이렇게 무지무지하게 열화가 뻗쳐서 꾸짖더라고요. 그래서 제가 묻기를,

"왕공이시여! 제가 어떻게 축원을 올리면 되겠습니까?"

"모르겠느냐? 축원꾼이라는 사람이 어떻게 축원을 하는 법이더냐? 무엇이 되었든 있는 그대로, 정확하게 그 정황대로 하는 것이렸다."

바로 그렇게 하는 법이라고 여기저기서 떠들어 댔지요.

"아이고, 그렇게 되어 버렸습니다! 어떻게 하나? 정확하게 말을 해야 하는데. 저의 방금 전의 축원은 그대의 마나님을 너무 지나치게 꾸며 버렸습니다. 이제는 제가 정확하게 말씀해 올리겠습니다."

말을 정확하게 할 필요가 있다고 떠들어들 대데요. 끝장난 일이라고 생각하고 말을 뱉었지요.

"오, 지체 높으신 왕공이시여! 그대의 마나님께옵서
침상 위에서 거들먹거리고
방석 위에서 아기작거리고
타르바가처럼 살이 찌고
닭처럼 낳아 대고
비둘기처럼 구구대고
토끼처럼 오물거리고
떼까마귀처럼 주절거리고
쥐처럼 때굴때굴하고

귀 없는 염소처럼 달싹거리고

염통 막처럼 꿈틀거리고

바람 넣은 오줌 주머니처럼 부풀어 오르고

임신한 암말처럼 질질 흘리고

사료 먹여 키운 돼지처럼 배가 뚱뚱하게 나오고

세 살배기 암소처럼 무리에서 벗어나고

되새김 밥통에 든 샤르 토스처럼 축 늘어지소서!"

이렇게 말해 버렸지요. 그러자 왕공이 말하길,

"그래, 네가 그렇게 정확하게 축원을 하는 사람이라 이거지. 그러면 이 게르 안에 있는 사람들에게 명예와 관작 등 모든 것에 어울리게끔 지금처럼 축원을 해라. 축원을 한 뒤에 그에 걸맞은 상을 주마!"

그러고는 이를 악무는 것 같더라고요.

'이미 말을 해 버렸으니 이제는 더하든 말든 마찬가지다. 이래저래 볼기에 따귀에 매꾸러기가 되는 밥맛 없는 일만 남았구나.'

이런 생각이 들더군요. 그래서 이렇게 말해 버렸지요.

"예, 그리 하겠습니다. 그리 하지요. 제가 축원의 말씀을 올리겠습니다."

그리고 큰 게르의 상석 쪽을 바라보니까 큼지막한 쟁반에 수양의 고기를 법도대로 차려 놓은 것을 곁에서 잡고 칼로 베어먹는 사람이 보이더군요. 이빨로 물어뜯는 사람도 보이고요. 사람들 행동을 살펴보니 한, 왕공, 대작, 고관, 호탁트와 호빌간[2], 점쟁이, 예언자, 초이진[3], 구르텐[4], 박수, 무당, 탁발승, 순례승, 부자 상인, 고리대금업자, 중국 상점의 지배인, 중국인 시위들, 관리, 타이지 들이 있었고, 관작이나 지위 없는 사람은 없었지요. 이미 끝장난 일이다 하고 생각하고 축원을 했지요.

"오른쪽 뒤편제로의 상석을 뜻함으로 앉은 놈들
미친놈들, 잔인한 놈들
발링 제수로 속이는 놈들
기부, 공양을 탐내는 놈들
물욕에 사로잡힌 놈들
온갖 속임수꾼, 야바위꾼들
할머니, 할아버지들에게 사기 치는 놈들
재산과 금전을 탕진케 하는 놈들
왼쪽 뒤편오른쪽 뒤편 다음가는 상석으로 앉은 놈들
안면을 바꾸는 놈들
바늘, 대바늘로 쑤시는 놈들
그르게, 틀리게 말하는 놈들
먼 데서 가까운 데서 온 놈들
탐욕스럽고 게걸스러운 식탐꾼들
음식과 차를 탐내는 놈들
낮이나 밤이나 빈둥거리는 놈들
결혼식에 잔치에 오는 놈들
거짓말, 헛소문을 이야기하는 놈들
칼과 젓가락을 잊어버린 놈들
쇠이빨로 물어뜯는 놈들
양고기에 몰려든 놈들
오는 백성을 비웃는 놈들

● ──몽골 민담

온갖 흉악한 일로 협박하는 놈들
기분 나쁘게 노려보며 악담하는 놈들
인색한 검은 마음을 지닌 놈들
할하의 땅을 차지한 놈들
비취와 은에 탐욕스러운 놈들
민중의 아내를 빼앗는 놈들
거칠고 악랄하게 노비를 만드는 놈들
가까이 간 자를 볼기 치는 놈들
사랑과 동정이 말라붙은 놈들
저주, 악담을 퍼붓는 놈들
길로 어슬렁거리는 중놈들
운명을 점치는 미친놈들
방탕한 사기꾼 순례자들
박수 무당의 환자들
이문에 탐욕스러운 장사꾼들
중생을 위해 태어나지 않은 활불들
아무리 해도 맞추지 못하는 점쟁이들
간교하고 교활한 초이진 라마들
가난한 자를 돕지 않는 부자들
성질 사나운 왕공들
건방지기가 짝이 없는 마나님들
걸핏하면 성질을 부리는 시위들
위선자인 탁발승들
아첨꾼인 타이지들
난폭하게 구는 관리들

보기 거북한 알랑쇠들

옷의 때깔로 차별하는 놈들

높은 관작을 바라는 놈들

축복을 내린다는 착취자들

고리대금을 하는 악질들

할하의 재산으로 제 배를 불린 놈들

외국 상인들에게 퍼부어 주는 놈들

뒤룩뒤룩 살찐 지배인들

붙임성 없는 괴팍한 라마들

당신들 모두에게 맞도록

교활한 부자에게 맞추어

얕은 잔에 따라 준 술만큼만,

짤막한 삼바이 하닥만큼만 딱,

다섯 마디, 열 마디만 아뢰겠습니다.

갖추지 않은 공덕이 퍼져

섣달 그믐의 달처럼 떠오르시고

간질병에 고름처럼 쌓이시고

숫돌에서 우유 솟듯이 솟아나시어

좁은 골짜기 들머리에

해가 보이는 저택을 지으시고

자갈밭 들머리에

달이 보이는 저택을 지으시고

열 마리도 안 되는 말 떼,

한 길이 넘지 않는 말 매는 끈을 가지시고

돌볼 초지도 없고

●──몽골 민담

긁어모아 태울 말똥도 귀하고
가축 떼의 젖은
손바닥에다 짜 모아
작은 공기에다 발효시켜 먹고
허기와 갈증에 사로잡히고
화가 나고 인색해지는 공덕은 퍼져
바람 부는 날은 재를 내지 않고
달 밝은 밤은 등을 켜지 않고
가난한 뭇사람에게는 이름이 없고
고위층 여러 사람과는 안면이 없고
짐 나를 가축이 없고
실은 짐을 묶을 끈이 없고
남의 집 목영지를 지키며
절망감에 빠지고
먹고 마실 것이 부족해지고
쓰고 입을 것이 줄어들고
오는 사람이 줄어들고
양 돌보는 일을 교대를 할 사람이 없이 되어
산자락을 의지를 삼고
물과 샘을 가까이 두고
오랜 기간 목영을 하며
황야로 산허리로 떠돌며
타르바가와 다람쥐를 찾아
화승총으로 쏘면
멀거나 가깝게 발사되고

제대로 겨냥을 못하고
부상을 입고 놓치고
덫을 놓고
손을 끼우고
명중치 못한 데 슬퍼하고
명중한 데 기뻐하며
껍질 벗기기를 배워
팽팽하게 펴고
남한테 인색하게 굴고
제 아이한테도 감추며
내일 먹는다 하고 아끼게 되고
모레 먹는다 하고 모으게 되고
고기 한 입을 얻어도 기뻐하고
천 한 조각을 보아도 욕심을 내고
델을 기워 입고
지붕을 줄여서 맞추고
낡고 초라한 옷을 입고
오두막 근사한 거처를 갖게 되고
음식과 차를 찾아
밤낮을 돌아다녀
빈털터리 가난뱅이 나와 똑같이 되어
견줄 바 없이 오래오래 괴로움에 시달리고
먹을 것 없이 오래오래 굶주림에 시달리라는
상서로운 축원을 올려 받드나이다."

그러자 게르 가득한 고관대작들이 일시에 일어나 자기들도 해 보려고 하다가, 아무 소리 없이 노려들 보다가 그만두데요. 정확하게 축원할 필요가 있다고 꾸짖던 입에 마개를 해 달아 아무 소리 못하게 만든 것이었지요.

●——주

1   이 이야기 역시 원래는 가짜 척척 생계에 관한 이야기였는데, 수집하여 정리한 사람이 가짜 이야기임은 알아볼 수 있는 부분을 오려낸 것일 가능성이 있다.
2   전세자(轉世者) 또는 화신(化身). 고위 라마들은 활불 또는 전세 환생하는 불보살이라 해서 이렇게 부른다.
3   불법의 수호자 또는 완성자. 티베트 몽골 불교가 토착 기복 무속 신앙을 흡수하면서 만들어 낸 박수 라마로서, 점치고 예언하고 각종 굿을 한다.
4   무아지경에 빠질 수 있는 능력을 지녀서 신탁을 받을 수 있는 라마.

제 3부

바다이 탁발자 이야기

바다이 탁발자 이야기

● ──바다이가 우는 사연

탁발자 바다이가 라사로 순례의 길을 떠나기로 작정하고 작은 등짐 궤짝 하나, 작은 지팡이 두 개[1]를 마련한 뒤 떠나려고 집에서 나오는데 그의 형, 동생, 누나들이 축원했다.

"얘, 바다이야, 잘 가거라!"

그러자 바다이는 게르의 문지방에 꿇어앉아 어린아이처럼 흐느껴 울었다.

"왜 우는 거냐? 이미 결심을 하고 작정을 한 게 아니었어? 이번이 처음도 아니고 그 동안 여러 번 갔다 왔잖아?"

식구들이 묻자 바다이가 대답하길,

"식구들이 나를 늘 집에서 멀리 떠나 있어야 할 사람으로 취급하니까 그렇지. 왜 날더러 잘 가라고 할 뿐 돌아오라고 하지는 않는 거야. 그것이 섭섭해."

그렇게 생각한 사람은 아무도 없는데 우리 바다이가 왜 이런 생각을 했을까 하고 형제들이 나무라면서 다시 한번 축원했다.
"바다이야! 잘 갔다가 빨리 돌아오너라!"
그제야 바다이는 좋아라 웃음을 터뜨리면서 집에서 나와 먼 길을 떠났다.

●──맨발의 바다이

바다이가 집에서 나와 길을 가다가 젖 짜기 이웃의 주인이 양을 돌보고 있는 것을 보았다. 그가 신발을 벗어 등짐 궤짝 속에 넣고 봄의 여린 풀 위를 맨발로 달려 양 떼 가운데로 지나려니까 양 치던 사내가 보고는 물었다.
"여보게 바다이, 어디 가는 길인가?"
"라사로 가는 길입니다."
바다이가 맨발인 것을 보고는 양치기는 몹시 놀랐다.
"그렇게 먼 곳을 가면서 왜 맨발로 나섰나?"
"제가 전에 라사에 순례를 갔다 오다가 신발을 잊어버리고 왔거든요. 이제 그 신발을 찾으러 가는 길입니다. 그러면 신발이 남아돌 터인데요. 남아도는 신발로 뭘 하겠어요? 괜히 돌아오는 길에 짐만 되게요."
양치기는 바다이가 가엾은 마음이 생겨 자기 신을 벗어 주었다.
"내 신을 신고 가게. 돌려주려고 갖고 올 필요 없네. 해지면 그냥 버리게."
그러자 바다이가 말했다.
"댁의 신발은 참으로 운이 좋네요. 저와 함께 라사에 들어가니 말입니다."
양치기는 매우 기뻐하면서 여행길이 무사하라고 축원을 하고 그

자리에 맨발로 서 있었다.

●──라사가 얼마나 먼가

　바다이가 길로 접어들고 얼마 안 되어 낙타치기 노인을 만났다. 사연을 알게 된 노인이 물었다.
　"라사가 얼마나 먼가?"
　바다이는 눈을 가늘게 뜨고 저물어 가는 해를 바라보며 말했다.
　"저기 저 해가 저무는 산 너머에 있습니다."
　그랬더니 그 사람은 서 있는 낙타의 육봉 위로 목을 뽑아 뒤로 젖히고 바라보더니 말했다.
　"아아, 저 산은 내 낙타의 육봉보다도 낮구먼그려. 그러니 라사도 가까운 데 있는 모양이로군."
　그러자 바다이가 톡 쏘아붙였다.
　"옳아, 그러면 라사라는 곳이 낙타 한 마리 거리는 씨낙타가 하루에 여행할 수 있는 거리라는 말씀이군요!"
　그러자 낙타치기가 크게 놀라 머리를 뒤흔들며 대답하길,
　"낙타 한 마리를 다 먹는 동안에도 닿지 못할 곳이라니 과연 멀기는 먼 모양일세!"

●──다리 아끼기

　바다이가 거기서 계속 가다가 한 말치기 사내가 말 떼에게 물을 먹이려고 강으로 몰고 가는 것을 보고는 두 지팡막대를 겨드랑에 끼고 한쪽 다리를 들어 올려 깡충대면서 옆으로 지나갔다. 그것을 본 말치기는 목발 짚은 사람을 가엾게 여기며 물었다.
　"어디 가세요?"

"저는 라사로 갑니다."

"그렇게 불편한 다리로 그렇게 먼 곳까지 어떻게 갑니까?"

"제 다리는 멀쩡합니다. 그러나 워낙 먼 길을 가다 보니까 다리를 아껴야 하겠기에 두 다리를 번갈아 이렇게 하고 가는 것입니다."

그러자 말치기는 지친 사람에게 도움을 줘야 하겠다고 생각했다.

"내가 공덕을 베푸는 뜻에서 댁한테 순한 말을 한 필 드리겠소. 이것을 타고 다리를 쉬도록 하시오!"

그러고는 선뜻 바다이에게 좋은 말 한 필을 내주었다.

●——주

1   등짐 궤짝과 지팡이 두 개는 탁발자들이 기본으로 갖추고 다니는 장구.

호쇼의 영주를 속이다

바다이는 일단 고향에서 도망쳐 나온 처지이기 때문에 호쇼의 영주를 길에서 만나면 아주 재미없는 일이 일어날 것은 틀림없었다. 그런데 하필 바다이가 가는 길 앞에서 호쇼 영주의 행차가 오고 있는 것이었다. 그래서 바다이는 턱에 염소 수염을 붙이고 자루 같은 모자를 써서 변장을 하고는,

"대중을 찾아다니며 창자를 채우고
만민을 찾아다니며 밥통을 채우는
라사 거리의 탁발자,
바르가[1], 차하르[2] 지방으로 방랑하는 자,
머리통만 한 샤르 토스면 됩니다.
모자만 한 고기면 어떻습니까.
한 길 반짜리 십이지장도 괜찮습니다.
필목 무명도 좋습니다.

시주님, 자비를 베푸십시오!"

이렇게 외치면서 길 옆으로 지나가니까 영주가 그를 보고도 알아보지 못했다. 오히려 '불쌍하구나. 이 못난 거지에게 무엇을 좀 줘서 도와 줘야겠다.'고 생각하고 품을 열고 닷 냥짜리 은돈을 꺼내 주었다.

"자, 너는 가는 곳마다 내 얘기를 잘하고 다녀라!"

그러자 바다이가 이렇게 말했다.

"영주님의 이름을 염불하듯이 외우면서
개 대가리가 솜털이 되도록 작대기질을 하면서
자갈길이 흙먼지를 일으키도록 속력을 내면서
가죽 델이 천 쪼가리가 되도록 돌아다니겠습니다."

영주 각하가 크게 동정하는 마음이 생겨 말하길,

"오냐, 좋다. 내 이름을 염불하듯이 외우면서, 땅 끝까지 구석구석 다녀라!"

그래, 바다이가 은돈을 받고 축원을 하며 기도를 하고 길을 가면서,

"은 덩이를 주신 영주 각하,
고기 자루가 되도록 살이 찌소서!
돈을 주신 영주 각하,
물렁뼈가 되도록 오래 사소서!"

이렇게 축원하자 호쇼의 영주는 이 탁발자가 좋은 말로 나를 칭

송하고 있구나 하고 기뻐하면서 갔다.

● ─ 주

1   중국 내몽고 자치구 훌룬보이르맹 일대와 몽골 국 동부 지역에 거주하는 부랴트 계통의 몽골 사람들, 또는 그들이 사는 지역을 가리키는 말.
2   오늘날의 중국 내몽고 자치구 울란차브 아이막 남부 지역에서 살아온 몽골 사람들의 한 갈래, 또는 그 사람들이 사는 지역. 1500년대 중반부터 1630년대까지 몽골 한의 직할지로서 몽골 세계의 중심이었다. 청조에 대한 거듭된 반란으로 1600년대 말부터 몽골 왕공들의 세습 통치권이 박탈되고 여덟 개의 호쇼로 나뉘어 암반(청조가 임명하는 만주, 몽골 인 지사)들에 의해 통치되게 되었다.

바다이의 여행길

　사람들마다 바다이가 타고 다니는 한 마리뿐인 말을 그럴듯한 말로 빼앗아 가지려고 수작을 부렸다. 하루는 중국 상회의 지배인 나리가 마주치자마자 묻기를,

　"이보게, 바다이. 자네 말을 내게 팔지 않겠나?"

　"되지, 되고말고. 내 이 말은 여행하는 데 방해가 될 뿐 보탬 되는 게 없네. 그러니 자네한테 싸게 줌세."

　지배인은 바짝 몸이 달아서 물었다.

　"어이 바다이, 자네 말을 얼마에 주겠나?"

　"녹색 새끼 양 가죽 한 장, 개의 갈라지지 않은 발굽 하나, 여우 뿔 한 개, 소의 송곳니 한 개만 주면 말을 자네 손에다 쥐어 주지."

　"아이, 그 정도야 뭘. 내가 가서 사람들을 시켜서 큰 창고에서 꺼내 오도록 하겠네. 자네는 이 마구간에서 기다리고 있게."

　말을 마친 지배인은 횡하니 창고로 달려갔다.

　바다이는 말을 어느 골짜기에다 감추어 놓았다. 그리고 강물을 따라 내려가다가 강가에서 방금 죽은 말의 사체를 찾아 그 가죽을 벗기고 속에다 풀을 채워 넣어 산 것처럼 만들었다. 그놈을 지배인의 마구간으로 들여다 기둥에 기대 세워, 구유에 있는 풀을 먹고 있는 것처럼 만들어 놓고 기다리고 있었다.

한편 지배인은 바다이의 말 값으로 줄 것들을 하루 종일 찾았으나 찾지 못했다. 땅거미가 질 무렵 도저히 수가 나지 않자 지배인이 와서는 물었다.

"에이, 바다이. 우리 창고에는 자네가 주문한 물건이 없어. 자네한테 백 냥 줄게. 됐지?"

"그래 어쩌겠나, 자네한테야 싸게 주겠네. 이제 어두워져서 내가 갈 길을 서둘러야겠네."

백 냥을 받아 품에 넣은 바다이는 말의 형상을 가리키며 말했다.

"자, 지배인. 내 말은 이 담장 안에서 풀을 먹고 있네. 보이는가? 꼭 자정에 일어나 물을 주게!"

바다이는 서둘러 말을 잡아 타고 가 버렸다. 지배인은 좋은 말을 갖게 된 것이 기뻐서 "좋은 말로 방아를 돌려야지. 그런 다음 이문을 내야지!" 하고 계속 돈 벌어들일 궁리를 하며 신이 나서 동이로 가득 물을 길었다. 그런데 담장 안으로 들어가 구유에 물을 부었는데도 말이 꼼짝도 하지 않았다.

"이런 제기, 너도 성깔 자랑 하냐?"

탁 걷어차자 말이 털썩 땅바닥에 쓰러졌다.

"이런 제기, 너 그래도 불만이 있냐?"

다시 걷어차니 엉덩이로 풀이 헝클어져 나왔다. 지배인이 이것을 보고는 기겁하면서 말했다.

"이런 제기, 살찐 말이 터진다는 말이 이런 것인 모양일세!"

● ──인색한 집

　바다이가 거기서 계속 가다가 타향 호쇼로 들어갔는데 말이 지쳐서 기진맥진했다. 다행히 길에 인가가 하나 보여 가서 차를 마시려고 그리로 향했다. 그런데 그 집에서는 탁발자가 오는 것을 알고 문에다 개를 매어 놓고 들어가 버렸다. 바다이가 당도하여 밖에서 "개 가두세요!" 하고 소리쳤을 때는 그 집 식구들은 탁발자가 오기 전에 차를 다 마셔 버리려고 계속 홀짝거리느라 매우 바쁠 때였다. 문에 큰 할타르 개가 으르렁거리며 엎드려 있는 데 기분이 상한 바다이가 고함을 쳤다.

　"개가 무나요?"

　"우리 개는 무는 개요. 그러니 어쩐다? 알아서 하세요."

　바다이가 다짜고짜 집 뒤로 가서 천창 끈을 풀고 나무 벽 얼개의 이음매를 풀기 시작하자 집 안에 있는 사람들이 당황해하며 물었다.

　"어이, 당신 뭐하는 거요?"

　"에이, 내가 개가 없는 쪽으로 들어가려고요."

　그러자 집 식구들이 몰려와서 개를 가두어 줄 테니 제발 문으로 들어오시라고 빌었다. 바다이가 "당신들이 차를 다 마신 뒤에는 내가 들어가도 되는 모양이오." 하자 그 집 식구들이 부끄러워하였다. 미안하고 부끄러운 마음에 집주인이 물었다.

　"어디로 가시는 탁발자이십니까?"

　"나는,

게르의 아래 벽에서 문까지 가는 탁발자요.
할타르 개 때문에 벽을 더듬는 탁발자요.
뜨거운 차 때문에 진땀을 빼는 탁발자요.

그러자 그 집 식구들은 몹시 창피하고 민망해하며 다시 차를 끓여 바다이에게 대접했다.

● ──고르지 못한 수확

바다이가 거기서 계속 가다가 한 부잣집에서 하룻밤을 묵어가게 되었다. 그 집은 겁나게 인색한 집이었기 때문에 바다이 탁발자를 위해서는 말라빠진 염소 고기를 삶고, 자신들 먹을 것으로는 기름진 양고기를 삶았다. 오래지 않아 음식이 완성되자 마누라는 자기 남편 앞에는 기름진 양고기를 놓고, 바다이의 앞에는 말라빠진 염소 고기를 놓았다. 바다이가 그것을 먹기도 어렵고 안 먹기도 어려워 가만히 앉아 있자니 집주인이 다른 이야기를 해서 주의를 돌리려고 그에게 말을 걸었다.

"그래 탁발자 어른, 다니신 고장에는 무슨 좋은 소식이 있나요? 다니신 길에는 풀도 잘 자라고 가축도 젖이 많이 나던가요?"

"어떤 곳은 댁의 앞 같고 어떤 곳은 내 앞 같아 수확이 고르지 않습디다."

그 말에 집주인이 몹시 부끄러워하며 바다이의 앞에 제 접시를 놓았다. 바다이는 기름진 고기를 전부 먹어 치우고는,

"비가 오게 되면 수확이 고르게 될 터이지요."

이렇게 말하며 말라빠진 고기가 담긴 접시를 돌려주었다.

영주와 바다이

바다이가 길을 가다가 우물을 보고 차를 끓여 마시려고 돌멩이 세 개를 모아 놓고 불을 피우고 형편없는 새까만 솥에 물을 가득 담아 얹고 연기를 피우며 앉아 있는데, 오래지 않아 씨말을 타고 공작새 깃털을 꽂고 징스를 단 모자를 쓴 관리가 와서는 인사도 차리지 않고 대뜸 꾸짖기부터 하는 것이 아닌가.

"어이, 너 못된 부랑자 녀석, 우물 위에서 비키지 못할까!"

바다이가 지지 않고 대꾸했다.

"나는 우물 위에 앉아 있는 게 아니라 땅 위에 앉아 있소!"

그래도 관리는 계속 큰소리로 거만을 떨어 댔다.

"네 놈은 왜 연기를 피우고 있는 거냐! 여기 있는 내 말이 놀라서 뛰어오르지 않느냐! 나는 말에게 물을 먹여야겠다!"

"당신 말이 물을 먹으려 하고 있다면, 사람의 자식은 차를 마시려 하고 있소!"

그러자 관리가 더욱 화를 내며 호통을 쳤다.

"네 이놈, 무슨 말이 이렇게 많으냐! 냉큼 꺼지지 못할까?"
"말수 적은 사람은 말에게 물이나 먹여라! 말 많은 놈은 차나 마시마! 그 사이에 일어나고 앉아 있는 게 무슨 차이냐······."
그러자 관리는 어쩔 줄 몰라 하며 버럭 호통을 쳤다.
"네 놈은 내가 호쇼를 다스리던 왕공이라는 것을 아느냐?

사람에게는 윗사람이 있고,
델에는 옷깃이 있는 법!

어서 일어나지 못할까!"
바다이도 지지 않고 대거리했다.

"말 떼가 다 없어져 씨말을 타고,
관속이 다 없어져 영주가 몸소 이렇게,

돌아다니는 것이라고는 내 생각하지 못했네. 그러니 길을 지킨 나나, 관직을 잃은 영주나 아주 똑같네!"
그 말에 왕공은 아무 말도 못하고 서둘러 되돌아갔다.

● ──저절로 떨어진 고기

바다이가 한번은 왕공을 뒤따르는 하인으로 가게 되었다. 왕공은 역참에 가서 삶아 준 고기를 먹고 남으면 길에서 먹으려고 간지개에 매달고 다니는 습관이 있었다. 그날도 그는 어느 역참에서 삶아 준 양의 넓적다리를 받아 짐 뒤에 매달고 갔다.
잠시 가다 보니 고기를 묶은 끈이 끊어져 땅에 떨어졌다. 바다이가 펄쩍 뛰어내려 주우려 하니까 왕공이 훈계했다.

"저절로 떨어진 고기는 줍지 않는다. 그만두어라! 앞으로는 저절로 떨어진 고기를 주워서는 안 된다."

이튿날 다른 역참에 당도하니, 그곳에서 바다이는 왕공에게 앞발을 들어 올리는 버릇이 있는 말을 골라 안장을 얹어 주었다. 바다이가 그 말을 끌고 길을 가는데 말이 갑자기 앞발을 들어올리는 바람에 왕공이 땅바닥에 나가 떨어졌다.

바다이가 모른 체하고 빠른 걸음으로 말을 달려가자 왕공이 뒤에서 소리쳤다.

"이놈아, 나를 데려가야지!"

"저절로 떨어진 고기는 줍지 않습니다."

그러고는 훨씬 더 속력을 내어 모둠발로 뛰다가 어느 골짜기에 들어가 왕공이 가지고 다니던 고기를 조금씩 베어 먹었다. 한참을 그러고 있는데 왕공이 가까스로 뛰어와서는 화를 내며 바다이를 채찍질하려고 들었다.

그러자 바다이가 한다는 말이,

"그대께서

'저절로 떨어진 고기는 줍지 않는다.
스스로 넘어진 아이는 울지 않는 법이다.'

하고 훈계하셨으니 이것은 제 잘못이 아닙니다."

● ──건방진 관리

바다이가 어떤 집에 가서 목이 말라 뜨거운 차를 마시며 땀을 흘

●─── 망중한을 즐기는 몽골 라마들의 모습.

리고 있는데 그 집에 코가 보기 흉한 관리가 한 사람 왔다. 바다이가 그 관리에게 도리를 차려 물었다.
 "흥미로운 일이라도 있습니까?"
 그런데도 그 관리는 건방을 떨면서 바다이에게 모욕을 가했다.
 "차 한 잔에 좋아라 입이 찢어지게 된 네 놈이 진정 흥미로운 일이다."

 "높디높은 산을 큰 물이 쓸어 가는 법.
 그런데 나리의 산은 무엇이 쓸어 갔을꼬?"

 바다이는 이렇게 말하며 관리의 자존심을 건드렸다. 그러자 관리는 몹시 성이 나 으르렁댔다.
 "네 놈이 감히 윗사람 앞에서 뻐겨 보겠다는 거냐! 이 나쁜 놈을 몇 동강이 나도록 두들겨 패야 할까?"

"아아, 그것 또한 이상한 일일세.

꼭대기가 없는 탑은 없는 법이거늘
꼭대기 없는 관리는 있는 모양일세."

그러자 관리는 소맷자락으로 바다이를 후려치며 외쳤다.
"염소가 간지개 먹는 소리 하고 자빠졌네. 썩 꺼지지 못할까?"
그래도 바다이는 계속 약을 올렸다.

"염소가 먹은 간지개는 가죽끈으로 고칠 수나 있지.
썩는 병이 먹어 버린 코를 뭐로 고치나?"
결국 관리는 할 말을 찾지 못하고 화를 내며 말을 타고 갔다고 한다.

지나친 축원

하루는 바다이가 어느 부잣집에 때마침 모전을 만들고 있을 때 당도했다. 부자는 그가 훌륭한 축원을 하나 해 주기를 바랐다. 그래서 바다이가 이렇게 축원을 했다.

"펼쳐 놓은 솜털은 희디흰 명주실이 되고
그림 같으신 주인장은 종호브[1] 부처님처럼 되시고
백 살에도 젊다 소리를 들으시고
여름철 꽃처럼 아름답다 소리를 들으시고
여섯 아이를 낳을 아내를 얻어
60년을 화목하고
80년을 동락同樂케 되소서!"

부자 주인은 대단히 기뻤으나 "네 축원은 나를 지나치게 드러내 칭송한 것이기 때문에 내 마음에 들지 않는다. 그래서 큰 상 대신

이거나 주겠다!"고 하면서,

　　눈먼 동전 한 닢을 꺼내
　　왼손으로 던져 주자

바다이가 다시 이렇게 축원했다.

　　"왼손은 창자처럼 문드러지시고
　　내가 받은 눈먼 동전 한 닢은 만 닢이 되고
　　펼쳐 놓은 솜털은 튀기고 그슬린 털처럼 되어
　　여름철 곰팡이에 완전히 슬고
　　걸어서 이목하고, 헐벗고 살면서
　　염소 젖이나 짜고, 뼈다귀나 자시게 되소서!"

그러자 부자가 "네 놈이 나를 깔보아도 유분수지. 어떻게 이런 악담을 하느냐?"며 바다이를 모전 만드는 장소에서 내쫓았다. 그래, 바다이가,

　　"바다이 탁발자가 축원을 하자
　　부자 주인이 화를 내네!
　　있는 이는 고마워하고,
　　없는 이가 불평을 해야지!
　　붐빠라 붐빠! 좋다!
　　다 되어 버렸네……."

하고 노래를 부르며 가자 모전을 만들고 있던 여러 사람들이 웃음을 터뜨렸다.

●──주

1   티베트 겔룩바 불교의 창시자 총카바(1357-1419)의 이름을 몽골 식으로 발음한 것.

바다이네 목영지

바다이가 거기서 계속 가다가 어두워지자 인가에서 묵어가려고 어느 집으로 갔다. 그런데 그 집에서는 겨우 두 사람 먹을 저녁만 끓이고 있었다. 그래서 바다이를 어떻게든 자기네 집에서 빨리 보내고 나서 저녁을 먹으려고 음식을 내오지 않다 보니 음식이 너무 오래 끓게 되었다. 그런데도 바다이는 마치 너희들이 그렇게 나오니 나도 이렇게 나간다는 듯이 꼼짝도 않고 음식 나오기만 기다리고 있었다. 집주인이 어찌 할 바를 몰라 하다가 "탁발자 어른, 길에 다른 집은 없나요?" 하고 묻고는 "우리 뒤로 인가가 있지?" 하고 마누라한테 다짐해 물었다. 마누라가 "개 짖는 소리가 들리데요. 그러니까 있을 거예요." 하고 말하자 바다이가 "잘되었네. 내일은 그 집에서 묵어가면 딱 맞겠군." 하고 대꾸하였다.

그러자 집주인은 '이자가 도대체 갈 생각을 안 하니 어쩐담?' 하고 궁리하다가 하릴없이 물었다.

"댁의 목영지는 어느 곳에 있습니까?"

"내가 집을 떠날 무렵에는 '앉힘'이라는 곳에 있었지요. 다음에는 '용솟음'이라는 데로 터를 옮겨 잡았지요. 지금쯤은 틀림없이 '졸아듦'이라는 터에서 겨우살이를 하고 있을 겁니다."

말을 하면서 바다이가 솥 쪽으로 흘끔거리니까 그 집 마누라가 당황하고 부끄러워하며 졸아들고 있는 음식을 꺼내다 고기가 딱 두 조각밖에 없었기 때문에 할 수 없이 모두 바다이 앞에다 놓았다. 바다이가 그것을 받아 "따뜻하게 겨울을 난다는 것은 참으로 근사한 일이지요!" 하고는 전부 다 먹어 치워 버린 뒤 빈 그릇만 돌려주자 집주인이 그릇을 보더니 "참으로 부끄럽게 되었습니다!"라고 하였다. 그러자 바다이가 "괜찮아요! 괜찮아! 이런 일이 어디 한두 번인가요? 편히 주무세요!" 하고는 그 집에서 떠나 주었다.

● ── 밥 짓기

해가 저물고 다 늦은 뒤에 바다이가 어느 집에서 묵어가려고 하니 그 집에서는 벌써 저녁을 먹어 치운 터였다. 다시 저녁 짓기가 귀찮았는지 아니면 음식이 아까워서였는지 하여튼 그 집 아낙이 이렇게 말하는 것이 아닌가.

"우리는 저녁을 해서 다 먹어 버렸는데요. 탁발자께서 다리가 짧았네요. 이제 빈속에 주무셔야겠어요."

그러자 바다이가 말하길,

"댁에서는 저녁을 지어 다 잡수셨으면, 우리 집에서는 지금부터 저녁을 짓는답니다."

그러고는 게르 안으로 등짐 궤짝을 들여오고 누런 말똥을 들여오고 하더니 마루 바닥에다 돌멩이 세 개를 모아 놓고 불을 붙이려고 들었다. 아낙이 깜짝 놀라 빌었다.

"탁발자 어른! 우리 집에다 화덕일랑 제발 내지 마슈! 내가 저녁을 해 드리리다!"

그러자 바다이가 말하길,

"내가 들어오자마자 이렇게 말했어야 옳지."

● ──아이 보기

어느 아름다운 여름날 바다이가 여름살이 터의 인가들로 돌아다닐 때였다. 한 집에 들어가자 그 집 아낙네가 아이에게 젖을 물리고 있다가 바다이를 보더니,

"바다이 어른, 이애 좀 보고 계셔요. 제가 소 젖 좀 짜고 오게요!"

그러고는 동이를 들고 나가 버렸다. 오래지 않아 서로 낯선 두 중생이 서로 뚫어지게 바라보다가 바다이의 눈길에 겁이 난 어린아이가 자지러지게 울음을 터뜨렸다. 밖에서 아낙이 동이를 들고 들어와서 힐난하였다.

"우리 아들놈이 우는 데 왜 좀 달래시지 않고요?"

"나는 댁이 하라는 대로 앞에서 보고 있었소. 그런데도 우는 데야, 원."

아낙은 아이를 달래 조용하게 만들어 놓고는 다시 나가며 당부했다.

"우리 아들놈이 다시 울면 어떻게 좀 하세요. 저는 소 젖을 마저 다 짜고 올게요."

오래지 않아 아이가 다시 울기 시작했다. 그러자 바다이는 아이를 안고 나와 등짐 위에 앉히고는 떨어지지 않도록 손을 본 뒤 등짐을 지고 길을 떠났다. 그러자 아이 어머니가 깜짝 놀라 뒤에서 뛰어

쫓아와서 따졌다.

"바다이 어른, 무슨 짓이세요, 이게 도대체!"

"당신이 아이가 울면 가지라고 하지 않았소? 그래 나는 애가 울기에 아들놈이 생겼다고 여기고 데려가고 있었지요. 어서 가서 어느 집에서든 애한테 뭘 좀 마시게 해야겠소."

그러자 아낙은 바다이한테서 아들을 떼어 받은 뒤 자기 집으로 청해 차를 끓여 대접해 보냈다고 한다.

●──호르마스트 하느님의 암고라말

하루는 바다이가 길에 죽은 말의 사체가 있는 것을 보고 그 꼬리를 잘라 등짐 속에다 넣고 계속 갔다. 그런데 부자 몇 사람이 오보에 제사를 올리고 있기에 가서 보니까 그 사람들은 '호르마스트 하느님의 암고라말'이라는 것이 있는지에 대해 입씨름을 하고 있었다. 일부는 우리가 사는 이 세상에 있다고 하고, 일부는 절대 있을 수 없다며 주장을 굽히지 않았다.

바다이가 그 말을 듣고 의아해하면서 가다 보니 호르마스트 임금님의 암고라말이 있다고 주장하던 부자들 가운데 한 사람이 잰걸음 말을 타고 이쪽으로 오는 것이 보였다. 바다이는 아까 그 말꼬리를 밧줄로 묶은 뒤, 속이 빈 나무의 밑으로 집어넣어 나무 뿌리에다 단단하게 묶었다. 그리고 다시 꼬리를 반쯤 흙으로 그럴듯하게 덮어 놓고 꼬리 끝을 힘주어 당기고 있는 척하고 있자니 그 잰걸음 말을 탄 부자가 왔다. 부자가 물었다.

"어이, 자네 무얼 하고 있는가?"

"제가 방금 호르마스트 임금님의 암고라말이 이 나무 밑에서 자고 있는 것을 이 밧줄을 던져 붙잡았으나 구멍으로 기어 들어가 버렸습니다. 지금 꼬리만 내밀고 있습니다. 좀 도와주십시오."

"그래 그렇게 함세. 우리가 방금 오보에 제사를 지냈기 때문에 호르마스트 임금님께서 은혜를 내리셨구먼!"

부자가 꼬리를 힘주어 잡자 땅이 흔들리며 움직였다. 이에 부자는 욕심이 부쩍 동했다. 바다이를 보내고 땅을 파 내면 훌륭한 말을 혼자 차지할 수 있을 것 같았다. 그래서 바다이에게 말했다.

"자, 자네 내 말을 타고 가게! 이 언덕 너머에 우리 집이 있네! 거기서 사람을 여럿 좀 불러 오게나! 내가 이렇게 붙들고 있겠네."

바다이는 부자의 잰걸음 말을 타고 그쪽으로 가긴 갔으나 아무에게도 말하지 않고 그냥 그대로 지나가 버렸다. 그 욕심 많은 부자가 잠시 기다리다가 땅을 파 보니 밧줄과 말라붙은 꼬리밖에 아무것도 없었다.

●──주

1   몽골어 '아와흐'가 '갖다, 받다, 조치를 취하다' 등의 여러 의미를 가진 것을 이용한 말장난.

옛날이야기

바다이가 하루는 어느 길가 집에서 하룻밤 쉬어 가려고 하니까 그 집 식구들은 바다이가 이야기를 해 주면 재워 주고 그렇지 않으면 못 재워 준다고 하였다. 그래서 바다이는 밤새 근사한 옛날이야기를 해 주기로 약속하고 음식과 차를 장만케 하고 푹 쉬었다. 날이 저물자 그 집 식구들이 이야기를 시작하라고 재촉하였고, 바다이는 침상에 들어가 시작하겠다고 했다. 그래, 사람들은 어서 이야기를 들으려고 바다이에게 잠자리를 만들어 주고 자기들도 각자의 자리에 들어가 누웠다. 그리고 "이제 이야기를 시작하세요!" 하고 조르자 바다이가,

"전에 내가,

시절이 아름다운
여름의 풍성한 계절
잔단 조 가는 길을

터벅터벅 걸었지요."

그러자 듣던 사람들이 끼어들었다.
"그래서요?"

"길 옆으로는
백단향白檀香도 자라고 있었고
목련도 자라고 있었지요.
섬부주贍部洲는 참으로 아름답습디다!"

그러고는 아무 말이 없었다. 사람들이 안달이 나서 물었다.
"자, 그래서요?"

"젊어서는 얌전하지 못했지요.
길로 안 다니고,
꼭
백단향 나무 숲 사이로 다녔지요!"

그러고는 또다시 아무 소리가 없었다. 사람들이 다시 재촉했다.
"그래서요?"
"계속 가고 있었어요……. 갔어요!"
"예, 그래서 어떻게 되었는데요?"
"그런데 길가에서 무슨 노란 것이 툭 튀어나와선 휙 지나가는 것이었지요!"
그러곤 다시금 아무 소리 하지 않았다. 그 집 식구들이 대답을 채

● ──몽골 사람들이 사는 게르의 원경. 해체와 조립이 쉬워 이동 생활에 알맞고 모양이 마치 공을 반으로 잘라 엎어 놓은 것 같기 때문에 거센 바람에도 잘 견딘다.

근하였다.

"그래, 그게 뭔데요?"

"자! 자! 아무러면 어때요. 물론 다람쥐였지요. 그런데 구멍으로 들어가지 않았겠어요! 여름밤이 짧다는 것을 모르는 것도 아니니 잡시다들!"

그런 다음 바다이는 드르렁드르렁 코를 골기 시작했다.

고승 바다이

● ──바다이의 변경1

바다이는 본디 신앙심은 돈독했으나 다만 불법을 모르는 것이 한이었다. 그러던 중에 새해 법회에 참석해서 떡이라도 몇 조각 얻어먹을 겸 어느 절을 찾아가 가사를 걸치고 법당으로 들어가니, 게스구이 라마가 그에게 다른 승려들과 같이 법회에 참석할 것을 허락하면서 줄 맨 끝에 여러 동자중들과 함께 앉는 자리를 지정해 주었다. 바다이가 청하길,

"존경하는 게스구이 님! 제가 원래 현교학을 공부한 사람입니다. 저를 걸맞은 자리에 들여 주시겠습니까?"

게스구이가 명령했다.

"그렇다면 자네는 로봉 라마에게 가서 고시를 보도록 하게."

마침 바다이에게 운이 닿느라고 로봉 라마는 몽골 어를 모르는 티베트 사람이었다. 로봉 라마 앞에 가서 바다이가 떡 다섯 개를 갖겠다고 말하고 다섯 손가락을 펴서 시늉을 하니까 로봉 라마가 그

것을 "다섯 가지 말로 변경을 하자!"는 것으로 오해하고 대답으로 손가락을 두 개만 내밀며 "두 가지 말로 변경하자!"는 시늉을 하였다. 바다이가 "아니요! 안 돼요! 밤새도록 잠도 안 자고 앉아서 떡 두 개가 무슨 당치 않은 말씀이오? 나로서는 떡 열 개, 아니 한아름을 받아야겠소." 하고 열 손가락을 쑥 내밀어 보이고는 두 팔로 한아름 가득한 표시를 해 보이고 원을 그리며 돌리자 로봉 라마는 '저 사람을 보게! 대단한 학승이로구먼. 열 나라 말로 변경을 하고 나서 하루 종일 이야기를 나누자는군.' 하고 이해하고는 '나는 아무리 해도 못 당하겠다.'고 생각하고 당황하여 게스구이 라마를 불러오게 하여 "이 사람은 학문이 대단한 큰스님일세. 상좌에 앉히게." 하고 명령했다. 바다이는 그 법도대로 대학승들의 자리에 앉았다. 그러자 라마들이 와서는 바다이에게 절하고 물었다.

"어디 계시는 학승이십니까?"

"나는 라사의 바다이 반디타요."

이에 여러 라마들은 경외하여 아무 소리를 못하게 되었다. 바다이는 평소에 아는 염불을 몇 마디 외우고 있다가 제대로 몇 아름 떡을 받아 가지고 새벽같이 없어졌다.

● ——나는 작년이다

바다이가 다시 어느 법당에서 기도회에 참석하게 되었다. 바다이가 법고대에 앉아 법고를 치며 대단히 열심히 참여하고 있으려니 떡에, 밥에, 차에 라마의 예로 대접을 받게 되었다. 그런데 곁에 있던 사미가 바다이의 떡을 빼앗아 먹어 버렸다. 그래서 바다이도 사미의 법고를 쳐서 찢어 버렸다. 그러자 사미가 바다이에게 물었다.

"법고를 찢은 사람은 이름이 뭐요?"

● ——몽골 민담

바다이는 제 이름을 비 노드닝'나는 작년이다' 라는 뜻이라고 대고 법회를 떠나 버렸다. 법고 소리가 나지 않는 것을 알고 게스구이 라마가 그 사미에게 물었다.

"법고를 누가 찢었느냐?"

사미는 얼른 일러바쳤다.

"비 노드닝이 찢은 것입니다."

"바로 전까지만 해도 소리가 나던 북을 찢어 먹고는 '내가 작년에' 찢었다고?"

게스구이 라마는 몹시 화를 내며 사미를 죽도록 두들겨 팼다.

● —— 딱 한 주전자 물

한 라마가 바다이에게 주전자를 주면서 부탁했다.

"자네 내게 딱 한 주전자 물만 길어다 주게! 나 좀 도와 달라고. 내가 차 좀 끓여 마셔야겠네."

그래서 바다이는 주전자를 받아 들고 그 즉시 인가로 돌아다니다가 이튿날 빈 주전자를 들고 왔다. 그 라마가 원망하며 말하길,

"이 사람, 바다이! 어떻게 된 건가? 그래 이만한 물도 없더란 말인가?"

그러자 바다이가 대답하길,

"이 세상에 당신의 이 주전자에 딱 맞는 딱 한 주전자 물은 어디에도 없습디다. 내가 어제부터 이 샘 저 샘으로 아무리 찾아다녀도 한 주전자를 채우고 보면 그 샘에 물이 꼭 남더라 이 말이지요. 그러니 어디 딱 한 주전자 물을 찾을 수가 있어야지요."

● ──부처님의 가죽 장화

 한여름 더울 때였기 때문에 바다이는 몹시 지쳤다. 그런데 길에 한 작은 강원이 있었다. 예불도 드리고 그 김에 들어가 더위도 식히기로 작정하고 법당에 들어가니 때마침 타힐치 라마도 나들이 가고 아무도 없었다. 이러다 누가 들어오면 도둑으로 오해할지도 모른다는 생각이 든 바다이가 돌아 나가려고 하는데 밖에서 고니르 라마가 왔다 갔다 하는 발소리가 나는 것이 아닌가. 바다이는 당황한 나머지 부처님 뒤로 들어가 숨어 버렸다.

 타힐치 라마가 부처님께 등불을 바치기 시작할 무렵 바다이가 자기도 모르게 재채기를 했다. 그러자 고니르 라마는 "우리 부처님이 살아 오셨다!"고 오해하고는 소리를 질렀다.

 "오 부처님이시여, 자비를 베푸소서!"

 그러자 바다이가 "곡식 넣고 끓인 차!" 하고 소리를 냈다.

 이에 타힐치 라마는 얼른 달려나가 곡식 넣고 끓인 차를 가져다 탁자 위에다 놓고 말했다.

 "살아 오신 부처님, 공양 드십시오!"

 바다이가 또 "고기!" 하고 소리를 냈다.

 타힐치 라마와 고니르 라마가 앞을 다투어 뛰어다니면서 양의 오츠를 가져다 부처님 앞에 놓고, 그리고 한 동이 가득 아이락을 바치며 "살아오신 부처님, 자비를 베푸소서!" 하고 절을 했다. 바다이가 "자, 됐다. 그만들 가 보거라!" 했다.

 그 두 사람이 빌면서 뒷걸음질로 나간 뒤 바다이는 법당 문을 안에서 빗장을 지르고는 차와 고기, 아이락을 배부르게 먹고, 거기서 편히 잠을 자며 쉬었다. 이튿날 아침 일찍 강원에서 나올 때 우리의 바다이가 그만 가죽 장화를 잊어버리고 두고 나왔는데, 바다이가 떠나고 오래 지나지 않아 고니르 라마와 타힐치 라마가 다시 와서는 "살아 계신 부처님이 우리에게 가죽 장화를 던져 주고 가셨다." 면서 바다이의 가죽 장화를 제단 한가운데 놓고 존경을 다해 섬겼다나.

● ──바다이의 변경2

바다이가 하루는 사원의 큰 게브시의 처소에 들어가자 라마가 명령조로 말했다.
"너 내 부처님한테서 축복을 받아라!"
그래, 바다이가 대꾸하길,
"나는,

흙덩어리 부처님은커녕
시르봉 라마[2]한테서도

축복을 받지 않아 본 놈이오!"
"오냐, 그러면 둘이 변경을 하자!"
"나는,

웬만한 비구 라마는 말할 것도 없고
활불 라마와도

변경을 하고 다니던 놈이오."
바다이가 짐짓 대단한 체하자 그 학승 라마는 불쾌감이 끓어올랐다.

"그래, 네가 그렇게 어마어마하다면 부처님 계시는 곳이 어디인지를 이야기해 보거라!"

"절간 깊숙한
그늘진 곳에 있는
부처님 두는 상자³,
바위 동굴의 벽,
금이 간 기도바퀴에
부처님이 거하는 것이오."

이에 몹시 화가 난 라마가 힐문했다.
"대관절 네 놈은 부처님이 무엇이라고 생각하는 거냐?"

"물감을 칠해 놓은 그림
진흙을 이겨 놓은 형상
놋쇠를 부어 놓은 길쭉한 덩어리
풀을 쑤어 붙여 놓은 반벌거숭이
고기를 먹지 않는 미륵불 형상
가축을 먹지 않는 초이진 라마의 그림
거짓말쟁이 라마의 신앙물
진실성 없는 사람의 수호신을
부처님이라고 한다오."

라마는 바다이가 부처님을 모독했다고 여겨 화를 참지 못했다.
"흥, 네 놈은 완전히 차랄바⁴가 된 인간이다. 저승에 가서 열세 지옥에나 떨어져라! 부처님 맙소사! 저를 용서하소서!"

그러고는 합장하고 빌면서 난리도 아니었다. 그 모습을 본 바다이가 라마에게 쏘아 주었다.

"흥, 게브시 스님은 살아 부처님이 되어 버렸으니 그러면 유리 상자 안에 앉아 30년을 말라비틀어지게 된 대가리요!"

●―주

1 부처님께 올리는 세숫물, 발 씻는 물, 꽃, 향, 향수, 음식, 음악, 염주, 일산, 불화 등을 준비하는 소임의 라마.
2 샤브랑 또는 샤브롱, 중생을 구제하기 위해 세상에 태어난 활불이지만 공식적으로 추대받지 못한 라마, 활불들의 측근 라마를 가리킨다.
3 티베트 몽골 어 '궁게르바'는 극락정토, 절에서 불상을 모셔 둔 곳, 불상을 넣어 두는 틀의 세 가지 뜻을 가지고 있다. 스님은 첫 번째 뜻으로 묻고 바다이는 세 번째 뜻으로 대답함.
4 이단의 무리. 같은 뜻의 티베트 어 '카롤바'에서 온 말이다.

멋쟁이 라마

바다이가 우물가에서 차를 끓이면서 물로 머리를 감고 땀을 들이고 있는데 한 멋쟁이 라마가 바람 쐬러 나와 거닐다가 바다이를 보고는 재미있는 이야기라도 시킬까 해서 옆으로 다가왔다.

라마는 새 샤남 모자를 쓰고, 유리 안경을 쓰고, 비싼 수정 염주를 들고, 대단히 사치스러운 옷차림을 한 것이 한눈에도 분명했다. 그가 바다이를 놀렸다.

"여보게, 바다이. 자네는 사람께나 골탕을 먹이고 돌아다닌다며? 나도 한번 골탕 좀 먹여 보지 그래?"

그러자 바다이가 제 머리에 물을 한 바가지 퍼붓고는 이렇게 말했다.

"아이고 스님, 스님한테 그런 짓을 할 정신이 어디 있나요? 저쪽 하늘에 큰 불이 나서 어떻게 해 볼 방법도 없고 해서 머리나 적시고 앉았는데요. 안 보이세요! 저기, 저어기……."

바다이가 하늘을 가리켰다.

"어디야, 그게?"

라마가 고개를 들어 위를 바라보는 서슬에 샤남 모자가 우물로 떨어져 버렸다. 라마가 "아이고 내 모자!" 하면서 우물 쪽으로 몸을 숙이자 이번에는 유리 안경이 떨어지면서 돌에 부딪혀 깨져 버렸다. 라마가 어찌 할 바를 몰라 하면서 "이게 모두 요괴 놈 때문이다."라고 하면서 수정 염주로 바다이를 때리고 나니 염주가 풀려 빠져나가 깨진 돌멩이 조각이 되었다. 바다이가 물었다.

"존경하는 스님, 이제 되셨습니까?"

"흉악하게도 골탕을 먹었다! 네 놈을 그냥!"

라마는 투덜대면서 갔다.

● ── 내세

바다이가 라사에 가서 은사 스님을 뵙고 며칠을 묵고 떠나게 되어 어쩔 수 없이 스승에게 절을 하게 되었다. 스승은 바다이가 훌륭한 라마가 되라고 축원하고는 이렇게 말했다.

"자, 너는 내세를 위해 부처님께 기도를 하고 다녀라!"

"스님, 대단히 고맙습니다. 왜냐하면 저는 기도하는 것을 통 참을 수 없도록 태어난 사람이기 때문입니다. 이렇게 이승에서 기도를 하지 않고 내세에[2] 기도하게 되어 고맙습니다."

"무슨 소리냐! 네가 내세에 좋은 운명으로 태어나기 위해 이승에서 부처님께 잘 기도하라는 말이 아니더냐!"

그러자 바다이는 천연덕스럽게도 이렇게 대꾸했다.

"오오, 그렇습니까? 그런데 참, 어느 라마가 그러는데 점을 쳐 보니까 제가 내세에는 벌레가 되어 태어난답니다. 그러면 제가 벌레로 태어나기 위해 기도까지 하는 것은 너무 성가시지 않겠습니까?"

스승은 아무 말도 하지 않았다.

● ――고기 없는 날

바다이가 여름을 나러 어느 라마의 처소로 갔다. 그런데 그 라마가 몹시 인색한 사람이라 이렇게 말했다.

"오늘은 부처님께서 해탈하신 날이기 때문에 죄 되는 음식은 먹지 않네. 그러니 바다이 자네도 나와 마찬가지로 금식을 해서 빈속으로 자게."

그러자 바다이가 물었다.

"부처님의 고기 없는 날은 벌써 그저께 지나가지 않았습니까?"

"나는 워낙 부처님에 대한 신앙이 크기 때문에 고기 없는 날을 이삼 일 더 지키거든."

그런데 바다이가 등짐을 들여오더니 안에서 기름진 고기를 꺼내서는 고기를 베어 먹는 것이 아닌가.

"오늘은 우리 아버지 생신이기 때문에 저는 할 수 없이 배불리 먹어야 하거든요."

한참 침만 꼴깍꼴깍 삼키던 라마가 천창을 올려다보더니 한다는 말이,

"자, 이제는 날도 저물었으니 고기 없는 날을 풀어야겠군."

그래, 라마가 일어나려 하는데 바다이가 또 하는 말이,

"자, 나는 이제 고기를 다 먹었으니 고기 없는 날을 지켜야겠네!"

바다이는 냉큼 고기를 싸서 등짐 속에 넣고 잠자리에 들어 버렸다. 그러자 라마는 "소용없는 일이 되었군!" 하면서 대단히 아쉬워했다나.

● —— 주

1 말가이. 티베트 몽골 승려의 모자 가운데 하나. 높고 뾰족한 끝이 앞으로 기울어져 있음.
2 몽골 어에서 '내세를 위하여'나 '내세에'를 같은 말로 표현할 수 있는 점을 이용한 말장난.

흥미로운 일

바다이가 하루는 한 부잣집이 보이기에 가서 음식을 얻어먹으려고 갔더니 그 집에서 개를 붙들어 주지 않았다. 오래 기다리다가 살금살금 기어가서 문틈으로 들여다보니 그 집 식구들이 음식을 먹고 있었다. 딸은 문 쪽에 앉아 창자를 먹고, 마누라는 화덕 가장자리에 앉아 양 꼬리를 뜯고, 남편은 상석에 앉아 밥통을 먹고 있었다.

바다이가 그것을 보고는 지금이야말로 밥을 먹을 때다 하고는 인기척을 꽤 보이다가 게르 안으로 들어가니, 마누라는 먹고 있던 꼬리를 품속에 넣고, 딸은 창자를 소매 속에 집어넣고, 남편은 밥통을 델 자락 밑에 넣어 감추고는 아무것도 먹고 있지 않았던 것처럼 시치미들을 떼고 앉아 있었다. 남편이 바다이에게 물었다.

"그래, 탁발자 어른! 길에서 뭔가 흥미로운 일이라도 있었는지요?"

"뭐 흥미로울 것도 별로 없었지요. 하기야 내가 방금 댁으로 오는 길에 이 따님의 소매 속에 있는 창자처럼 굵은 뱀과 맞닥뜨려 저

아주머니의 품에 있는 꼬리처럼 생긴 돌로 때렸더니 댁의 델 자락 밑에 있는 밥통처럼 토막이 나 버렸습니다만!"
바다이의 말에 딸이 "푸!" 하고 한숨을 쉬면서 창자를 꺼내 던졌고, 마누라는 "하느님 맙소사!" 하면서 꼬리를 그 위로 내던졌다. 마지막에는 남편이 당황한 나머지 델 자락 밑에서 터진 밥통을 꺼내 놓았다. 그러자 바다이가 말했다.
"흥미로운 일이래 봤자 이 정도지요."
그 집 식구들은 창피하고 민망해하며 음식을 새로 해서 바다이를 대접해 보냈다.

● ──헛것

바다이가 먼 길에 지쳐서 가다가 어느 집에 들어가니 그 집에서는 겨우 차만 끓여 주고 다른 것은 아무것도 주지 않았다. 그러다 휘장 뒤에 기름진 고기가 걸려 있는 것을 본 바다이가 별안간 등짐을 굽어보면서 무슨 헛것과 이야기를 하기 시작했다.
"그렇게 할 수는 없어! 그만두지 못해? 주인장께서 화내신다니까!"
그러자 안주인이 의심스러운 눈초리로 보고 있다가 물었다.
"지금 누구하고 말씀하시는 거요?"
"못된 귀신이 저를 따라다니거든요. 그런데 댁의 휘장 뒤에 고기가 걸려 있는 것을 보고는 '그걸 먹겠다! 얼어 달라!'고 떼를 쓰네요. 그래서 제가 야단을 치고 있는 겁니다."
"아이고, 부처님 맙소사! 그러면 그것이 고기를 먹는단 말이오?"
"먹다뿐인가요? 어떤 집에서는 애착을 갖는 바람에 자꾸 거기 남겠다고 고집을 피워 골칫거리가 되기도 하지요."

이 말에 안주인은 엄청나게 허둥대고 당황하면서 말했다.
"아이고, 탁발자 아저씨! 그놈을 데리고 가시지요! 내가 그 고기를 전부 삶아 드리리다!"
그리고는 서둘러 기름진 양의 오츠와 꼬리 등등을 삶아 바쳤다. 바다이가 반은 싸서 등짐 속에 넣고는,
"자, 이제 먹어라!"
그리고는 자신도 남은 반을 배불리 베어 먹고는 말했다.
"자, 이제 걱정하실 것 없이 잘되었습니다. 거룩한 '옴 아 홈' 되소서!"
바다이가 떠나자 그 집 식구들도 무척 고마워했다고 한다.

● ─── 오츠 가르는 법[1]

바다이가 하루는 저녁 느지막하게 되어 어느 집에 당도하니 그 집에서는 경을 읽히고 재수발원 굿을 하고 잔치를 하고 있었다.
바다이가 그것을 보고는 '옳거니! 즐겁고 근사한 잔치에 들어갔다가 가야 할 일이지.' 하고 생각하고 등짐을 밖에다 놓고 들어가려는데 누군가 툭 한소리 했다.

"주접스러운 떠돌이 탁발자는 말할 것도 없고
초대받은 사람들도 자리가 없다."

바다이가 풀이 꺾여 게르 아래 벽에 몸을 기대고 잔치에 무슨 수로 들어갈까 하고 궁리를 하고 있으려니, 염소 한 마리가 뿔이 똥바구니 끈에 걸리자 펄쩍 뛰는 서슬에, 그 집의 양들이 놀라 뛰고 손님들의 말이 흩어지는 소동이 일어났다. 그것을 보고 바다이가

좋은 수를 찾아냈다. 좋은 수라는 건 다름이 아니고 밖에서 "어이! 늑대다, 늑대!" 하고 고함을 친 것이었다. 이에 집 안에서 잔치를 즐기고 있던 사람들이 모두 놀라 뛰어나와 양, 말, 낙타를 쫓아갔다.

그래, 바다이가 집으로 들어가 상석에 떡하니 앉아 라마 앞에 놓였던 오츠를 제 앞에다 갖다 놓고 앉아 있으려니 밖에서 사람들이 돌아왔다. 그들이 들어와 물었다.

"탁발자 어른은 언제 오셨소?"

그러자 바다이가 말하길,

"늑대는 틈을 엿보다가,
탁발자는 예언자 행세로 밥을 찾아 먹는 법이오!
초대받은 사람에게도 차례가 오지 않는 오츠를
떠돌이 탁발자가 손을 대고 앉았소!"

●──주

---

1 주빈 대접을 받는 법.

바다이 장가들다

바다이가 타향 호쇼에서 지낸 지 몇 달이 지나 장가를 들게 되었다. 그의 친지들은 바다이를 어떤 여자에게 장가들여 주고, 게르를 지어 주고, 혼인 잔치까지 열어 주었다.

바다이는 혼인한 다음 날 아내에게 말했다.

"자, 이제 내가 일단 혼인을 한 이상 자네는 떠나야 하지 않겠나?"

아내가 깜짝 놀라며 따져 물었다.

"아니 바다이, 그게 무슨 소리요?"

그러자 바다이가 한다는 말이,

"나는 고향에 아내가 있는 사람 아닌가? 하긴 혼인은 할 새가 없었지만 말이지."

● ── 말 안 듣는 아내

바다이의 아내는 엄청나게 고집 센 사람이었다. 하루는 아내가 강 건너에 있는 어느 집에 간다고 가자 바다이가 뒤에서 소리 질렀다.

"여보! 다리로 건너가구려!"

그러자 아내는 반대로 행동을 해서 강으로 건너가려다가 그만 발을 헛디뎌 물에 떠내려가게 되었다. 그래서 바다이가 상류 쪽으로 뛰어가며 울고불고 외쳤다.

"여보! 물을 따라 내려가!"

사람들이 그 모습을 보고 바다이에게 물었다.

"왜 상류 쪽으로 뛰시오? 물을 따라 내려가야지요!"

그러자 바다이가 대답하길.

"우리 집사람이 얼마나 엇나가는 사람인지 모르지! 내가 방금 물을 따라 내려가라고 했기 때문에 거슬러 올라올 것이 틀림없어요."

얼마 후 사람들이 아내를 물에서 건져 냈다. 아내가 정신을 차리자 바다이가 이렇게 물었다.

"자네, 내 말이라면 무조건 엇나가는 사람이 물은 왜 거슬러 올라오지 못했나?"

● —— 바다이의 이혼

바다이가 아내를 친정으로 돌려보내게 되었다. 아내를 데려다 주기 위해 같이 가는 길에 그는 아내를 붙잡고 다짐을 해 두었다.

"자, 자네는 내가 다시 장가들 시에는 내 아내가 되어야 하네!"

"그러면서 나를 친정으로 돌려보내는 건 또 뭐요?"

"나는 사나이 아닌가? 그러니 아내를 취할 때도 있고 아내와 갈라설 때도 있어야 하지 않겠는가, 이 답답한 사람아!"

● ──탁발자의 실수

  옛날에 탁발자가 돌아다니다가 인가에 들렀더니 그 집 딸이 천하일색이었다. 탁발자가 그 여자를 몰래 훔쳐보고 있자니 집주인이 그의 심사를 알아차리기라도 했는지 이렇게 물었다.
  "스님, 스님은 비구 스님이신가요?"
  탁발자는 혹시 비구승이라고 하면 경을 읽히면서 며칠 묵어가게 할지도 모른다고 생각하고 대답했다.
  "비구승이고말고요!"
  그런데 그 사람이 뜻밖에도 이렇게 말하는 것이 아닌가.
  "오, 이런! 우리는 무남독녀 외동딸뿐이라오. 그래서 성실하고 의지가 될 만한 사람으로 배필을 구해 줄 생각이지요. 댁은 여러 곳으로 여행을 하면서 안목도 생기고 경험도 있는 믿음직스러운 사람이라고 생각해서……."
  그제야 탁발자는 자기가 엄청난 실수를 저지른 것을 깨닫고 얼른 말을 바꾸었다.
  "아니요, 잠깐만요. 잠깐만 기다려 보세요. 생각 좀 해 보게요. 내가 비구승이었던가? 우리 아우가 비구승이었던가?"

● ──다 후레에 간 바다이

  바다이가 라마가 되기로 작정하고 부지런히 걸어서 다 후레에 들어왔다. 다 후레에 들어가서 수많은 라마, 비구니, 강원과 선원 들을 구경하다 보니 라마가 되는 것이 제일 낫겠다는 생각이 더욱 굳어져, 법회를 하는 곳에 가서 승려가 되고 한 라마의 제자로 들어갔다.
  그런데 하루는 스승이 바다이에게 계를 내리게 되었다. 바다이가 절을 하니 스승이 바다이에게 계율을 가르치면서 이렇게 말했다.

"자, 계를 받은 사람은 아내를 취할 수 없는 법이다! 살생을 하지 않는 법이다! 제유(諸有) 중생을 위해 빌고 노력하는 법이다!"
 그때 바다이가 갑자기 끼어들었다.
 "잠깐만요! 잠깐만요! 스님, 제가 한 가지를 잊었습니다!"
 "그래, 네가 무엇을 잊었는고?"
 "제가 라마가 된다는 것을 집사람한테 이야기하는 것을 잊었습니다. 스님이 아내 말씀을 하시니까 별안간 생각이 났습니다. 그러니 계를 받기 전에 아내에게 알려야 하겠구먼요."
 그러고는 그 길로 나와서 집으로 가 버렸다.

● ──바다이가 찾은 생계 수단
 바다이가 고향을 찾아 옛날 아내와 다시 합친 뒤에 앞으로 어떻게 살 것인가 궁리하다가 대단히 좋은 수를 찾았다.
 그 좋은 수라는 것은 다음과 같았다. 맨 처음에 하르가나의 솜털을 모아 그것으로 모전을 만든다.[1] 그리고 그 모전을 암말과 바꾼다. 암말에서 보물 같은 잰걸음 망아지가 태어난다. 잰걸음 망아지이므로 게르와 바꿀 수 있다. 이렇게 하기로 작정하고 밖으로 나오니 한 상인이 게르를 팔려고 하고 있었다. 바다이가 그를 보고 말했다.
 "댁한테 잰걸음 말을 한 마리 주리다. 게르를 내게 주시오."
 상인이 동의했다.
 그래서 바다이가 게르를 받아 가려고 하니까 그 사람이 요구했다.
 "바다이 이 사람, 그 잰걸음 말을 가져와야지!"
 바다이가 큰소리를 쳤다.
 "자, 내일부터 하르가나의 솜털을 모을 거요. 그것으로 모전을 만들 거요. 그 모전을 암말과 바꿀 거요. 내 암말한테서 잰걸음 망아지가 나올 거요. 망아지를 가르쳐서 말을 만들 거요. 그러면 말이 된 뒤에 댁한테 주면 되지 않겠소!"

●──주

1 식물의 솜털로 모전을 짜는 것은 불가능한 일이다.

바다이의 충고

하루는 바다이가 중국 상인을 만났다. 그 사람은 중국에서 온 지 얼마 안 되었기 때문에 몽골 땅의 물정을 잘 몰랐다. 그는 바다이에게 이렇게 물었다.

"지금 나는 집집마다 돌아다니면서 빚을 받고 있소. 그러니 빚으로 어떤 가축을 받으면 좋을지 가르쳐 주오."

그러자 바다이가 이렇게 충고해 주었다.

"아이고, 이 중국 양반아! 당신이 좋은 가축을 받을라치면,

머리에는 근사한 칼이 두 개 있고,
아랫도리에는 파가 하나 있고,
옆구리에는 소금이 있고,
입 닦는 수건을 가진

그런 준비된 가축을 받으면 먹을 때 아주 좋지 않겠소?"

"아이, 내가 봐야겠다 해!"

바다이가 인가에서 씨염소 한 마리를 끌고 오자 중국인은 씨염소의 뿔, 고환 등을 만져 보고는 말했다.

"칼도 뭐 그만하면 되었고, 파도 괜찮은 파일세. 소금은 조금 질이 처지고."

그러고는 아랫도리 가리개¹를 보더니 물었다.

"입 닦는 수건의 천이야 뭐 아무럼 어떤가. 내게 새 천이 있으니. 그런데 이 냄새는 뭐요?"

"이거야 기름에 튀긴 두부 냄새 아닌가?"

"아이, 우리 중국 땅의 두부는 이것보다 훨씬 나은데. 자네가 가르쳐 준 이 가축 참 괜찮네. 몸집도 크고 준비도 어지간히 되어 있고."

그래서 바다이의 충고대로 중국인이 집집마다 다니면서 빚으로 받은 가축이라는 것이 전부 늙은 씨염소였다고 한다.

●―― 주

1   교미를 막을 필요가 있을 경우 씨양이나 씨염소에게 매달아 아랫도리를 가리게 되어 있는 천.

단단함과 부드러움

바다이가 어느 절의 초르지 라마네 집안일을 해 주려고 갔다. 그 라마는 바다이에게 양 가죽을 무두질하게 하고 삯으로는 떡을 주기로 약속했다. 바다이가 그 양 가죽을 며칠을 애를 써서 무두질을 해 라마에게 갖다 주자, 라마는 바다이가 무두질한 양 가죽을 밖으로 갖고 나가 펴서 위에다 못을 박는 것이었다. 그래서 바다이가 물었다.

"이게 무엇 하시는 겁니까?"

"우리 예서는 양 가죽 무두질한 것을 이렇게 검사한다네."

바다이의 무두질이 잘되었던지 가죽은 못에 구멍이 나지 않았고, 라마는 양 가죽을 받고 바다이에게 떡을 주게 되었다. 라마는 궤짝을 열어 떡을 딱 한 개만 꺼내 주었다.

"자, 자네에게 줄 떡이네."

그런데 막상 떡을 받아 보니 세 살배기 개도 감당 못할 만큼 딴딴한 떡이었다. 바다이가 그 떡을 받아 라마의 머리 정가운데에다 똥댕이치니 떡이 산산조각 났다.
"뭐하는 짓이냐? 아이고, 아파. 아이고!"
"우리 게서는 떡이 부드럽고 강한 것을 이렇게 검사한다우. 그런데 내 양 가죽은 그렇게 부드럽더니 당신 떡은 이렇게 단단하구려."

몽골 민담을 소개하며

•••••

● ──몽골의 역사와 현재

동서로 대싱안링 산맥에서 알타이 산맥, 남북으로 만리장성에서 바이칼 호 사이에 펼쳐진 드넓고 아름다운 고장이 몽골 땅이고 그 땅에서 오랜 세월 초원의 유목민으로, 숲의 사냥꾼으로, 서로 사랑하는 피붙이 살붙이로 살아 온 마음 따뜻한 사람들이 몽골 민중이다. 그들은 13세기 초반 칭기스 한과 그 자손들을 위해 세계사에 유례가 없는 대제국을 세우는 일에 동원되어 피를 흘렸고, 그 세계 제국이 무너진 뒤에는 몽골 왕공들 간의 내전이며 중국의 크고 작은 침략에 수백 년을 시달려 왔다. 그러던 끝에 1630년대에는 오늘날의 중국 내몽고자치구에 해당하는 남몽골이, 1690년대에는 오늘날의 몽골에 해당하는 북몽골이 청 제국의 지배를 받게 되고 이어 1727년에는 바이칼 호 부근의 부랴트 몽골마저 러시아 제국의 영토로 편입되어 이후 몽골은 오랜 세월 약소민족으로서 고통을 받게 되었다.

청 제국은 13세기 이래 몽골 사회를 지배해 온 봉건 귀족, 그리고 16세기 말에 몽골에 들어와 불과 100년 만에 거의 모든 몽골 인을 신도로 만드는 데 성공한 티베트 몽골 불교의 기득권을 철저하게 보호했다. 청 제국에 맹종하는 한 계속 기득권을 누릴 수 있게 된 몽골의 세속과 종교의 귀족들은 제 동포들을 무참히 수탈하기 시작했고, 이중 삼중의 착취에 시달리던 몽골 민중은 끊임없이 유혈 무혈의 저항을 일으키게 된다.

1911년 청 제국이 한족에게 타도되면서 몽골 사람들도 드디어 독립을 선언한다. 그러나 청의 법통을 이었다는 중화민국은 몽골의 독립을 인정하지 않았고, 제정 러시아의 잔당인 백군도 몽골을 강제로 점령하였다. 이러한 강대국들의 지배에 맞서 몽골 사람들이 다시 무기를 들고 용감하게 싸워 이긴 결과 1924년에는 자주 독립국인 몽골 인민 공화국^{1992년 몽골 국으로 나라 이름을 바꿈}이 탄생하게 되었다. 비록 북몽골 지역에 국한된 독립이었으나 그것은 수백 년에 걸친 끊임없는 저항과 유혈 투쟁이 가져온 값진 승리였다.

　몽골 민담은 바로 이런 몽골 사람들이 만들어 내고 다듬어 후손에게 물려준 소중한 보물들이다. 이 책에 소개되는 이야기들은 언젠가 한번은 들어 본 듯 친근하게 느껴진다. 그것은 몽골의 문화, 언어, 풍속, 사람들의 생김새, 심지어는 마음씀씀이까지 우리와 닮은 데가 매우 많은 데다, 비슷한 시기에 우리처럼 뼈아픈 식민지 경험을 겪은 동지인 까닭일 것이다. 또 다른 이유를 찾자면 아마도 몽골 민담에 영향을 준 티베트 겔룩바 불교와 함께 유입된 인도 민담이나 불교의 우화, 그리고 중앙아시아를 거쳐 들어온 중동 및 소아시아 지방의 이야기들이 우리에게도 낯설지 않기 때문이 아닐까 싶다.

● ──민중의 영웅, 척척 셍게

몽골 민담을 대표하는 두 주인공으로 척척 셍게와 바다이 탁발자가 있다. 먼저 척척 셍게를 소개하자면, 그는 '척척'이라는 별명이 있지만 '엄청난 거짓말쟁이'라는 별명으로 더 유명하다. 별명처럼 그는 누가 들어도 뻔한 거짓말을 술술 하고, 또 거짓말한 것을 들키면 금세 둘러댄다. 그러나 그의 거짓말은 독자들이 얼마든지 용서할 수 있는 거짓말이고 재미있는 거짓말이며 듣고 있으면 속이 시원해지는 거짓말이다. 반면에 이야기 속 인물들은 셍게의 말이 거짓말이란 걸 알아차리지 못하는 수가 많고, 혹시 알아채고 지적을 했다가도 바로 자기가 한 지적 때문에 꼼짝 못하고 당하기 일쑤이다.

「올리야스태 총독」을 보면, "옛날 옛적 한 옛날에/ (중략) 달라이 라마가 동자중일 적에/ 제 아버지가 아직 태어나지 않았을 적에/ 저는 제 할아버지의 낙타를 돌보며/ 광막한 고비를 떠돌리고 있었지요."라는 터무니 없는 말에 총독이 따지고 들자 셍게가 대꾸한다.

"제 나라가 아직 생기기도 전에
보잘것없는 몽골이
할아버지인 만주의 임금님께 부역하는 것은
제 아버지가 태어나기도 전에
할아버지의 낙타를 돌보는 것이나 마찬가지라고
우리 몽골 사람들은 이야기하고 있습니다, 총독 각하!"

이야기 속에서 셍게는 할하 몽골의 남성이자 민중이며, 나이도 어느 정도 먹어 인생의 온갖 풍상을 다 겪은, 그리고 머리가 비상해서 언변이 뛰어나고 담대하고 정직하며 불의를 참지 못하는 이로 그려진다. 척척 셍게의 말을 곧이곧대로 들으면 그는 노련한 유목민에, 뛰어난 사냥꾼에, 큰 상단의 우두머리에, 중 노릇에, 일 대 천으로 싸워 이긴 용감무쌍한 군인 등등 안 해 본 일이 없고, 당시 몽골 종교의 수장이자 국가 원수인 복드 라마, 후레와 올리야스태의 청국 총독들을 비롯해 상대해 보지 못한 사람이 없는 인물이다. 또 후레로 티베트의 라사로 하늘나라로 새들이 모여 중 노릇을 하는 사원으로 심지어는 로스의 잔치에 이르기까지 안 가 본 데가 없다. 그러니 자기가 태어난 고향 호쇼를 거의 벗어나 보지 못했을, 그리고 세속과 종교의 귀족이나 부자에게 꼼짝 못하고 당하며 가난에 시달리던 대부분의 몽골 민중의 처지에서는 그처럼 부러운 인물도 드물었을 터이다. 다음 구절을 보면 세상을 두루 구경하고, 큰 무공을 세우고, 돈도 많이 벌고, 착취자들을 골탕 먹이고, 도리를 지키지 않는 자들을 망신 주고, 재미있고 신기한 이야기를 해 주는 엄청난 거짓말쟁이 척척 셍게의 인기를 짐작할 수 있다.

그래, 엄청난 거짓말쟁이가 온다는 말을 듣고는 와자하게 웃어 볼 때가 되었다며, (중략)
"엄청난 거짓말쟁이! 엄청난 거짓말쟁이! 우리 집으로 가세! 우리 집으로 갑시다!" 하면서,
집집마다 부르고,
중생마다 청하고,
입을 연 사람은 웃으며 인사하고,
인사한 사람은 머리를 조아리더라고요.
——「엄청난 거짓말쟁이는 이 세상에 둘도 없는 정직한 사람」에서

척척 셍게의 거짓말을 듣고 싶어하는 사람들은 억눌리던 민중만이 아니다. 당시 몽골의 군주였던 복드 라마도 청 제국의 총독들도 영주들이나 고위 라마들도 척척 셍게의 거짓말을 듣고 싶어 그를 청해 이야기를 듣고, 척척 셍게는 그런 자리를 이용해 압제자들을 골탕 먹이거나 의도한 바를 달성하곤 한다.

척척 셍게에게 골탕을 먹거나 망신을 당한 이들의 반응은 크게 두 가지로 나누어 볼 수 있다. 첫째 복드 라마나 청 제국의 총독들처럼 따귀까지 얻어맞고도 미안해하면서 청을 들어주거나 적어도 척척 셍게의 언행을 별 문제 삼지 않고 넘어가는 경우다. '염치를 아는 관대한 통치자', 아마 이것이 당시 몽골 민중이 통치 계급에 바라는 것이었으리라. 몽골 민중들은 1921년의 사회주의 혁명 같은 근본적인 변화는 아직 생각지 않고 있었는지도 모르겠다. 「복드 라마를 알현하다」에는 몽골 민중이 바라는 통치자의 모습이 잘 나타나 있다.

"내 덕과 운이 부족하여
우리 호쇼 고향이 헐벗게 되었는데
우리의 호탁트 라마조차
눈이 멀었으니
이제 어쩌나!" 하고
통곡을 하기 시작한 겁니다.
그러자 복드 라마가 부끄러워하더니
동정과 연민으로 칙명을 내려
이 호쇼를 아홉 해 연속
조세와 부역에서
면해 준다는 문서를 만들어 주고
나를 축복하며 배웅해 주더라고요.

  물론 이처럼 관대한 사람들만 있는 것은 아니다. 셍게를 해코지하려고 드는 사람도 많다. 물론 해코지를 가하는 쪽은 사적인 보복이 아니라 정당한 법 집행인 것처럼 보이도록 꾸민다. 아래의 예는 셍게가 영주의 작은마누라를 꾀어내는 바람에 일어난 사단으로, 영주는 이에 대해 직접적이고 즉각적으로 반응하는 대신 자신의 사법권을 악용하여 셍게를 무고하여 재판에 처하고 고문 끝에 사형 판결까지 내려 버린다. 아래를 보면 이 시절 중죄에 해당되는 죄목이 무엇인지도 대강 짐작할 수 있다.

그러나 달라이 왕이
몰래 한 번 알아보고,
다시 한 번 확인하고,
질투를 가슴에 품고 숨을 몰아쉬고

목숨을 걸고 모든 수를 다해,
중상을 하고 모함을 하기를,
"활불 라마를 진드기라고 했다!
호쇼의 영주를 아귀라고 했다!
라마 선생을 란드람이라고 했다!
통치 왕공을 간교하다고 했다!
막돼먹은, 무도한 엄청난 거짓말쟁이!
개전의 정이 없는 불한당 셍게!
국법과 종교를 깔보고
오만 죄악을 저질렀으니
그 벌로
뼈가 부서지는 소리가 나도록 하라!"는 판결을 내려
——「서낭나무에 묶여 고질병을 고치다」에서

 물론 셍게는 통치자가 어떤 폭력과 모함을 가하건 굴하는 법 없이 떳떳한 몸가짐을 잃지 않고 기지를 발휘한 끝에 사형 집행 직전에 위기를 벗어나 마지막에는 영주의 작은마누라까지 데리고 떠난다. 권력자와 대결하여 셍게가 최후의 승자가 되는 것이다. 이때 셍게가 영주를 꼼짝 못하게 만드는 논리는 현실 사회에서는 도저히 통할 수가 없는 것이지만, 이 이야기를 지어낸 사람이나 듣는 사람이나 그런 문제에 대해서는 상관하지 않기로 정서적으로 합의가 되어 있다.
 한편 셍게에는 위와 같이 영리하고 담대한 면이 있는가 하면 처음 만난 아낙에게 속아서 옷을 다 빼앗길 만큼 어수룩한 면도 있다. 여자들에게 지나치게 친절하게 굴다가 낭패를 보는 모습은 다음과 같은 구절에 드러난다. 영리하고 담대한 듯하지만 실은 어수룩하고 싱거운 사람, 그것이 바로 몽골 민중이 본 몽골 민중의 모습일 것이다.

> 썩 괜찮은 여자에게는
> 델 지을 비단과 담배 쌈지,
> 웬만한 여자에게는
> 대단 수건과 둥근 달떡,
> 그저 그런 여자에게는
> 무명 한 필과 사랑 한 줌씩,
> 나누어 주다가 들키는 바람에 그 자리에서 쫓겨났지요.
> ──「할아버지의 낙타 2」에서

그리고 민중은 살기 힘든 이 세상을 뒤집어엎거나 태어나 자란 땅을 떠나 이상향을 찾아 나설 생각을 하기보다는 나를 위해 그래도 눈물 콧물 흘려 줄 놈이라도 있는 내 고향만 한 곳은 이 세상에 없다는 말로 자신을 달래면서 주저앉아 버린다. 「로스의 잔치」를 보자.

> 하늘나라 임금님, 극락 세계, 로스 임금을 모두 다 보았지만 내가 태어난 고향 헤를렝 강에는 어림도 없는, 가까이 가 볼 필요도 없는, 빌어먹을, 형편없는 곳이라는 것을 굳게 믿게 된 것이지요.

● ──소시민적인 주인공 바다이

두 번째 주인공인 바다이는 탁발자를 가리키는 '바다르칭'의 첫 음절을 늘어뜨린 '바'와 남성을 가리키는 몽골 어 접미사 '다이'가 결합한 이름이다. 그러니까 우리말의 '포돌이'와 같은 원리로 만들어진 이름이라고 보면 된다. 옛 몽골 사회에서 탁발자는 대개 한 끼 음식, 하룻밤 잠자리를 제공받는 대가로

설교에 염불도 하고 축원도 해 주고 자기가 다른 고장에서 보고들은 이야기도 해 주면서 이 고장 저 고장으로 돌아다니던 최하급 승려들이고, 바다이는 그러한 사람들의 대표로서 몽골 구비 문학이 만들어 낸 인물이다. 바다이가 몽골 구비 문학의 주인공으로 등장하기 시작한 정확한 시점은 알 수 없으나 탁발자들의 숫자가 부쩍 느는 19세기 후반쯤으로 짐작해도 크게 위험하지는 않을 것이다.

이야기의 작자인 동시에 감상자인 19세기 말에서 20세기 초의 몽골 민중에게 바다이는 대단히 친근하게 다가갔다. 민중은 적당히 어리석으면서 적당히 교활하고, 대단히 멍청하다가도 엄청나게 지혜로우며, 매우 정의로운가 하면 한없이 탐욕스럽고, 비겁하기 짝이 없다가도 비할 데 없이 용감하며, 늘 착하다가도 어느 순간 끝없이 악랄해질 수 있는 존재이다. 바다이는 착하기만 한 사람이거나 악랄하기만 한 사람이 아니라 위의 성질을 두루 갖추었으되 왠지 나보다는 덜 영악해 보이는 사람, 어딘지 만만해 보이고 멍청해 보이는 사람이다. 그래서 그런지 척척 셍게 이야기가 화자의 시점에서 이야기가 진행되는 반면에, 바다이 이야기는 제삼자가 바다이에 대해 이야기하는 형식을 취한다.

탁발자 바다이가 라사로 순례의 길을 떠나기로 작정하고 작은 등짐 꿰짝 하나, 작은 지팡이 두 개를 마련한 뒤 떠나려고 집에서 나오는데 그의 형, 동생, 누나들이 축원했다.
"얘, 바다이야, 잘 가거라!"
그러자 바다이는 게르의 문지방에 꿇어앉아 어린아이처럼 흐느껴 울었다.
——「바다이가 우는 사연」에서

우리 민담의 떡보 사공과 중국 사신의 토론에서 보듯이 어리석음이 도리어 현명함이나 도저한 학문, 오랜 수행을 이길 때가 있다. 그리고 어리석은 사람이 반드시 착한 것만은 아니다. 보통의 몽골 민중보다 더 어리석은 듯한 바다이는 때로 자신의 이익을 위해 학승과 승려들을 속여먹을 뿐 아니라 어수룩하고 착한 이웃의 순수한 동정심을 이용해 이익을 취하기까지 한다.「맨발의 바다이」에서 거짓말로 젖 짜기 이웃으로부터 신발을 얻는 것 등이 그러한 예이다. 하지만 바다이가 늘 착하고 어수룩한 사람들만 골탕 먹여서야 민중의 친구가 될 수 없었을 것이다. 바다이에게 주로 골탕 먹는 단골손님들은 영주, 중국 상회의 주인 또는 지배인, 잘난 체하는 고위 라마들, 그리고 같은 민중 중에서도 경우를 지키지 않는 사람들이다. 그런데 다행스럽고 이상하게도 그렇게 골탕을 먹거나 망신을 당한 오만한 권력자들, 경우 없는 자들이 결국에는 바다이에게 순순히 져 준다. 현실에서는 상상도 할 수 없는 일이 일어나는 것이다.

그러자 관리는 어쩔 줄 몰라 하며 버럭 호통을 쳤다.
"네놈은 내가 호쇼를 다스리던 왕공이라는 것을 아느냐?
사람에게는 윗사람이 있고,
옷에는 옷깃이 있는 법!
어서 일어나지 못할까!"
바다이도 지지 않고 대거리했다.
"말 떼가 다 없어져 씨말을 타고,
관속이 다 없어져 영주가 몸소 이렇게,
돌아다니는 것이라고는 내 생각하지 못했네. 그러니 길을 지친 나나, 관직을 잃은 영주나 아주 똑같네!"
그 말에 왕공은 아무 말도 못하고 서둘러 되돌아갔다.
——「영주와 바다이」에서

척척 셍게와 바다이 탁발자는 19세기 말에서 20세기 초 몽골 민중의 팍팍한 삶 속에서 청량제 노릇을 해 준 민중의 벗이었다. 두 사람은 권력자, 부자, 경우 없는 자를 골탕 먹이고 망신 주면서 몽골 민중들의 속을 시원하게 풀어 준다는 점에서 같아 보이기도 하나, 셍게가 민중들로부터 열렬히 환영을 받는 데 비해 바다이는 대체로 바보 취급을 당하고 푸대접을 당하는 일이 많다. 그래서 셍게는 하룻밤 묵어갈 잠자리나 한 끼 저녁을 걱정할 필요가 없지만 바다이는 하루하루 그것을 해결해야 하는 절박한 처지이다. 그래서 그런지 셍게의 이야기는 비현실적 또는 환상적 상황에서 전개되는 수가 많은 데 비해, 바다이의 이야기는 좀 더 현실적이고 치졸한 상황에서 전개되곤 한다.

엮은이 | 유원수

한국외국어대학교 일본어과를 졸업하고 인디애나 대학교 중앙유라시아 학과에서 석사와 박사 학위를 받았다. 현재 단국대학교 몽골어과 겸임 교수로 있으며 한국외국어대학교 초빙 연구원으로 있다. 『종교로 본 동양 문화』, 『세계의 소설가』, 『세계 연극의 이해』 등을 공저하였고 『유라시아 유목 제국사』를 공동 번역했다. 저서로 『삼지 포켓 여행 몽골어 회화』, 논문으로 「몽골 비사 속 阿와 額의 용법에 대한 연구 Usage of the Chinese Characters 阿 and 額 in The Secret History of the Mongols」, 몽골 문학의 한국어 번역 -「맑은 타미르 강」등을 발표하였다.

세계 민담 전집 03 몽골편

1판 1쇄 펴냄 2003년 9월 15일
1판 4쇄 펴냄 2015년 11월 18일

엮은이 | 유원수
발행인 | 김세희
편집인 | 김준혁
펴낸곳 | 황금가지

출판등록 | 2009. 10. 8 (제2009-000273호)
주소 | 135-887 서울 강남구 신사동 506 강남출판문화센터 5층
전화 | 영업부 515-2000 편집부 3446-8774 팩시밀리 515-2007
홈페이지 | www.goldenbough.co.kr

도서 파본 등의 이유로 반송이 필요할 경우에는 구매처에서 교환하시고
출판사 교환이 필요할 경우에는 아래 주소로 반송 사유를 적어 도서와 함께 보내주세요.
135-887 서울 강남구 신사동 506 강남출판문화센터 6층 민음인 마케팅부

© ㈜민음인, 2015. Printed in Seoul, Korea
ISBN 978-89-8273-583-7 04800
ISBN 978-89-8273-580-6 (set)

㈜민음인은 민음사 출판 그룹의 자회사입니다.
황금가지는 ㈜민음인의 픽션 전문 출간 브랜드입니다.